企业智能制造服务系统实施方法

Implementation Methods of Enterprise Intelligent Manufacturing Service System

李　浩◎著

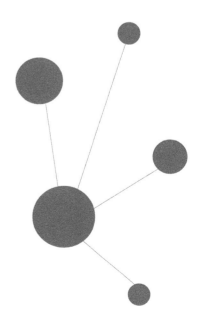

ZHEJIANG UNIVERSITY PRESS
浙江大学出版社

图书在版编目(CIP)数据

企业智能制造服务系统实施方法/李浩著. —杭州：
浙江大学出版社，2022.8
ISBN 978-7-308-19904-9

Ⅰ．①企… Ⅱ．①李… Ⅲ．①制造工业－工业企业管
理－智能制造系统－研究 Ⅳ．①F407.4

中国版本图书馆 CIP 数据核字(2020)第 003273 号

企业智能制造服务系统实施方法

李 浩 著

责任编辑	金佩雯
责任校对	潘晶晶
责任印制	范洪法
封面设计	黄晓意
出版发行	浙江大学出版社
	（杭州市天目山路 148 号 邮政编码 310007）
	（网址：http://www.zjupress.com）
排 版	杭州星云光电图文制作有限公司
印 刷	广东虎彩云印刷有限公司绍兴分公司
开 本	710mm×1000mm 1/16
印 张	15.25
字 数	282 千
版 印 次	2022 年 8 月第 1 版 2022 年 8 月第 1 次印刷
书 号	ISBN 978-7-308-19904-9
定 价	88.00 元

前　言

为应对全球化问题、环境/资源压力、高技术压力和客户个性化需求压力,制造企业发展重心逐渐由制造业向服务业转移。越来越多的制造企业意识到服务在企业发展战略中的重要地位及意义,开始大力探索现代智能制造服务系统的有效实施方法。我国经济发展进入新常态,要保持经济中高速增长,推动产业迈向中高端水平,必须加快制造业的转型升级。智能制造服务能够引导制造业企业以产需互动和价值增值为导向,由提供产品向提供全生命周期管理转变,由提供设备向提供系统解决方案转变,这是制造业转型升级的重要方向。

智能制造服务系统是基于产品全生命周期的制造业务,在大数据、云计算、物联网、移动互联网、增强现实/虚拟现实等新一代信息技术的推动下,所形成的生产与服务、产品与服务高度集成和优化的新型价值创造系统。企业通过实施智能制造服务系统,在产品的生产和流通环节开展生产性服务,可以降低产品生产成本或通过生产性服务实现盈利;在产品销售、运行和回收等环节发展产品服务,可以提高产品附加价值,满足客户的个性化服务需求。

本书是基于国家科技支撑计划项目"基于全生命周期的高端重型装备制造服务系统关键技术研究与应用"(2015BAF32B04)的主要成果,并且在国家自然科学基金项目(51775517,52175256)的支持下写作完成的。本书系统归纳总结了传统制造企业实施智能制造服务过程中涉及的理论与方法,为传统制造企业实施制造服务提供方法学指导。本书主要内容包括智能制造服务概论、企业现代制造服务实施模式、企业现代制造服务实施方法、企业制造服务实施过程建模方法、复杂产品MRO服务优化调度技术、复杂产品远程监控与故障诊断技术、MRO服务生命周期建模原理与集成技术、MRO服务生命周期数据管理与动态数据模型、数据驱动的复杂产品智能服务技术等。研究时间跨度十余年,涉及的知识面和技术较广,如工业互联网、云计算、数字孪生、工业大数据、5G、物联网等。

本书由郑州轻工业大学李浩、罗国富、王昊琪、杜文辽、文笑雨等编著,李浩编著第 1、2、3 章,罗国富编著第 7 章,王昊琪编著第 4、8、9 章,杜文辽编著第 6 章,文笑雨编著第 5 章。在本书完成之际,要特别感谢浙江大学祁国宁教授、顾新建教授和纪杨建教授对本书主要内容的学术指导;感谢课题组成员刘根、密尚华、焦起超、李奇峰、王晓丛、苗壮等同学的贡献。

本书可供工科和管理学科等相关专业的本科生、研究生和工程技术及管理人员阅读与参考。

由于时间仓促,作者水平有限,书中难免会有误谬之处,恳请各位专家学者批评指正。

作　者

2021 年 9 月于郑州

目　录

第1章 智能制造服务概论

1.1 概 述

1.1.1 智能制造服务的背景

在当前全球化压力、环境/资源压力、高技术压力和客户个性化需求等的驱动下(祁国宁,2009),一些制造企业逐渐剥离或外包一些非核心业务以降低生产成本,并通过将产品服务附加到物理产品上再销售给用户以提升产品附加值,制造业呈现服务化趋势。同时,一些服务企业向工业界渗透,为产品设计制造过程、产品流通和使用过程提供专业化与个性化服务,提升产品制造和产品服务过程的专业化。制造业和服务业这两大产业体系逐渐呈现交叉化的融合趋势,企业现代制造服务应运而生(派恩 等,2002;黄志明 等,2009)。

近年来,随着传感器、数据采集装置和其他具备感知能力的模块在复杂产品服务运行阶段的应用,复杂产品运维系统的数字化和智能化程度越来越高。大数据、云计算、物联网、移动互联网、增强现实(augmented reality,AR)/虚拟现实(virtual reality,VR)等新一代信息技术也在复杂产品运维阶段快速应用,具有实时、多源、异构、海量等特性的数据成为提高复杂产品系统可靠和低成本运行的决策依据,智能化技术日益成为制造服务发展的推动力量,智能制造服务在产品价值增值中的重要性越来越强(KANG et al.,2016;李浩 等,2020)。

对德国装备制造企业的利润分布情况进行调查,结果(图 1-1)表明,2007 年200 家机床生产企业的总销售额大约为 434 亿欧元,其中新产品设计、制造和销售环节的销售额大约占 55%,但获得的利润却只占总利润的 2.3%,其余 97.7%的利润均来自产品服务环节(祁国宁,2008)。这种利润收入主要来自产品服务环节的情况也存在于电梯、汽车、飞机、船舶、火车、工程机械等机械制造企业。因此，机械制造企业要获得更多的可持续利润，就不能以单纯销售物理产品为目的，而应销售带有更多增值服务的产品，以此满足客户的个性化服务需求，增加产品的盈利额度和周期，使得企业获取新的利润点。制造商将目光投向买方价值提升，可以摆脱价格战的陷阱，开创可持续的品牌。通过价值创新，企业可以避免常规"差异化"战略下的高成本、高投入与高定价，从而实现客户与企业的双赢。这就是企业大力推行服务增值(制造服务)战略的主要出发点和意义。因此，企业要获得新的可持续利润，就必须采取从销售物理产品转向销售"物理产品＋增值服务"的新型解决方案。

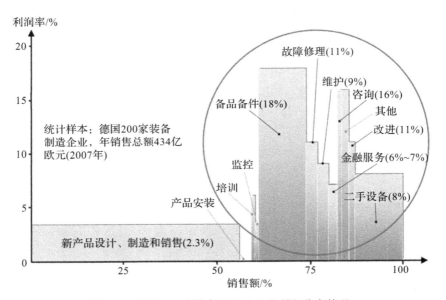

图 1-1　德国 200 家装备制造企业的利润分布情况

由上述分析可知，企业要获得新的利润增长，就不能以销售物理产品为目的，而应以销售带有服务增值的产品，即以销售制造服务为目的。

现代制造服务是面向制造业的服务，强调客户的个性化需求、交互与体验(顾新建 等，2009)。现代制造服务是物理产品与服务的结合体，是面向客户需求的整体解决方案，其中物理产品是服务的载体，服务是对物理产品的增值。现代制造服务系统，是一种在产品制造企业负责产品全生命周期服务模式下，所形成的产品与服务高度集成、整体优化的新型生产系统。在该系统中，供应商从销售有形产品转变为提供基于产品的功能服务包，形成"物理产品＋增值服务"综合提供系

统。因此,现代制造服务是企业进行战略转型和提高自身竞争力的重要途径之一
(李浩 等,2010)。

"十四五"时期,我国改革开放和现代化建设进入高质量发展阶段,发展服务
型制造对于加快建设现代产业体系、推进制造强国建设至关重要。要深刻领会和
认真贯彻党中央、国务院的战略部署,构建新发展格局、壮大新发展动能、形成新
发展优势,适应增长速度由高速增长转向中高速增长,增长结构由中低端为主转
向中高端产业为主,以及增长动力由传统产业当家转向新兴产业崛起的大趋势,
全面提高我国制造业科技创新能力、价值创造能力和产业竞争能力。

1.1.2　智能制造服务的意义

1.实现服务增效

产品加工过程创造的价值,远不如在服务部门所创造的价值。因此将制造业
扩大至服务业,可为公司带来更多的利益。增值服务作为企业创造价值的一个独
立的业务单元正逐渐被分离出来,成为企业一个崭新的利润增长点。产品增值服
务战略是一个双赢的战略,它是价值链的一种延伸和拓展。随着技术的日新月
异,尤其是在高技术行业,许多企业正从产品经营逐步转向服务经营。如国内变
压器标杆企业——天威保变集团,成立了变压器工程改造、咨询和技术维修服务
子公司,延长企业的价值链,并取得了显著的经济效益。

2.实现产品的全生命周期管理

企业通过开展产品服务,实时跟踪产品的销售、安装、运行、维修、回收和再制
造等环节,可实现产品全生命周期管理(product life-cycle management,PLM),提
高对产品的管控能力。

利用信息系统和技术,可实现产品服务的数字化管理,将服务(安装、维护、维
修等)数据实时反馈到企业内部的服务部门、质量部门、生产部门和设计部门等,
形成产品的闭环控制链,对提高产品质量、满足企业的个性化需求等方面有极大
的帮助。

3.加快推动企业战略转型升级

目前,国家正在进行产业结构调整,要求企业加快转型升级的步伐。对于企
业来讲,如何才能加快实现"制造业转型升级"呢? 通过实施"智能制造服务"是一
个重要抓手。如产品全生命周期服务(包括安装、检修、备件、耗材、远程及现场诊
断、设备及系统升级改造、全托式服务、设备再制造等)、金融服务、工程总承包服
务、品牌服务等。从 2001 到 2010 年,陕鼓年营业收入从 3.12 亿元增加到 43.5 亿

元,利润率从 7.05％提高到 15.28％,其业绩实现"奇迹式"增长,企业实现跨越式转型升级,从而成为鼓风机领域的标杆企业。

4.加快推动"制造强国"战略的实施

我国经济发展进入新常态,要保持经济中高速增长,产业迈向中高端水平,必须在适度扩大总需求的同时,加强供给侧结构性改革。智能制造服务能够引导制造业企业以产需互动和价值增值为导向,由提供产品向提供全生命周期管理转变,由提供设备向提供系统解决方案转变。促进服务型制造发展,有利于提高供给体系质量和效益,破解产能低端过剩和高端不足并存的矛盾,是供给侧结构性改革的新举措。

1.2　现代制造服务的概念

张旭梅等(2009)认为,现代制造服务的内涵包含两方面:服务企业面向制造企业的服务和制造企业面向客户的服务。前者主要是指制造企业为打造核心竞争力,将其不擅长的业务外包,需要围绕制造业生产制造过程的各种服务建立服务体系,如技术服务、信息服务、物流服务、管理咨询与商务服务、金融保险服务、人力资源与人才培训服务等,即形成围绕制造业的生产性服务体系;后者主要是指制造企业对产品售前、售中及售后的安装调试以及维修维护、回收、再制造、客户关系等活动(图 1-2)。

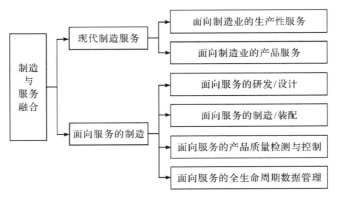

图 1-2　制造与服务融合系统体系分类

我们的观点与张旭梅相似,认为现代制造服务是面向制造业的产品生命周期服务,包括产品全生命周期全过程中面向生产者及生产过程的服务(即面向制造业的生产性服务)和面向消费者及消费过程的服务(即面向制造业的产品服务)(图 1-3),两种服务之集合构成了现代制造服务(李浩 等,2012)。

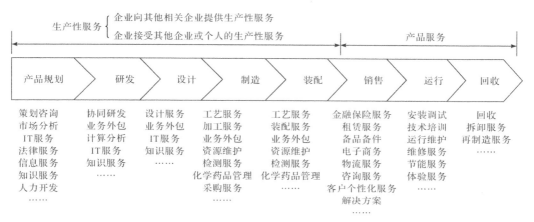

图 1-3 全生命周期的制造服务分类与归纳

生产性服务的提供者是服务企业、研究机构或个人,对象是生产者及生产过程,主要存在于产品规划、研发、设计、制造、装配以及销售(前端部分)等阶段。其目的是为企业节能减排,降低产品生产成本和提高产品质量,有时也提供资金保障服务,最终目的是为低成本、快速满足客户个性化需求提供生产保障。

产品服务的提供者是最终产品制造企业、产品服务专业提供商或个人,对象是产品的消费者及消费过程,主要存在于销售(后端部分)、运行、回收等阶段。其目的是提高价值增值和快速满足客户的个性化需求服务,提高产品的核心竞争力。

制造服务的起源要追溯到 20 世纪 60 年代。1962 年,Fritz(1962)提出了生产性服务业的概念,他认为生产性服务业是知识产出的行业。1966 年,Greenfield(1966)提出生产性服务是可用于商品和服务的进一步生产的、非最终消费服务。1975 年,Browning 等(1975)认为生产性服务业主要包括金融、保险、法律、会计、管理咨询、研究开发、市场营销等知识密集和为客户提供专门性服务的行业。Herbert 等(1989)、Coffey(2000)认为生产性服务业不是直接用来消费,也不是直接可以产生效用的,它是一种中间投入而非最终产出,用来生产其他的产品或服务。中国国家统计局将生产性服务业分为交通运输、房地产服务、商务服务、金融服务、信息服务和科研等六个行业。这些定义的共同点是生产性服务是一种面向多个行业的生产过程服务。生产性服务业的发展是从产业学的角度来分析的,是面向生产过程和流通过程的生产辅助服务;然而,单纯地卖物理产品利润率越来越低,只有提高产品的附加值,通过向用户提供更多的消费型服务,企业才能取得更多利润(黄志明 等,2009)。因此,部分学者开始研究向用户提供产品的消费增值服务,即产品服务系统(product-service system,PSS)。PSS 的概念出现在 20 世纪 90 年代,文献(GOEDKOOP et al.,1999;MONT,2002;BRANDSTOTTER et al.,2003)分别给出了 PSS 的定义,这些定义的共同点是 PSS 是一种面向消费者的"产品/服务"综合提供系统。实施 PSS 的本质目标是产品的价值增值、节能与环境保护,"产品/服务"系统中的产品服务是价值增值的载体。

1.3 现代制造服务业务模式研究与应用现状

1.3.1 现代制造服务业务模式研究与发展状况

近年来,发达国家或地区的生产性服务业与制造业融合发展,制造服务已经成为制造业发展的主导方向(孙林岩,2009)。美国依靠强大的科技创新能力和大量的科研投入,坚持外贸型第三产业的发展战略,大力开拓国外生产性服务市场,成为世界上最大的生产性服务出口国。英国采取产业集群式发展模式,其金融业已形成以伦敦为核心的区域集群和以苏格兰南部地区为中心的卫星产业平台集群,商务服务、创意文化产业等在英国也呈现明显的集群特征。日本采取有效的行业组织来推动生产性服务业的发展,实现了由工业经济向服务型经济的转型(但斌 等,2008)。韩国政府提出实现服务业"高附加值化",撤销了阻碍服务业发展的政策限制,促进了生产性服务业聚集中心形成,通过加强立法、完善法律和制度以及改善人才培养体制来推进生产性服务业。香港在生产性服务业发展的不同阶段实施不同的发展战略,开展教育培训和人才引进工作,完善法律法规体系,充分发挥行业协会的监管作用(毕斗斗,2008)。新加坡通过总部经济建设带动生产性服务业的发展,制定系列国家中长期规划,大力推进信息、研发等知识密集型服务业,重视人力资源培训,提供一站式服务和优惠的税收政策等(高运胜,2009)。

从 2005 年开始,我国先后发布了《国家中长期科技发展规划纲要(2006—2020)》《国家信息化发展战略(2006—2020)》《国务院关于加快发展服务业的若干意见》《中国制造 2025》《发展服务型制造专项行动指南》《关于推动先进制造业和现代服务业深度融合发展的实施意见》《关于进一步促进服务型制造发展的指导意见》《"十四五"智能制造发展规划》等文件,均明确提出大力发展现代制造服务业,促进现代制造业与服务业的有机融合与互动发展(李浩 等,2010)。目前,在国家和省市政策的推动下,上海、浙江、江苏、北京等地已建立具有区域优势的生产性服务集聚区,培育了一系列公共实体服务平台和公共信息服务平台,推动了生产性服务在该地区的快速发展(高运胜,2009)。

　　2005 年以来,若干学者针对国内的制造服务业现状,提出了一系列发展模式与策略。Li 等(2012)认为应从提高对现代制造服务业的认识、发展新型的网络服务模式、建设专业化技术服务队伍、搭建社会化技术服务平台和建立健全技术服务标准体系等方面推动现代制造服务业发展。张旭梅等(2009)分析了现代制造服务的三种典型运营模式——服务外包、制造商与服务商合作服务和制造商自营服务模式,提出从政府、服务企业、制造企业、高等院校/科研院所等四个方面促进现代制造服务业的发展。但斌等(2008)认为我国生产性服务业的发展应该选择重点产业与优势地域,引导生产性服务产业集群发展,鼓励创新、推进生产性服务业的内部结构升级,积极参与生产性服务业的国际市场竞争。丰志勇等(2009)提出发展模式包括服务外包模式、集聚区模式和外资拉动模式,认为应该积极进口我国国民经济发展急需的生产性服务产品。

　　产品服务系统(PSS)是智能制造服务的重要应用形式,20 世纪 90 年代中后期联合国环境规划署(UNEP)提出了 PSS 的概念,最初的目的是实现人、产品、企业和环境的可持续发展(MONT,2002;LI et al.,2012,2018;李浩 等,2017)。PSS 通过系统地集成产品和服务,为用户提供产品功能而不是产品本身,以满足他们的需求,从而在产品全生命周期内实现价值的增值、生产与消费的可持续性发展(李浩 等,2017;LI et al.,2018;张富强 等,2018)。在此基础上,工业产品服务系统是指由工业产品制造核心企业或第三服务方主导的,通过附加无形的产品服务到有形的工业产品上,在产品全生命周期内设计、制造、销售、配置、运控和维护好工业产品的生产(工作)能力,提升工业产品的环保性能的一种系统性解决方案,并希望通过这种"产品设计—制造—服务"一体化解决方案,在经济和环境两方面均实现服务驱动的价值增值(张富强 等,2018;MEIER et al.,2011;江平宇 等,2011)。根据产品和服务在 PSS 中所占比重,PSS 可以分为产品导向的 PSS、使用导向的 PSS 和结果导向的 PSS(TUKKER et al.,2006)。其中,产品导向的 PSS 可分为产品相关的服务和建议咨询服务(YANG et al.,2009);使用导向的 PSS 可分为产品租赁、产品共享和产品池(STEENECK et al.,2018);结果导向的 PSS 可分为活动外包、按服务量收费和按结果收费(张富强 等,2018)。

　　综上所述,国外较发达的国家和地区通过多年的制造业服务化实践,已形成一套适合自己的发展模式与推进方法。自从我国大量引进外资和外资企业以来,制造业与服务业融合发展的理念传入我国并推广实施,我国政府、行业协会和学者对制造服务的研究与实施有了一定推动,提出了中国特色的系统理论框架体系与实施方法,使区域性产业集群模式在推动产业发展方面的引领优势得到发挥。

1.3.2 现代制造服务的应用现状

国外制造企业在制造服务方面的应用较早。例如,西门子集团 IT 解决方案和服务集团是全球领先的现代制造服务企业,它提供的系统解决方案服务、合同能源管理、融资租赁服务等成为制造服务领域的典型案例;IBM 实施"产品服务化"和"服务产品化"战略,提供系统解决方案服务、主动式服务、设备远程服务等,使其成为全球最大的信息技术服务和咨询服务提供商;卡特彼勒和小松开展融资租赁服务、设备租赁服务、设备回收服务和再制造服务等,引领工程机械企业的发展方向;康明斯成立了独立的能源解决方案业务部门,为柴油机客户提供全方位的服务支持,包括可行性研究、投资分析与融资、政府政策优惠的获取、发电机组设备与外围设备的销售和租赁、产品设计安装、运营维护、托管和代管服务等;通用电气实施新服务战略,"技术＋管理＋服务"所创造的产值占公司总产值的比重已经达到 70%,所属的资本服务公司拥有全球最大的设备出租公司,还拥有美国第三大保险公司;罗尔斯－罗伊斯公司并不直接向用户出售发动机,而以"租用服务时间"的形式出售,并在规定的租用时段内,承担一切保养、维修和服务;波音公司、三菱重工、惠普、耐克、沃尔沃卡车等众多行业巨头,都是本领域制造服务的标杆企业。

国内制造领域的许多领先企业认识到服务增值的必要性和发展趋势,大力推进服务在产品生命周期中的价值增值。例如,海尔集团的制造业务外包,提供主动式服务,提出由卖产品转变为提供信息化整体解决方案;青岛捷汽提供旋转机械远程在线监测及故障诊断服务;三一重工提供工程机械在线实时监控服务;陕西鼓风机集团提出并应用项目总承包服务;柳工集团研发智能型工程机械故障诊断和远程服务系统;杭氧集团提出从卖制氧机到供气服务商战略;徐工集团提出从工程机械产品提供商向工程机械方案提供商转型;华为公司提出"产品化服务"战略,协助客户保障设备正常运行,满足客户的个性化和增值服务的需求;东方汽轮机提出基于产品生命周期的制造服务价值链。

大量的应用案例分析表明,国外几乎所有的一流企业均提出了服务化战略,并通过占领服务化战略行业的制高点,成为行业标杆。越来越多的国内骨干企业已经意识到发展现代制造服务对企业转型升级的重要意义,并逐步开始推动企业制造服务业务的开展。

1.4　产品全生命周期制造服务的归纳总结

1.4.1　制造服务业务类别——产品全生命周期视角

产品全生命周期的制造服务包括生产性服务和产品服务(图 1-4)。

制造企业的生产性服务阶段,是物理产品的规划、设计并形成的阶段,也包括产品运输流通阶段。从企业的角度分析,这个阶段的制造服务包括企业面向其他企业提供的生产性服务和企业接受其他企业或个人的生产性服务。企业发展生产性服务的目的是降低生产成本,同时,企业提供对外的生产性服务可以增加企业利润率。

在产品服务阶段,企业向用户提供产品服务,提高服务品质,拉长利润链,最终目的是提高产品的价值增值能力和核心竞争力。企业通过完善和提高基本服务,提高客户的满意度。企业通过实施转型升级服务,可加快企业发展战略的转型升级,提高服务在整个业务收入中的利润率。

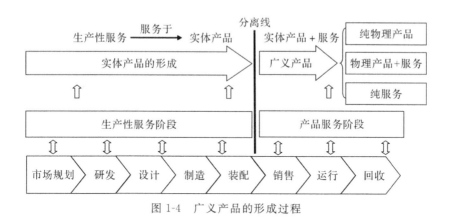

图 1-4　广义产品的形成过程

1.4.2　制造服务业务类别——企业转型视角

从企业转型升级角度,企业可开展的业务分为基本产品服务和企业转型升级服务。

基本产品服务是指围绕产品的生产、销售和使用阶段,制造企业需要开展的配套服务,以满足维持企业产品生产、销售和服务的基本要求,如制造外包、制造外协、采购服务、运输服务、安装指导服务、调试服务、操作培训服务、备品备件服务、检测服务、维护维修服务、回访服务等。基本服务是大部分制造企业都必须开展的服务,这样才能尽可能降低生产成本,满足客户使用产品的基本售后保障需求。

企业转型升级服务是指企业在实现基本服务的前提下,通过采取更高层次的服务来提高产品利润率,拉长企业价值链。这些服务的实施对促进企业由制造型向服务型转变具有重要的推动作用,也是企业转变成系统服务提供商的一个重要标志。不同的行业,企业转型升级服务的范围不同,如变压器制造企业的转型升级服务有主动式服务、设计服务、安装服务、设备租赁服务、金融租赁服务、全责绩效管理服务(即保运服务)、合同能源管理服务、回收再制造服务、系统解决方案服务等。

1.4.3 广义产品的概念

广义产品是指在产品销售阶段,根据客户的需求层次,企业配置出多种形式的服务包,以满足客户的个性化需求,产品的具体形式为"物理产品+增值服务"服务包。根据物理产品和增值服务在服务包中所占比例的不同,可以将广义产品分为纯物理产品、"物理产品+增值服务"、纯服务三大类(李浩,2013)。

生产性服务阶段和产品服务阶段的分离是实体产品和广义产品的分界点。产品服务阶段的广义产品是面向客户需求的整体解决方案,其中物理产品是服务的载体,服务可以实现物理产品的价值增值(图 1-5)。

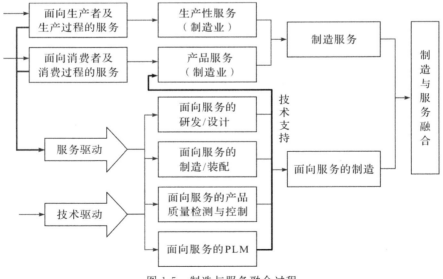

图 1-5　制造与服务融合过程

1.5　制造与服务融合过程与体系

1.5.1　制造与服务融合过程

随着竞争加剧,制造与服务的融合过程是制造服务与面向服务的制造的形成过程(图 1-5)。面向生产者及生产过程的服务与面向消费者及消费过程的服务在推动和形成制造服务的过程中,为实体产品的生产提供了服务驱动;在技术的加速驱动下,形成了面向服务的制造模式;同时,也提高了产品服务的技术支持水平,为广义产品的形成提供了客户需求功能支持。由此可以得出,企业在实现制造与服务融合的过程中,其最终目的是为客户提供广义产品,提高企业产品的利润率和核心竞争力。

1.5.2　制造与服务融合的技术支持体系

大批企业对制造与服务融合的需求,催生了产业间的融合与创新,产生了一系列新的生产与服务模式、理论与技术(图 1-6)。我们建立的制造与服务融合的理论和技术体系包括理论体系层、技术体系层和服务层。理论体系层包括制造服务的关键理论体系和面向服务的制造关键理论体系,技术体系层包括设计开发技术、制造技术、检测技术、服务技术和其他技术。理论体系层与技术体系层为全生命周期阶段的服务层提供产品支撑和技术支撑,服务层对理论体系层与技术体系层产生服务驱动。为了满足客户对产品核心功能的个性化需求,必须开展能够支持产品广义化的功能设计以及制造理论和技术研究(李浩 等,2010)。

1.5.3　制造与服务融合的关键理论

1. 制造服务的关键理论体系

制造服务的关键理论可归纳为八个方面(图 1-7),这为制造与服务的融合提供了理论基础。

(1)制造服务发展模式与策略

生产性服务和产品服务的服务对象不同,其组织方式不一样。因此应该分别归纳总结其目前的发展模式和策略。主要发展模式包括生产性服务发展模式和产品服务发展模式。这两种模式又可以分为更加详细的制造服务发展模式,例如

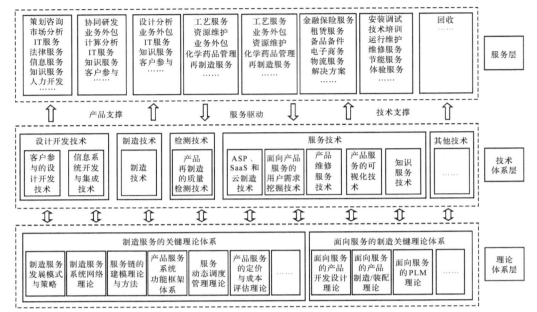

图 1-6　制造与服务融合的理论和技术体系

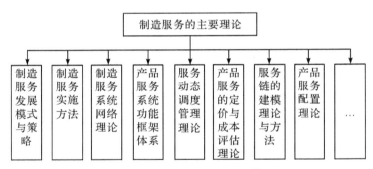

图 1-7　制造服务的关键理论体系

用户自我服务模式是产品服务发展模式之一。这些制造服务发展模式和策略将在第 2 章展开介绍。

（2）制造服务实施方法

在我国当前的社会环境下，需要采取"官－产－学－研"模式，在政府的主导下，通过项目资助和政策扶持，推动制造服务的实施。由于产品生命周期内制造服务的提供模式类别较多，因此需要针对不同类型企业进行详细分析，制定出实施框架和路线图，为不同类型的企业制造服务的实施提供方法指导。

（3）制造服务系统网络理论

制造服务集成运营模式导致大量和企业密切关联的服务提供商的出现。借助于信息技术，生产企业和服务提供商之间优势互联，形成制造服务网络。服务网络节点的功能和层次多样性，打破了静态供应链，形成一种动态稳定的拓扑结构。制造服务系统网络的运作是自组织的，在共同价值的驱动下，以开放的结构，实现分布式制造以及服务资源的聚集和协作，共同完成产品的生产和交付。因此需要研究制造服务网络的系统结构，分析系统自组织的特征和运行机制，从而找出网络系统的演化规律和优化控制方法。

传统企业价值链的基本构成要素大部分来自企业内部。随着企业生产活动融入越来越多的生产性服务活动，传统产业内部不同类型的价值创造活动逐步由一个企业为主导分离为多个企业（生产性服务业）的活动，这些企业相互构成上下游关系，共同创造价值（杨春立 等，2008）。对大量的企业进行统计分析，得到的结果表明，制造服务企业呈现系统网络化的特征。但对于某一企业而言，制造服务企业间呈现出链条结构。因此需要研究制造服务链的价值增值机理，研究新环境下制造业价值链的构成及其变化，从生产要素、业务流程和价值链等角度来研究服务链的全局增值，而非局部增值。

（4）产品服务系统功能框架体系

产品服务系统的主要服务功能模块如图 1-8 所示。一个功能模块主要包括产品管理、服务模块配置管理、安装维修服务、备品备件管理、客户反馈、远程监控、故障诊断、服务调度、人员管理、维修记录、服务成本管理等。有些模块在不同阶段反复使用，表示这些阶段的产品服务均会用到该功能。

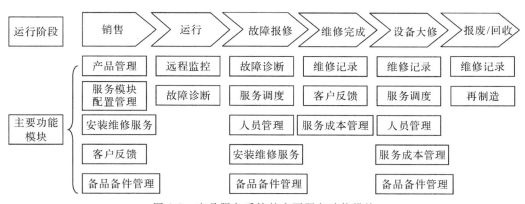

图 1-8　产品服务系统的主要服务功能模块

（5）服务动态调度管理

当设备出现故障且需要及时维修时，如何科学地选择服务人员进行维修是个较为复杂的问题。在对服务人员智能排序的过程中，需要考虑服务人员目前状态（是否出差中）、服务人员的专长、故障难易程度、人员数量、人员层次搭配、服务人员已服务历史总时间、故障机器的历史维护人员等诸多因素。能否找到一种合适的方法来解决智能排序问题，是一个值得研究的问题。

（6）产品服务的定价与成本评估理论

企业提供给客户的是广义产品，即"物理产品＋增值服务"集合。广义产品定价不同于单一产品，服务成本也很难精确预算，这使得企业在产品服务周期内获得的纯利润变得复杂而难以计算。针对这个问题，需要对不同类型的产品服务（纯物理产品、"物理产品＋增值服务"和纯服务）采取不同的定价与成本估计方法。针对不同层次的广义产品，需要具体细化分类并研究对应的利润计算理论。

（7）服务链的建模理论与方法

协同服务链建模典型特征包括个性化、情感认知设计、可持续设计和模块化运行。这些特征需要一系列理论方法的支持，如不确定性建模、层次性原理、可持续性原理、多目标优化等，具体包括协同服务单元的不确定性因素分析、协同服务链的不确定性因素关联分析、协同服务链的不确定性数学模型、协同服务链不确定性传播模型、协同服务链不确定度评价模型和方法。协同服务链中服务的形成与传递关系描述是复杂产品 MRO 协同服务链建模的重要环节，因此需要对动态 MRO 服务业务进行三维建模，从服务业务流程、服务人员、服务资源三个维度进行描述建模，构建服务业务三维集成关系模型。

（8）产品服务配置理论

研究产品服务方案设计框架和流程，改进服务质量功能展开、服务蓝图等方法；开展面向配置设计的客户需求建模及映射研究，利用质量功能构建质量屋，确定产品和服务技术特征权重；运用粗糙集理论挖掘数据间关联规则，形成规则库；分析产品与服务的集成策略，构建产品与服务集成模型；开发产品服务方案的模块化配置优化和个性化产品服务方案的主动推送方法。

2. 面向服务的制造关键理论体系

（1）面向服务的产品开发设计理论

1）广义产品的模块化方法。广义产品的模块化包括实体产品的模块化和服务的模块化。需要分析物理模块与服务模块的映射关系，建立模块间的关联模型。服务模块之间具有松耦合性和离散性，而物理模块间具有紧耦合性和连续性，因此必须采用多种模块划分方法,针对不同层次的广义产品,完成广义产品的模块化。

2)广义产品快速配置设计方法。广义产品主结构描述了一个可配置的模块化系统的构成。根据不同客户的需求,需要通过不同模块进行组合,从主结构中派生出面向客户个性化需求的广义产品。同时,还需要对广义产品模块化方案进行定量评价。也可以研究基于复杂模块网络的快速配置设计方法,通过复杂网络的定量计算,快速配置出满足客户需求的产品。

3)产品再制造的设计理论。产品再制造的设计理论包括再制造毛坯(典型零部件)剩余寿命评估、预测方法和理论,装备再制造循环寿命周期理论,装备再制造性,以及废旧产品部件或整机的应力和疲劳分析、剩余寿命评估和模拟仿真研究。在设计方法上,需要研究面向资源优化利用的设计、产品的可拆卸性设计和产品的可回收性设计(张伟 等,2009;徐滨士,2009)。

(2)面向服务的产品制造/装配理论

面向服务的产品制造/装配理论主要研究面向服务的多 Agent 条件下产品协同制造理论,如何能够快速响应客户需求和不规则需求的突然变化,通过重复利用和更新制造方式,实现满足客户服务需求的产品快速制造(KOREN,1999)。

(3)面向服务的 PLM 理论

1)广义产品数据结构建模理论。该理论主要分析广义产品中物理产品与服务模块之间的关系。维修、保养和回收等与物理产品之间有较强的耦合关系,而文化体验、精神享受等与物理产品之间的关系则相对较松散。研究广义产品的服务数据与实体产品的融合机理以及模型的演化机理,可为广义产品的统一数据模型的建立奠定基础。

2)广义产品的变更管理。广义产品在其生命周期内通常会发生变化,这种变化主要体现在两个方面。①企业内部技术环境引发的变化。由于技术进步、产品升级以及服务策略的改变等,企业可向客户提供的广义产品内容会发生更改。②由于客户需求层次的变化,原有的个性化广义产品也会发生变更。上述变更需要被及时、完整地记录。因此需要对广义产品生命周期中的变更进行统一建模。

1.6　产品服务系统

1.6.1　产品服务系统的概念

产品服务系统(PSS)的概念出现在 20 世纪 90 年代,Goedkoop 等(1999)、Mont(2002)、Manzini 等(2003)、Brandsotter 等(2003)、Tukker 等(2006)、Yang

等(2009)陆续给出了 PSS 的定义。Goedkoop 等(1999)认为 PSS 就是"物理产品和/或产品服务"的一种新型价值创造系统。Mont(2002)将 PSS 定义为一个由产品、服务、支撑网络及基础设施所组成的系统,其设计目标是提高产品竞争力、满足顾客需求和降低对环境的影响。Manzini 等(2003)认为 PSS 是一种利益主体间(比如客户和制造商之间)的新型关系,能够带来新的经济增长点和潜在的资源优化模式。Tukker 等(2006)将 PSS 定义为一组实现顾客需求的有形产品和无形服务,其核心是顾客期望值,是企业给顾客提供价值的一种途径。我们总结了这些定义,认为这些定义的共同点是 PSS 是一种面向消费者的"物理产品和/或产品服务"的价值提供系统(LI et al., 2012)。

当前,针对 PSS 的研究与应用已经成为国际学术界和产业界的热点,也是传统制造企业转型升级的主要发展方向。

1.6.2 产品服务系统的分类

PSS 有多种分类方法。例如,Vasantha 等(2012)将产品服务系统分为以结果为导向、以分享功效为导向、以产品生命延伸为导向和以减少需求为导向的四种类型。根据 Tukker 和 Tischner 的分类,PSS 分为面向产品的 PSS、面向使用的 PSS 和面向结果的 PSS(TUKKER et al., 2006),如表 1-1 所示。

表 1-1 PSS 的类型及特点

PSS 类别	模块组成	物理与服务模块比例变化	用户关注点	设计优化目标	个性化体现形式
面向产品的 PSS	用户:物理模块、配套模块、服务模块;制造商:物理模块、服务模块	以提供物理产品为主,并配备基本服务	主要关注物理模块,产品生命周期的服务模块	产品性价比高,产品生命周期服务便捷	个性化物理产品、个性化的服务模块、个性化的服务投递
面向使用的 PSS	用户:物理模块、配套模块、部分服务模块;制造商:物理模块、配套模块、服务模块	向用户提供物理产品和服务,用户不一定拥有物理产品所有权,主要在于使用	关注核心物理模块和服务模块,特别是产品使用质量和效果	性能价格比高,可持续性好	个性化的物理产品功能,独特的服务体验
面向结果的 PSS	用户:服务模块;制造商:物理模块、配套模块、服务模块	向用户提供服务,服务提供商确保物理产品可靠运行	主要关注服务质量与体验	服务体验好,可靠性高	独一无二的服务体验

1）面向产品的服务（product-oriented services），也称为"集成服务型产品"。该类服务将保证产品在整个生命周期内完美运作，并获得附加值。如提供各类产品的售后服务，包括维修、更换部件、升级、置换、回收等。

2）面向使用的服务（use-oriented services）。该类服务提供给用户一个平台（产品、工具、机会等），以高效满足人们的某种需求和愿望。汽车租赁就是一个很好的例子，用户可以使用但无须拥有产品，只需根据双方约定，支付特定时间段或使用消耗的费用。

3）面向结果的服务（result-oriented services）。该类服务将根据用户需要提供最终的结果，如提供高效的出行、供暖、供电服务等。显然，用户无须自己购买或拥有产品，也不用担心维护、保养，甚至无须自己操作产品便能享受到最佳的服务。

PSS 也有广义和狭义之分，广义的 PSS 是一种概念性思想，旨在通过将服务的理念引入到产品设计、制造、使用和回收过程中，以期实现多个生命周期资源优化与循环利用；狭义的 PSS 是一项具体的解决方案，旨在于产品使用阶段整合产品和服务，以期保障与提升产品工作能力。

1.6.3　产品服务系统的应用领域

针对 PSS 的研究是一个系统（"产品－服务"系统），研究主题涉及产品设计、仿真建模、知识管理、服务链、实施方法与工具、系统评价等；研究对象包括制造商、服务商、供应商、客户等；研究阶段不仅包括产品设计和服务设计阶段，还包括供应链、系统运营等阶段。如果从面向产品平台的模块化设计和大规模定制的角度来研究，主要研究模块划分、产品模块化平台构建、配置设计等。

当前，针对 PSS 的研究方向主要包括 PSS 设计与开发（含 PSS 配置组合优化、模块化设计等）、生命周期仿真建模、知识管理、实施方法与工具、系统评价等。理论方面主要涉及 PSS 的概念和影响分析、PSS 的体系架构、PSS 的运作、PSS 的设计方法与工具、PSS 的实例总结、PSS 的研究团队及国际国内会议。应用行业涉及汽车行业、化工行业、IT 行业及其他行业。

1.7　服务型制造

服务型制造是工业化进程中制造与服务融合发展的一种新型产业形态。制造业与服务业要深度融合，必须对生产者与消费者的角色进行重新定位，对生产者与生产者、生产者与消费者之间的链接关系进行重构解析(张富强 等,2018)。

服务型制造是知识资本、人力资本和产业资本的聚合物,是三者的黏合剂(孙林岩 等,2007,2008)。知识资本、人力资本和产业资本的高度聚合,使得服务型制造摆脱了传统制造低技术含量、低附加值的形象,使其具有与以往各类制造方式显著不同的特点。

1)在价值实现上,服务型制造强调由传统的以产品制造为核心,向提供具有丰富服务内涵的产品和依托产品的服务转变,直至为顾客提供整体解决方案。

2)在作业方式上,由传统制造模式以产品为核心转向以人为中心,强调客户、作业者的认知和知识融合,通过有效挖掘服务制造链上的需求,实现个性化生产和服务。

3)在组织模式上,服务型制造的覆盖范围虽然超越了传统的制造及服务的范畴,但是它并不去追求纵向的一体化,而更关注不同类型主体(顾客、服务企业、制造企业)通过价值感知,主动参与服务型制造网络的协作活动,在相互的动态协作中自发形成资源优化配置,涌现出具有动态稳定结构的服务型制造系统。

4)在运作模式上,服务型制造强调主动性服务,主动将顾客引进产品制造、应用服务过程,主动发现顾客需求,展开针对性服务。企业间基于业务流程合作,主动为上下游客户提供生产性服务和服务性生产,协同创造价值(张富强 等,2018)。

服务型制造是一种涵盖产品全生命周期、以制造服务为驱动力的广义先进制造模式。其中,制造服务既包括传统的维护、维修和大修(maintenance,repair and overhaul,MRO)、外包,也涉及众筹、众包、产品服务系统、社群机制下的竞争与分享生产等新形式(江平宇 等,2015;CIASULLO et al.,2017)。在服务型制造的广义范畴下,云制造(cloud manufacturing)(李伯虎 等,2010)、社群化制造(social manufacturing)(JIANG,2018)等均是其体现形式。同时,在新一代 IT 技术的驱动下,企业生产组织形态的创客化、小微化与平台化也使得制造服务呈现出社群化的新特点(JIANG,2018)。

服务型制造发展水平是指当地开展服务型制造的企业占所有制造企业的比例。从全球范围内来看,不同国家和地区在不同年份的服务型制造发展水平存在差异,以美国、英国为代表的欧美发达国家的整体服务型制造发展水平较高,我国与其相比仍有较大差距(张富强 等,2018)。

从发展历程的角度来说,我国服务型制造虽然起步较晚,但随着国家政策的大力扶持、新兴技术的快速创新以及应用场景的不断拓展,未来的发展势头迅猛,发展潜力巨大。近年来,为促进制造业与现代服务业深度融合,我国在推动生产性服务业发展的同时,也在积极推动服务型制造发展。2015 年,国务院印发的《中国制造 2025》提出"促进生产性制造向服务型制造转变"。2016 年,工信部、国家发展改革委、中国工程院联合印发的《发展服务型制造专项行动指南》提出,"推动服务型制造向专业化、协同化、智能化方向发展"。2017 年 2 月,在工业和信息化部产业政策与法规司支持下,由工业和信息化部电子第五研究所联合相关企业、高校、科研院所、金融机构及行业协会等单位,成立中国服务型制造联盟,该联盟成为推广宣传服务型制造、促进相关人才培训与交流合作的重要平台。各省区市也积极推动服务型制造发展。据中国服务型制造联盟统计结果,截至 2020 年底,有21 个省区市先后发布了服务型制造配套政策文件,这些方案都围绕国家相关指南或指导意见中提出的发展方向和模式进行展开,同时又结合本地实际进一步细化。如重庆围绕汽车摩托车、装备制造、电子信息等"6＋1"支柱产业,以总集成总承包、个性化定制服务、在线支持服务等为重点发展方向,引导企业向"制造＋服务"转型;四川省立足七大优势产业(电子信息、装备制造、饮料食品、油气化工、钒钛钢铁及稀土、能源电力、汽车制造)、七大战略性新兴产业(新一代信息技术、高端装备制造、新能源、新材料、生物、节能环保、新能源汽车)及五大高端成长产业(页岩气、节能环保装备、信息安全、航空与燃机、新能源汽车)等重点领域,引领服务型制造发展。此外,全国 16 个省区市通过专项资金、税收减免等财政支持政策推动服务型制造发展,"服务型制造万里行"先后走进 14 个地区,28 个省区市积极配合国家级服务型制造示范遴选工作,20 个省区市开展了省级示范试点遴选培育工作。2020 年,工业和信息化部等 15 个部门联合发布《关于进一步促进服务型制造发展的指导意见》,提出"到 2022 年,新遴选培育 200 家服务型制造示范企业、100 家示范平台、100 个示范项目、20 个示范城市,服务型制造理念得到普遍认可,服务型制造主要模式深入发展,制造业企业服务投入和服务产出显著提升,示范企业服务收入占营业收入的比重达到 30％以上"。服务型制造示范企业、平台、项目和城市的培育数量进一步扩大(梁婧,2021)。

《中华人民共和国国民经济和社会发展第十四个五年规划和 2035 年远景目标纲要》提出,要"深入实施智能制造和绿色制造工程,发展服务型制造新模式,推动制造业高端化智能化绿色化"。当前,推动服务型制造发展已成为促进制造业与现代服务业融合的重要突破口之一。这既是顺应新一轮科技革命和产业变革的主动选择,也是增强制造业竞争力、适应消费结构升级的重要途径(梁婧,2021)。

1.8　云制造服务

云制造(cloud manufacturing)这一概念是基于云计算的思想发展出来的,是把"软件即服务"(SaaS)的理念拓展至"制造即服务"(MaaS)领域的产物,它最早由李伯虎等(2010)提出。他们将云制造定义为一种新型网络化制造模式:各种网络化的制造资源(制造云)被有序地组织在云制造平台上,用户可以利用网络手段按需选择制造服务。云制造实质上就是一种面向制造的服务,这种服务环境可称为制造云。建立制造云的目的是在考虑价值链的基础上,开发和评估那些能够提供按需分配的信息技术基础设施。通过这样一种类似云架构的执行模式,用户可以享受到以云网融合、企业联盟、柔性资源和虚拟生产为特点的集成软件服务。李伯虎等(2011)在《再论云制造》一文中又对云制造的概念加以深化:云制造作为一种新兴的网络化制造模式,涵盖了面向服务、高效低耗和知识导向等技术手段,是促进制造业向敏捷化、服务化、绿色化、智能化发展的根本途径。

云制造具有三个方面的特点:资源整合、高效服务和多方共赢。在资源整合方面,云制造可以将分散的制造资源(如软件、数据、计算、加工、检测等)集中起来,形成逻辑上统一的资源整体,提高资源利用率、节省投资,极大地超越了单个资源的能力极限。云制造的实施将促进制造的敏捷化、服务化、绿色化和智能化。云制造引入了云计算的理念,是云计算在制造领域的落地与延伸。首先把制造资源汇聚起来,再经过虚拟化后以服务的形式提供给用户。制造资源概括起来分为五大类(李伯虎 等,2012)。

第一类是与设计、制造及生产相关的软资源,包括计算机辅助设计(computer aided design,CAD)、计算机辅助工程(computer aided engineering,CAE)、产品数据管理(product data management,PDM)等软件资源。

第二类是硬资源,包括生产用机床、试验用检测设备等与制作密切相关的资源。把这些资源整合后,发布到网上去,需求者就可以高效、合理地进行使用。

第三类是知识资源,包括设计、制造等相关知识。这些知识涉及多年实践积累下的知识与经验,以及研制过程所需的标准、规范、专利、情报、文献等。

第四类是专家资源。

第五类是与信息技术相关的云计算资源。

从工业云发展方向上来讲,不同的行业,不同的专业,甚至是不同的区域,实际上都是一种聚合,既是专业性的聚合,也是行业性的聚合,或者说是上下游生态链的聚合,在这种聚合的基础上,可实现基于工业云的资源的积聚、资源分散和资源的各种商业模式。

　　关于云制造的研究和应用依然面临着很多问题,在模式、应用和技术等方面都存在有待深入探讨的空间,下一步将对相关的问题做更深入的研究与探索,进而推动云制造在制造业的应用,促进我国正在进行的"云计算"和"云制造"从理论到实践、从概念到内容落地的具体化,进一步提升中国制造业信息化的水平。

1.9　本章小结

　　本章在概述智能制造服务的背景与意义的基础上,提出了现代制造服务的概念;分析了现代制造服务业务模式研究与发展状况,并指出了目前的应用现状;分别从产品全生命周期视角和企业转型视角分析了制造服务业务类别;然后,提出了制造与服务融合过程模型以及理论、技术体系;针对智能制造服务的典型应用形式,分别讨论了产品服务系统、服务型制造和云制造服务等典型模式。

参考文献

毕斗斗,2008.亚洲"四小龙"地区生产性服务业政策导向及启示[J].国际经贸探索(5):54-58.

但斌,贾利华,2008.国外生产性服务业的发展经验及对我国的启示[J].生产力研究(16):87-88,148.

丰志勇,何骏,2009.中国生产性服务业的发展模式研究[J].软科学,22(1):47-50,64.

高运胜,2009.上海生产性服务业集聚区发展模式研究[M].北京:对外经济贸易大学出版社.

顾新建,李晓,祁国宁,等,2009.产品服务系统理论和关键技术探讨[J].浙江大学学报(工学版),43(12):2237-2243.

黄志明,邵鲁宁,2009.生产性服务产业化模型[J].同济大学学报(自然科学版),37(11):1560-1561.

江平宇,张富强,付颖斌,2015.服务型制造执行系统理论与关键技术[M].北京:科学出版社.

江平宇,朱琦琦,张定红,2011.工业产品服务系统及其研究现状[J].计算机集成制造系统(9):209-216.

李伯虎,张霖,任磊,等,2011.再论云制造[J].计算机集成制造系统,17(3):449-457.

李伯虎,张霖,任磊,等,2012.云制造典型特征、关键技术与应用[J].计算机集成制造系统,18(7):1345-1356.

李伯虎,张霖,王时龙,等,2010.云制造——面向服务的网络化制造新模式[J].计算机集成制造系统,16(1):1-16.

李浩,2013.广义产品模块划分与融合的关键技术研究[D].杭州:浙江大学.

李浩,顾新建,祁国宁,等,2012.现代制造服务业的发展模式及中国的发展策略[J].中国机械工程,

23(7):798-809.

李浩,纪杨建,祁国宁,等,2010.制造与服务融合的内涵、理论与关键技术体系[J].计算机集成制造系统,16(11):2521-2529.

李浩,焦起超,文笑雨,等,2017.面向客户需求的企业产品服务系统实施方案规划方法学[J].计算机集成制造系统,23(8):1750-1764.

李浩,王昊琪,程颖,等,2020.数据驱动的复杂产品智能服务技术与应用[J].中国机械工程,31(7):757-772.

梁婧,2021.服务型制造发展新趋势与对策建议[J].中国国情国力,2021(4):27-31.

派恩,吉尔,2002.体验经济[M].夏业良,鲁炜,译.北京:机械工业出版社:1-3.

祁国宁,2008.制造服务的背景、内涵和技术体系[R].2008制造业信息化科技工程——现代制造服务业专题工作研讨会大会报告.上海:科技部高新司、上海市科学技术委员会.

祁国宁,2009.四大压力催生制造服务[J].中国制造业信息化(应用版)(1):14-15.

孙林岩,2009.服务型制造理论与实践[M].北京:清华大学出版社.

孙林岩,高杰,朱春燕,等,2008.服务型制造:新型的产品模式与制造范式[J].中国机械工程(21):2600-2604,2608.

孙林岩,李刚,江志斌,等,2007.21世纪的先进制造模式——服务型制造[J].中国机械工程,18(19):2307-2312.

徐滨士,2009.工程机械再制造及其关键技术[J].工程机械,40(8):1-5.

杨春立,于明,2008.生产性服务与制造业价值链变化的分析[J].计算机集成制造系统,14(1):153-158.

张富强,江平宇,郭威,2018.服务型制造学术研究与工业应用综述[J].中国机械工程,29(18):6-25.

张伟,徐滨士,张纾,等,2009.再制造研究应用现状及发展策略[J].装甲兵工程学院学报,23(5):1-3.

张旭梅,郭佳荣,张乐乐,等,2009.现代制造服务的内涵及其运营模式研究[J].科技管理研究,27(6):227-229.

BRANDSTOTTER M, HABER M, KNOTH R,et al.,2003. IT on demand—Towards an environmental conscious service system for Vienna [C]// Proceedings of Third International Symposium on Environmentally conscious design and inverse manufacturing. Los Alamitos, USA: IEEE Computer Society Press:799-802.

BROWNING H C, SINGELMAN J, 1975. The emergence of a service society: Demographic and sociological aspect of the sectoral transformation in the labor force of the USA national technical information service [R]. Massachusetts: Incorporated Springfield:60-89.

CIASULLO M V, FENZA G, LOIA V, et al., 2017. Business process outsourcing enhanced by fuzzy linguistic consensus model [J]. Applied Soft Computing, 64:436-444.

COFFEY W J, 2000. The geographies of producer services [J]. Urban Geography, 21(2):170-183.

FRITZ M, 1962. The Production and Distribution of Knowledge in the United States [M]. Princeton: Princeton University Press:23-40.

GOEDKOOP M, VAN HALER C, TE RIELE H, et al., 1999. Product service-systems, ecological and economic basics [R]. Amsterdam: Dutch Ministries of Environment and Economic Affairs.

GREENFIELD H I, 1966. Manpower and the Growth of Producer Services [M]. New York: Columbia University Press: 34-88.

HERBERT G G, MICHAEL A W, 1989. Service industry growth: Cause and effects [R]. Fraser Institute, Vancouver: 279-282.

JIANG P, 2018. Social Manufacturing: Fundamentals and Applications [M]. Berlin: Springer International Publishing.

KANG H S, LEE J Y, CHOI S S, et al., 2016. Smart manufacturing: Past research, present findings, and future directions [J]. International Journal of Precision Engineering and Manufacturing-Green Technology, 3(1): 111-128.

KOREN Y, 1999. Reconfigurable manufacturing systems [J]. Annals of the CIRP, 48(2):1-14.

LI H, JI Y, GU X, et al., 2012. Module partition process model and method of integrated service product [J]. Computers in Industry, 63(4): 298-308.

LI H, JI Y, LI Q, et al., 2018. A methodology for module portfolio planning within the service solution layer of a product-service system [J]. International Journal of Advanced Manufacturing Technology, 94(9):3287-3308.

MANZINI E, VEZOLLI C, 2003. A strategic design approach to develop sustainable product service systems: Examples taken from the "environmentally friendly innovation" Italian prize [J]. Journal of Cleaner Production, 11(8): 851-857.

MEIER H, VOLKER O, FUNKE B, 2011. Industrial product-service systems—IPS^2 [J]. International Journal of Advanced Manufacturing Technology, 52(9-12): 1175-1191.

MONT O, 2002. Clarifying the concept of product service systems [J]. Journal of Cleaner Production, 10(3): 237-245.

STEENECK D W, SARIN S C, 2018. Product design for leased products under remanufacturing [J]. International Journal of Production Economics, 202: 132-144.

TUKKER A, TISCHNER U, 2006. Product-services as a research field: Past, present and future. Reflections from a decade of research [J]. Journal of Cleaner Production, 14(17): 1552-1556.

VASANTHA G, ROY R, LELAH A, et al., 2012. A review of product-service systems design methodologies [J]. Journal of Engineering Design, 23(9): 635-659.

YANG X, MOORE P, PU J S, et al., 2009. A practical methodology for realizing product service systems for consumer products [J]. Computers & Industrial Engineering, 56(1): 224-235.

第 2 章　企业现代制造服务实施模式

2.1　现代制造服务业的发展模式

2.1.1　现代制造服务分类

1. 按照服务提供对象划分

按照服务提供对象,企业现代制造服务分为外包型服务和提供型服务。外包型服务主要是企业为了降低生产或服务成本而采用的外包服务,如零部件外购/外协服务、生产外包、运输外包等;提供型服务是企业为了提高产品核心竞争力或利润而提供给客户或其他企业的服务,如企业提供给客户的安装服务、培训服务、大修服务、回收服务等(李浩 等,2012)。

2. 按照服务阶段划分

按照产品全生命周期过程中不同服务阶段,现代制造服务分为面向制造业的生产性服务和产品服务。由于两种服务的对象不同(生产性服务的对象:制造商;产品服务的对象:用户),其组织方式也不一样,因此应该分别归纳总结其目前的基本发展模式。根据业务对象和服务分布状况,生产性服务发展模式有区域集群服务模式、生产服务提供商模式、分散型中小企业动态联盟服务模式和大型龙头企业服务模式(祁国宁,2008)。各种模式的具体特点如表 2-1 所示。

表 2-1 生产性服务发展模式的分类及特点

生产性服务发展模式		特点(分类依据)	表现形式
区域集群服务模式	区域型龙头企业集群服务模式	业务对象分布集中、服务集聚	龙头企业的大部分生产服务由本地服务企业提供,同时也向本地企业提供服务
	区域型中小企业集群服务模式	业务对象分布集中、服务发散	中小企业群集聚区,形成简单的制造服务网络
生产服务提供商模式		业务对象分布分散、服务集中(向外发散)	如 ASP(应用服务提供商)平台、SaaS(软件即服务)平台、云制造服务平台、专业性服务企业和行业公共服务平台等
分散型中小企业动态联盟服务模式		业务对象分布分散、服务分散	分布式的企业通过契约形成动态的服务提供和使用模式
大型龙头企业服务模式		业务对象分布分散、服务集聚(向内集聚)	多家分布式的服务商为大型龙头企业提供咨询、协同设计、零配件、加工等服务

2.1.2 面向制造业的生产性服务发展模式

1. 区域集群服务模式

区域集群服务模式是一种区域集中服务模式,与某一行业相关的企业集中在特定城市或城市的特定区域内进行集群式生产。区域集群的业务对象分布集中,包括原生型、外生型和嵌入型三种(高运胜,2009),其优势是能够以低成本在短时间内实现区域资源和服务共享,可以快速提高该区域的行业知名度和竞争力。按照服务分布来细分,区域集群服务模式包括区域型龙头企业集群服务模式和区域型中小企业集群服务模式(李浩 等,2012)。

1)区域型龙头企业集群服务模式的特征是服务向内集聚。区域型龙头企业的外包任务与服务大部分由区域制造企业和区域服务企业提供;同时,区域龙头企业也向本地区的制造企业提供优势生产性服务,形成以区域龙头企业为核心的服务链协同与优化系统(图 2-1)。

2)区域型中小企业集群服务模式是一种服务发散模式。典型的表现形式为针对某一类产品,众多该区域中小企业群围绕产品的咨询、研发、设计、装配等环节开展业务,形成生产性服务集市(图 2-2),共同完成这一类产品的生产,形成区域产业集群。

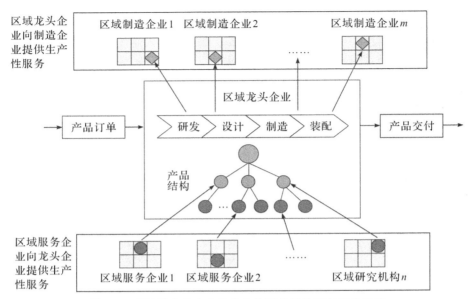

图 2-1　以区域龙头企业为核心的服务链协同与优化系统

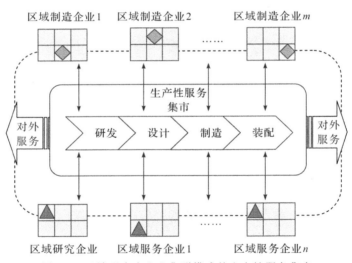

图 2-2　区域型中小企业集群模式的生产性服务集市

区域集群服务模式在国内外均有大量案例,如美国加利福尼亚州的葡萄酒生产性服务产业集聚区,意大利萨索洛地区的瓷砖行业生产性服务集聚区,以及我国上海的生产性服务集聚区。浙江省舟山市定海区被称为"中国塑机螺杆之都",现有塑机螺杆制造与服务企业 400 多家,是一种典型的区域型中小企业集群服务模式。舟山扬帆集团的船舶配件服务企业主要向本地企业提供船舶配件制造服务和管业制造服务,成为领跑舟山船舶配件产业发展的重要生产与服务企业,这是典型的区域型龙头企业集群服务模式。

　　2.生产服务提供商模式

　　生产服务提供商模式是一种业务对象分布分散、服务集中(向外发散)的模式,其优势是能打破地域限制,使企业可以较容易发现所需的资源,也可以降低服务采购成本,快速完成企业的特定生产性服务需求(图 2-3)。因此,制造企业可以将非核心的业务外包给生产服务提供商,降低制造过程的成本,提高生产效率。

　　生产服务提供商的商业模式表现有:①软件平台,如公共服务平台、应用服务提供商(ASP)、软件即服务(SaaS)、云制造服务平台、工业互联网平台等(杨志伟等,2017);②实体平台,如专业的科研院所、高等院校、专业的服务提供企业(如专业性的原材料采购服务企业、产品设计企业、制造企业、物流企业、化学药品管理企业等)。

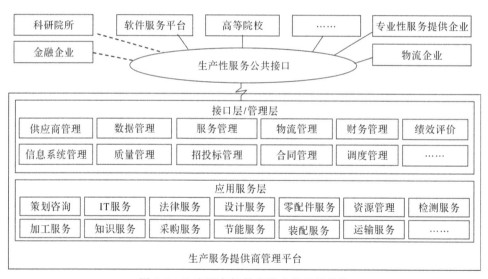

图 2-3　生产服务提供商模式的系统结构

　　浙江省现代纺织工业研究院拥有纺织品质量检测、纺织技术推广、创新花样艺术设计、流行面料设计、国际纺织品流行趋势研究、家居艺术设计、数码印花、印花分色制版、轻纺科技培训等服务窗口;组建了纺织信息技术、纺织服装工程技术、纺织装备及控制、纺织新材料等共性技术研发中心;建设成立了聚合纺丝、纺纱纺织、印花染色、服装家纺等中试生产基地，为轻纺城经营者提供纺织品开发设计、分析、测评、质评等生产性服务。另外，当前的行业信息服务平台、应用服务提供商服务平台、云制造服务平台等都属于生产服务提供商模式的服务平台。

3. 分散型中小企业动态联盟服务模式

分散型中小企业动态联盟服务模式是一种业务对象分布分散、服务分散的模式（图 2-4）。分布式的企业通过契约或合同形成动态的服务提供和使用模式，实现异地的资源和服务共享。分散型中小企业动态联盟企业通常通过公共信息服务平台或咨询中介机构，发布相关产品与服务信息，找到能够完成特定任务的服务企业，形成多企业动态联盟的中小企业制造服务网络。

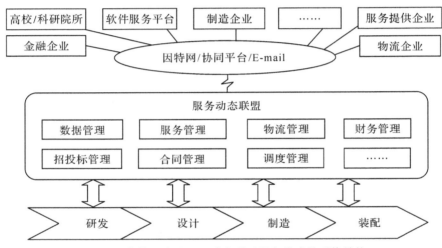

图 2-4　分散型中小企业动态联盟服务模式的系统结构

分散型中小企业动态联盟服务模式非常普遍，中小企业通过公共服务平台（如浙江省五金科技创新服务平台、浙江公共科技创新平台、宁波模具网、中国纺织机械网、浙江船舶工业网等各种行业的动态联盟平台）发布或查询相关信息，通过该类平台可以快速找到合作企业，并形成动态的价值链，实现产品的快速制造。

4. 大型龙头企业服务模式

大型龙头企业服务模式是指围绕龙头企业，多家分布式服务商为其提供咨询、协同设计、零配件、加工等服务，其特征是业务对象分布分散、服务集聚（向内集聚）。服务企业向龙头企业提供生产性服务，同时，龙头企业也向制造企业提供生产性服务，形成以龙头企业为核心的全球化产业链协同网络（图 2-5）。

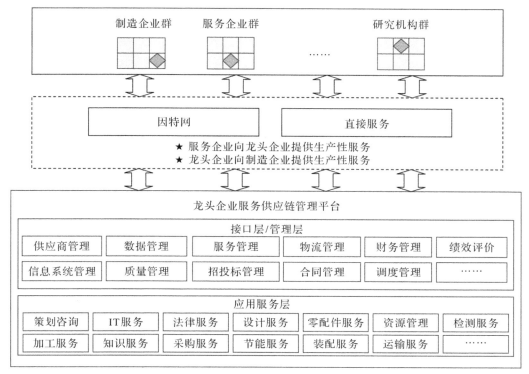

图 2-5　大型龙头企业服务模式的系统结构

IBM 的发展路线是硬件→IT 服务→服务产品化。为了实施差异化战略、提高反应速度和效率,美国 IBM 公司提出了"服务产品化"的概念。IBM 实施"服务产品化"战略的具体做法:将传统的产品开发和交付原则引入服务业,IBM 全球服务部全力打造十条服务产品线,主要分为 IT 基础设施服务和 IT 基础设施支持服务两大部分,包括 IT 策略与基础架构咨询服务、中间件服务、网络服务、数据与存储服务、企业 IT 安全服务、服务器服务等内容,涵盖了 IT 服务领域中从规划咨询到管理控制再到运营维护这一整个链条,形成了典型的以龙头企业为核心的全球化产业链协同网络。

2.1.3　面向制造业的产品服务发展模式

根据产品与服务的提供形式,产品服务发展模式分为面向产品的产品服务、面向使用的产品服务和面向功能的产品服务。根据服务企业组织形式,产品服务模式分为制造商延伸服务模式、用户自我服务模式、产品服务提供商模式和集成运营模式(齐二石 等,2010)。在产品与服务的提供形式方面,已经有学者提出了相应的模型,这里仅讨论根据服务企业组织形式划分的产品服务发展模式。

1.制造商延伸服务模式

制造商延伸服务模式是指制造企业在内部设立自己的产品服务职能部门,满足产品服务的需要(图 2-6)。其优势在于不必考虑制造企业与外部服务提供商之间的沟通、协作、集成等问题,完全依靠企业内部部门就可以实现产品的维护和保养,这有助于延长企业产品的价值链,提高产品全生命周期的价值。

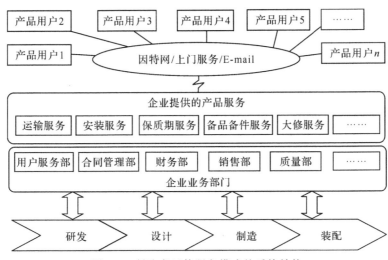

图 2-6   制造商延伸服务模式的系统结构

三一重工企业控制中心具有设备运行监控、故障远程诊断、服务质量的监控与评估、就近派工、专家指导、设备保养维护提示和操作手远程培训等功能,无论客户设备在哪里,都可获得三一重工提供的服务。控制中心可对三一重工全国各地设备进行监控,随时掌握设备运行状况和服务车辆的地理位置。服务人员可通过控制中心的视频会议功能,联系技术专家与服务工程师一起会诊。设备故障排除后,控制中心将对服务质量进行评估,同时在服务系统中报完工。控制中心在服务完工后立即对此次服务的满意度、真实性和及时性等进行回访,将收集到的客户的意见和建议反馈到相关部门及公司领导,以便改进产品质量和服务质量。

2.用户自我服务模式

用户自我服务模式是指用户拥有自己的产品服务部门,负责产品的运行、维护和小故障的维修,保证产品在一般情况下正常运行。该模式主要针对技术复杂度和维修复杂度相对较低的产品,并且设备的正常运转对用户的生产非常重要。

用户自我服务模式的应用案例比较普遍,如较大规模企业的车间普通机床保养、维护与维修。大部分企业都设有设备维修部门,一旦设备出现简单故障,企业内部的设备维修部门即可完成维修。对于一些生产连续性企业,某些重点设备一旦出现故障,将对生产产生重大影响。企业必须设置专门的设备运行服务机构来保证这些设备正常运行。

3. 产品服务提供商模式

产品服务提供商模式是指制造企业将自己不擅长的服务外包给其他服务提供商来完成,使用户能够获得低成本、高效率、高稳定的服务(图 2-7)。采用这一模式的优势在于制造企业可以将优势资源集中于提升企业的核心竞争力,并且可以获得外部服务提供商的低成本、高质量的专业化服务。根据服务所占比重,产品服务提供商模式可以细分为面向产品的产品服务提供商模式、面向使用的产品服务提供商模式和面向功能的产品服务提供商模式(BRANDSTOTTER et al.,2003)。

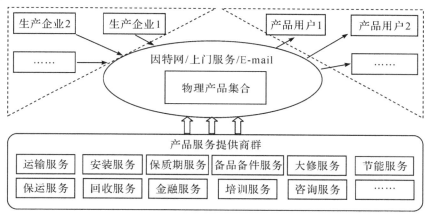

图 2-7　产品服务提供商模式的系统结构

西门子集团的节能服务模式是向客户提供能源效率分析、节能项目设计、原材料和设备采购、施工、节能量监测、培训、运行管理等一条龙服务,并通过与客户分享项目实施后产生的节能效益来赢利和滚动发展。节能服务公司与客户签订节能服务合同,双方确认节能量和节能效益。节能项目完工后,节能服务公司从节能经济效益中收回投资和合理的利润;客户在合同期内获得部分节能经济效益,在合同期结束后获得全部节能经济效益。有些客户与节能服务公司签订长期的节能服务合同,从而保证客户的能源需求。

4.集成运营模式

集成运营模式是一种制造商、用户和服务商合作服务的模式,是制造商自营与制造服务提供商相互结合、共同完成制造服务的模式(图 2-8)。该模式基于特定的目标和利益,建立在信任与合作机制基础之上,通常是为了降低成本、增强信息共享、改善相互间的交流、保持彼此间合作的一贯性等,以产生更大的竞争优势。通过多主体的合作服务,可以实现企业与服务提供商在资源、技术、能力方面(即资源技能库)的整合与管理,利用资源技能库的互补优势为制造商提供更加优质的服务。面对制造企业生产中的多种生产性服务需求,采用集成运营模式,制造商的合作网络关系会变得庞大而复杂,因此该模式要求制造企业具有较高的管理水平。另外,该模式的运营对建立信任与合作机制要求比较高,机制健全是实现合作服务的重要保障。所以,采用该模式的制造企业必须要加强企业的信任与合作运营机制建设。

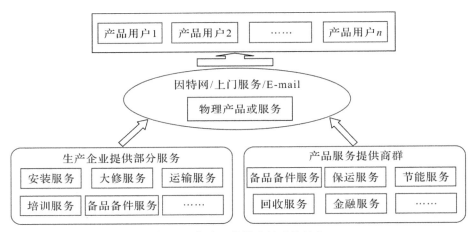

图 2-8　集成运营模式的系统结构

杭州汽轮机股份有限公司(简称杭汽轮)的产品服务属于典型的集成运营模式(图 2-9)。目前,杭汽轮在工业汽轮机维护方面的服务分两种情况:①在保修期内,由杭汽轮负责产品维护服务和大修服务,部分用户聘请了全责绩效服务公司来维护日常设备正常运转;②在保修期外,由用户自己负责产品维护,部分设备由设备安装公司或保运公司维护与保养。杭汽轮公司主要提供技术指导与咨询服务和其他大修服务,设备维修所需的零配件由杭汽轮机械设备公司(独立子公司)提供维修备件。

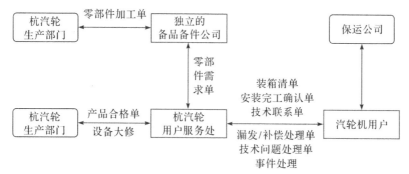

图 2-9　杭州汽轮机股份有限公司的产品集成服务模式

2.2　产品服务系统实施模式和服务业务

产品服务系统(PSS)是现代制造服务实施的一个典型模式。制造企业在进行实施方案规划时,需要解决两个关键问题:PSS 实施模式确定和 PSS 核心业务决策。在前人的研究基础上,我们将 PSS 分为三类:面向产品的 PSS、面向使用的 PSS 和面向结果的 PSS。在不同类型的 PSS 实施模式下,制造企业开展的服务业务也有所不同(WONG,2004)。产品全生命周期的制造服务分类与归纳如图 2-10 所示。在不同的 PSS 实施模式下,客户群体、服务业务和客户体验等都有较大不同,下面分别对三类 PSS 实施模式下的服务业务、客户体验和产品特性等进行论述。

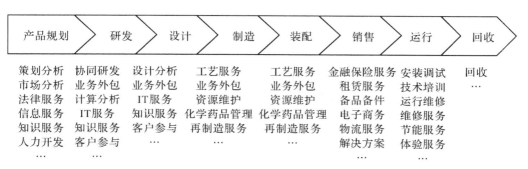

图 2-10　产品全生命周期的制造服务分类与归纳

2.2.1 面向产品的 PSS 及其服务业务

在面向产品的 PSS 中,制造企业以传统方式生产并销售产品。顾客购买产品和产品相关服务,产品所有权归顾客所有,顾客只关心产品使用状况,制造企业负责产品的维护、维修、回收等作业环节(TUKKER et al.,2006)。在面向产品的 PSS 中,顾客由购买物理产品转变为购买物理产品和产品服务,制造企业在提供物理产品的同时,为用户提供包含产品全生命周期的服务业务(图 2-11)。在该实施模式下,企业通过产品和产品相关服务赢得顾客,通过服务获得更高的增值收益,产品与服务在竞争战略中处于同等重要的地位(BRANDSTOTTER et al.,2003)。

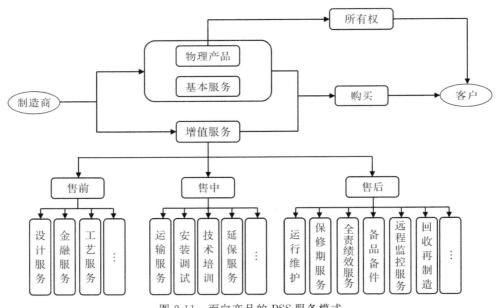

图 2-11 面向产品的 PSS 服务模式

以产品为中心开展一系列相关服务,一方面为制造企业提供了产业增值的有效途径,另一方面,将产品的维护、维修等环节交于专业化人才进行,提高了客户的工作效率,降低了用户负担及用户自身维护成本。面向产品的 PSS 实施模式下的服务业务和相关案例如表 2-2 所示。

表 2-2　面向产品的 PSS 实施模式下的服务业务和相关案例

行业类别	可开展服务类别		典型案例
	基本服务	增值服务	
一般家电	• 产品咨询 • 安装调试 • 三包服务 • 运输服务	• 上门维修服务 • 预警服务 • 旧家电回收服务 • 家电成套服务 • 室内设计服务	海尔在中国一二级市场推出"成套家电服务",满足了客户买一个家电品牌就能够满足所有需求、一次送货上门解决所有家电的配送安装、一个电话得到所有家电问题解答的需求
中央空调	• 产品咨询 • 安装调试 • 产品三包 • 送货上门	• 上门维修服务 • 远程诊断服务 • 家电成套服务 • 室内设计服务 • 旧房改造服务	开利公司推出"室温控制服务",通过同其他公司合作,使建筑物的能量使用更有效率,对空调需要量大大减少甚至根本就不需要空调,但能产生同等水平的舒适度
家用汽车	• 售前咨询 • 三包服务	• 维修服务 • 零部件更换预警 • 保养服务 • 汽车改装服务 • 实时监测服务 • 全程化跟踪管理	普利司通奔达克轮胎解决方案公司推出全程化跟踪管理服务,在新装轮胎橡胶中嵌入智能芯片,对正在使用的轮胎进行空气压和摩擦损耗监控管理,提醒每个客户在最合适的时候更换轮胎
太阳能热水器	• 售前咨询 • 三包服务	• 设备回收处理 • 设备升级	皇明集团不断尝试将太阳能与建筑相结合,为客户提供能源整合方案,由太阳能生产商转变为能源整合方案的供应商
食品	• 安全保障 • 三包服务	• 点餐服务 • 送餐服务 • 物流服务平台	祐康食品集团有限公司构建订单、仓储、分拣、配送一条龙服务的专业低温物流平台,将内部物流独立出来,发展为第三方专业物流服务
电梯	• 安装调试 • 三包服务	• 电梯租赁服务 • 回收服务 • 专业维修服务 • 状态监测故障预警服务	上海三菱电梯有限公司建立了全国范围的大规模电梯远程故障监视平台,对电梯运行状态进行实时监测和故障预警,使得客户满意度得到极大提高
家具	• 产品咨询 • 送货上门	• 定制服务 • 成套家具服务 • 旧家具回收 • 个性化设计	某制造企业建立第三方设计师与客户的协同设计平台,支持家具设计师与客户进行家具协同设计,为客户提供个性化的设计服务
打印机/复印机	• 安装调试 • 产品三包	• 产品维修 • 文件管理服务 • 网络管理服务 • 设备优化管理	Xerox自主研发的"网络管理服务"能够实时监测所有设备,当设备出现问题时,Xerox能够第一时间知道,并立刻解决
鼓风机	• 安装调试 • 设备三包	• 专业化维修服务 • 远程过程监测和故障诊断服务	陕鼓依靠其专业的设备维修队伍,为客户提供专业化维修,使客户不需要长期雇用专业维修人员,降低了人员雇佣成本,同时陕鼓的维修队伍素质高,维修速度快、质量好,也降低了故障带来的成本

2.2.2 面向使用的 PSS 及其服务业务

对于一些具有时间性、地域性、高技术、高投资的产品,客户购买产品的资金成本较高。由于购买产品所带来的资金压力和风险,客户可能不愿采用传统的采购模式,出租、共享等交易方式应运而生,这就是面向使用的 PSS(AURICH et al.,2007)。在面向使用的 PSS 实施模式下,制造企业向用户提供产品与服务的某种功能,用户租赁并使用产品,向制造企业购买自身所需的相关功能(图 2-12)。

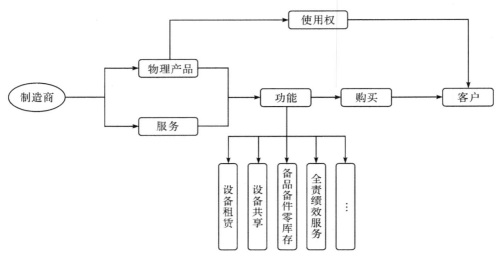

图 2-12　面向使用的 PSS 实施模式

面向使用的 PSS 实施模式将物理产品与服务的功能结合到一起,在降低客户购买成本的同时,增强了制造企业在同类产品中的区分度,给客户带来更加人性化的用户体验。面向使用的 PSS 实施模式下的服务业务和相关案例如表 2-3 所示。

表 2-3　面向使用的 PSS 实施模式下的服务业务和相关案例

行业类别	可开展服务业务		典型案例
	基本服务	增值服务	
地毯	• 产品咨询 • 产品设计	• 室内设计 • 产品回收 • 地毯覆盖服务	美国亚特兰大的 Interface 地毯公司通过与顾客订立长期租赁合同,按月进行查验并收取费用,仅对损毁的地毯块进行更换,由地毯贩卖商转变为服务提供商

（续表）

行业类别	可开展服务业务		典型案例
	基本服务	增值服务	
花卉	• 产品咨询 • 送货上门	• 定制服务 • 花卉设计 • 花木租赁服务 • 成套服务	杭州蓝润园艺通过提供租赁服务，为客户开展专业的优质上门服务，为客户提供专业的花卉护理、成套室内设计等服务，成长为花卉领域的知名品牌
计算机	• 产品咨询 • 产品三包	• 定制生产服务 • 设备租赁 • 整体解决方案	IBM 在中国推出全球资产续用服务，向中国客户提供包括 IBM 官方认证的再制造设备和 IBM 全新设备在内的为期 3～12 个月的短期租赁服务，客户可以选择经 IBM 官方认证的再制造设备，也可以选择全新的 IBM 产品，租赁期满之后，客户可以选择续租、买断或退回
移动通信	• 产品三包	• 信息安全租赁服务 • 整体解决方案 • 专业化维修	广州市邦洲信息科技有限公司推出信心安全租赁服务，为企业提供更专业的服务，在保障企业计算机信息系统安全运作的同时，降低了企业的建设成本
电力	• 产品三包	• 设备租赁 • 设备回收处理 • 系统解决方案 • 定制服务	大唐高鸿数据网络技术股份有限公司以市场需求为导向，开发出一系列具有自主知识产权的信息系统和电子政务产品，其自主研发的基于 GIS 的电网客户管理系统可以为客户提供系统解决方案
润滑油	• 产品三包	• 定制服务 • 设备保障服务	美国胜牌石油化工公司提供设备保障服务，保证承包商的设备每年因润滑油问题而停工的时间限制在一定的范围内，其由单纯的润滑油生产商和销售商转变为设备运行保障商

2.2.3 面向结果的 PSS 及其服务业务

制造企业在经过前两个阶段的技术和经验积累之后，在向客户提供产品和功能的基础上，选择更为高级的服务模式，向客户提供满足其需求的最终结果（效用），即面向结果的 PSS。面向结果的 PSS 实施模式要求制造企业进行资源整合，通过提供系统解决方案，向用户提供最终结果。用户不需要考虑产品的使用，也不需要考虑产品的维护、维修等相关问题，只需购买满足其需求的方案和结果（图 2-13）。

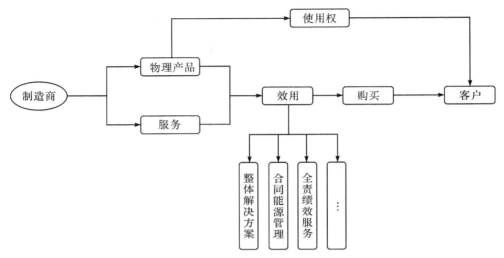

图 2-13　面向结果的 PSS 实施模式

与购买和使用产品相比,获得产品的效用和结果才是客户的最终目的。在面向结果的 PSS 实施模式下,客户可以不使用产品而直接获得其效用,因此可以节省大量时间、精力及人力,从而提高其自身效率。面向结果的 PSS 实施模式下的服务业务和相关案例如表 2-4 所示。

表 2-4　面向结果的 PSS 实施模式下的服务业务和相关案例

行业类别	可开展服务		典型案例
	基本服务	增值服务	
手机	• 三包服务 • 运输服务	• 设备维修 • 零部件更换 • 一站式服务	联发科以提供"一揽子手机解决方案""一站式服务""保姆式服务"为特征,将手机的关键组成部分进行捆绑,为手机制造厂商提供"一站式解决方案",极大地降低了手机产品研发的难度,为终端厂商节约成本,缩短产品上市周期,使得手机行业进入零门槛时代
智能监控系统	• 产品咨询 • 三包服务	• 定制服务 • 花卉设计 • 花木租赁服务 • 成套服务	宁波德鸿智能系统工程有限公司摒弃原先只管推销产品,不管后期服务的经营理念,为慈溪市下辖 20 多个街道和乡镇提供智能监控系统并提供为期 5 年的售后服务,保障系统的正常运行,合作方式由一次性付款改为分期付款,有效降低了客户的负担

（续表）

行业类别	可开展服务		典型案例
	基本服务	增值服务	
家电家具	• 三包服务 • 运输服务 • 安装调试	• 专业化维修 • 整体解决方案	博洛尼推出的"整体家居解决方案"将装饰材料、家具、橱柜等具体产品纳入整个家装服务流程，是整体厨房、整体卫浴、家居饰品、地板家纺等各个功能空间和部分的总和
陶瓷卫浴	• 安装调试 • 产品三包	• 维修服务 • 个性化设计 • 整体解决方案	陶瓷卫浴在 2008 年就掀起"整体"空间潮流战，众多品牌都在提倡"整体家居解决方案"，致力于资源的整合，试图让消费者在家居用品消费上实现类似普通日用品的"一站式购齐"
能源管理	• 节能服务	• 合同能源管理 • 系统解决方案	施耐德新推出的 EcoStruxure 能效管理平台融合了施耐德电气在电力、工业、建筑楼宇、数据中心和安防 5 个领域的独特技术和专业经验，能够开发并部署将 5 种关键的技术特性融为一体的集成架构，使能源安全、可靠、高效、经济和环保

2.3　工业互联网时代的新型制造服务模式

随着 5G、大数据、人工智能等新一代信息通信技术与工业互联网不断融合创新，工业互联网应用场景不断拓展深化，设备远程运维、智能质量检测、智慧供应链管理、网络协同设计、网络协同制造等服务型制造新业态新模式不断涌现。工业互联网为制造服务植入了信息化数字化智能化基因，推动制造企业服务内容的个性化专业化、服务方式的便捷化智能化以及服务业态的复杂化高端化，能够让制造企业更精准更高质量地满足客户的需求，在为客户带来价值增值的同时，也能为自己带来更多的服务收益。

工业互联网平台作为我国构建工业互联网生态的核心载体，成为推动制造业与互联网融合的重要抓手。通用电气（GE）早在 2012 年就提出工业互联网的概念，随后推出 Predix，将其在工业领域的技术设备硬件优势和远程数据分析软件优势发挥到全球的工业市场，力争抢占先发优势。工业互联网时代催生了一系列新型制造服务模式，如智能服务、云在线实时服务、效能交付服务、生态服务系统、再制造优化产品结构和服务、虚拟融入现实（杨志伟 等，2017）。

2.3.1　智能服务

与云在线实时服务显著区别,智能服务更侧重在制造、使用过程中对产品信息进行深度的数据挖掘,实现更高级的自主化功能和增值服务。如针对大型装备制造企业,企业从传统基础维修、增强性服务(备件预测与供应)向设备预防维护、设备寿命拓展以及提供设备故障知识库建模和智能分析等增值服务转型,如罗尔斯-罗伊斯的 Total Care 服务、东芝机械的预测性维护系统、NISSAN(日产)的智能机器人健康管理系统、大金工业的空气网络服务、蒂森克虏伯电梯 MAX 应用(杨志伟 等,2017)。

2.3.2　云在线实时服务

工业产品在线服务支持和运程运维是制造业企业服务化转型的重大机会。伴随着制造业数字化和智能化水平的提高,设备代替人工及设备复杂程度日益提高,生产运行节奏逐步加快,任何机器设备的停工所造成的损失都是巨大的。传统设备靠人定期检修、运维和保养,这种模式将会被远程实时监控、故障诊断、远程维修等快速替代。大型企业都已经在开展大量的实践,如小松 KOMTRAX 系统、三一 ECC 远程控制中心、沈鼓云、陕鼓云、盾安供热计量系统、DunAn-KEMS 中央空调能效管理系统、双良锅炉远程设备托管服务、久益环球 Longwall 采矿系统等。全球最具代表性的平台有 GE Predix、西门子 MindSphere、海尔 COSMOPlat、三一集团根云互联等(杨志伟 等,2017)。

GE 推出的 Predix 是全球第一个专为工业数据与分析而开发的操作系统,实现了人、机、数据之间的互联。Predix 工业云平台将融合 GE 所有的软件产品并将基于 Predix 的运营进行商业化,推动企业改善运营和资产性能管理,帮助客户实现生产力的最大化,确保产品质量和可持续发展。Predix 开发者门户和一些应用已于2015 年底上线,现在 GE 的一系列解决方案和产品都是基于 Predix 平台推出的。

2017 年海尔发布的 COSMOPlat 是国内首个自主研发、自主创新的工业互联网平台,对外提供社会化服务。2018 年,COSMOPlat 被评为全国首家国家级工业互联网示范平台。COSMOPlat 平台全流程共有"七大模块",即用户交互定制平台、精准营销平台、开放设计平台、模块化采购平台、智能生产平台、智慧物流平台、智慧服务平台。COSMOPlat 平台已打通各业务环节,通过智能化系统使用户持续、深度参与到产品设计研发、生产制造、物流配送、迭代升级等环节,满足用户个性化定制需求,为各方协同创造条件,帮助更多中小制造企业借助规范的平台进行转型升级。

2.3.3　效能交付服务

产品数字化和实时可控使得产品购买不再是唯一的商业模式,产品租赁或基于绩效的服务购买成为合作的开始,而不是结束。企业与用户的关系也从一次购买变为长期服务。比如,凯撒空压机的客户只需购买其压缩空气服务包,凯撒提供安装和维护所有的设备、部件以及优化系统;索尼克林(Soniclean)为客户提供清洁设备的租赁服务、样品功能服务、客户大修期间的无偿借用服务,以及按结果付款的清洁合同,用户只需要为清洁的结果付费,中间不需要购买任何产品(杨志伟 等,2017)。

共享单车是一种典型的效能交付而非产品销售服务模式。中国共享单车市场已经历了三个发展阶段:①2007－2010 年,由国外兴起的公共单车模式开始引进国内,由政府主导分城市管理,多为有桩单车;②2010－2014 年,专门经营单车市场的企业开始出现,但公共单车仍以有桩单车为主;③2014－2018 年,随着移动互联网的快速发展,以摩拜为首的互联网共享单车应运而生,更加便捷的无桩单车开始取代有桩单车。

2.3.4　生态服务系统

产品成为一个系统的组成部分后,更激烈的竞争将会发生在系统与系统之间。企业竞争焦点将由硬产品转向软系统,因此需要基于智能产品打造更丰富多样的生态服务系统。早在 2009 年,苹果对外发布年报称,公司的竞争力来自提供能够整合硬件(Mac、iPhone 和 iPod)、软件(iTunes)、数字内容和应用的分发渠道(iTunes Store,iTunes Wi-Fi Music Store 和 App Store)的创新性解决方案。这一先知先觉的战略,使得苹果的软件生态系统能够真正影响和掌控用户的选择。现在这已经成为众多企业战略,如施乐从打印设备转型为文件管理专家,通用汽车提供安吉星服务系统,普天电动汽车打造智能管理平台。

华为推出了华为移动服务(HMS),即华为为其设备生态系统提供的一套应用程序和服务,旨在为全球用户提供更智能、更快和更好的无缝体验。该系统生态已经成为全球第三大系统生态。鸿蒙操作系统(HarmonyOS)是一款基于微内核的全场景分布式操作系统,支持全场景智慧生活,实现了模块化解耦,可用于车机、智慧屏、可穿戴设备、智能音箱、智能手机等。HarmonyOS 是全球第一个 5＋安全级别的操作系统,且具备以下四大技术特征:

①分布式架构首次用于终端 OS,可实现跨终端无缝协同体验;

②确定时延引擎和高性能进程间通信(inter-process communication,IPC)技术,实现系统天生流畅;

③基于微内核架构重塑终端设备的可信安全;

④通过统一集成开发环境(integrated development environment,IDE)支撑一次开发,多端部署,实现跨终端生态共享。

HarmonyOS创造性地提出了基于同一套系统能力、适配多种终端形态的分布式理念,将多个物理上相互分离的设备融合成一个"超级虚拟终端",通过按需调用和融合不同软硬件的能力,实现不同终端设备之间的极速连接、硬件互助和资源共享,在移动办公、社交通信、媒体娱乐、运动健康、智能家居等多种全场景下,为用户匹配最合适的设备,提供最佳的智慧体验。

2.3.5 再制造优化产品结构和服务

当效能交付成为一个可行的商业模式后,新的商业模式反过来又对产品的设计和开发产生影响。企业需要思考:产品从承租者手里退回来后怎么办?开发适合租赁的产品也是企业应该考虑的问题。企业从设计阶段就需要考虑产品的功能、性能、寿命和可再制造率。在美、日、德等发达国家,工程机械、机床、电池、轮胎等行业的回收、再制造早已实现了产业化,并拥有完整的产业链。

沈阳机床专门开发了M8系列产品,机床的机身架构不变,但工作台及其功能部件可以拆卸重构。拉回机床后,可以快速更换工作台,再租给另一家用户,用于加工其他产品。开发这种快速可重构机床是为了更好地适应未来租赁方式和回收再造的灵活性。在再制造和回收战略下,沈阳机床抛开了原先与客户之间的买卖关系,从产品全生命周期和运营角度去重新定义服务,不再考虑自己制造的机床是否比市场上的产品价格更低,反而有意识地采用更好的材料和工艺,增强产品服务和运营周期。

2.3.6 虚拟融入现实

虚拟现实和增强现实(VR/AR)技术可以增强产品研发、生产、使用等生命周期的体验,让真实可感的现实世界和无法触摸的虚拟世界之间的联系更加紧密。通过营造虚拟化体验场景,为用户提供"超预期"的极致体验,从而带来营销方式、研发方式、操作方式和维护方式等的改变,因此VR/AR将是未来制造业在产品服务竞争中的重要高地。企业正在使用VR/AR来改善客户体验,提高客户满意度。在零售店中,企业所有者已经部署了这项技术。在应用程序的帮助下,顾客可以检查衣服和其他物品的价格。此外,他们可以确定鞋子的尺寸是否适合,而不需要真的穿上。如果鞋子不合适，VR 技术会给他们一个演示，并建议进行其他选择。比如沃尔沃通过 AR/VR 可实现 2500 公里的挖掘机远程操作，曲美、顾家使用 VR/AR 技术创建线下用户体验中心，展示所有家居产品，突破现实展示局限性。

AR 技术开发公司 Dent Reality 开发的 APP 可以让消费者实时查看零售店内的产品信息，并使用计算机视觉技术和店内跟踪来帮助顾客找到需要的商品。它还将有助于在线购买商品，而不是让消费者苦苦排队等候。这种综合购物体验将为客户提供便利性和灵活性，并帮助企业获得忠诚的客户。VR/AR 也可以帮助家居企业向客户展示产品在家中的样子。数字化转型促使企业改变业务运营模式。那些紧跟技术进步而逐渐适应的企业正在获得收益。

2.4　现代制造服务业务模式案例

变压器是料重工轻的行业，材料成本占到整个产品成本价格的 60% 以上。当前变压器成本问题主要出在原材料和零部件的供应上，硅钢片供应十分有限，有载分接开关、套管等关键组件短缺。硅钢片作为变压器的主要原材料，国内的产量十分有限，在相当长时期里一直依赖进口。此外，铜价波动也是变压器行业面临的严峻问题。当前企业近几年的平均利润率在 3% 和 6% 之间，低于制造行业的平均利润率。

目前变压器行业面临着激烈的市场竞争。据不完全统计，我国变压器生产企业有 1000 余家，这些企业主要分为四大阵营：ABB、AREVA、西门子、东芝等几大跨国集团公司以绝对优势形成了第一阵营；保变、西变、沈变、特变等国内大型企业稳坐第二阵营，是国内企业中的标杆企业；江苏华鹏、顺特电气、青岛青波、常州变压器、山东达驰电气、杭州钱江电气、三变科技等形成了第三阵营；不少民营企业也占据一定的市场份额，形成了第四阵营。

本节所述案例的公司产品服务主要由用户服务部、质量部和浙江省方圆变压器检测中心等部门来完成。涉及的产品服务主要分为无偿服务、有偿服务和质保服务，均包括运输服务、维修服务、检测服务。

基于产品服务现状，企业仅开展了基本产品服务，且主要侧重于维护和维修企业现有产品，检测服务是无偿替三门县质量监督检验所进行各种产品检测，并没有任何盈利。另外，并没有开展能提高产品附加值和利润率的"大服务"，如产品租赁服务、融资租赁服务、系统解决方案服务等。

2.4.1　企业发展的战略对策

1. 开展降低生产成本服务

对于企业的产品,能否降低成本以及如何降低成本对企业经营而言尤为重要。企业可以发展生产性服务来降低生产成本。目前企业可以开展的生产性服务有原材料采购服务、生产性外包/外协服务、零部件外购服务、知识管理服务、基础设施租赁(向其他专业性企业租赁设备和基础设施)、生产过程的合同能源管理服务等。

2. 开展基本产品服务

目前公司的基本产品服务虽然已有开展,但是要完善和提高基本产品服务水平,通过实施主动式基本产品服务,实现"人有我优"。只有这样,才能牢牢抓住老客户,不断挖掘老客户的新服务需求,同时通过老客户发掘新客户资源。

3. 研究企业转型升级服务

企业转型升级服务有助于促进企业由制造型向服务型转变。ABB、西门子等国际一流企业的发展趋势表明,企业单一的产品销售方式无法适应激烈的全球化竞争,必然从生产性企业向产品服务提供商转变,为客户提供系统解决方案服务及其他类型的增值服务,以获取更多的产品利润。

2.4.2　企业制造服务业务模式规划

1. 基本产品服务的规划

基本产品服务的有效开展有助于提升客户对产品使用的满意度,提高产品质量、保证口碑和服务知名度,从而提升产品的核心竞争力。企业目前已开展和规划的产品基本产品服务如下。

1)主动式的电话回访、咨询服务等。目前开展此类服务的企业较少。建议企业通过开展电话回访客户、客户投诉、商机咨询搜索、客户咨询等服务,让客户体会到企业对客户的关心和对产品运行状况的负责。主动式服务的开展,有助于提高客户的信任度和回头率,培养更多忠诚的用户,也有助于发现更多的商机并争取更多的客户资源。

2)运输服务。目前企业委托运输服务公司进行运输服务,是业内首家采用免费送货上门服务的企业。这项服务受到了用户的欢迎,也提高了产品的中标筹码。

3)维修保养服务。维修保养服务主要是指技术性维修支持服务,包括应急服务、预防性维护、大修、故障诊断、保养等服务,以获取较高利润。当前企业已开展此项业务,但业务量较小,并且仅维修本企业生产的变压器。另外,受到销售员利润提成、维修专业技术力量等因素制约,维修服务较难开展。

4)零配件销售服务。销售零配件的利润率远远高于卖产品的利润率,是任何企业卖产品时都必须开展的基本产品服务。

5)产品质量检测服务。变压器检测服务是指通过一定的技术测量手段,测量和判定变压器零部件或成品是否符合标准的要求,并给出检测报告。目前,企业通过浙江省变压器质量检测中心(浙江方圆变压器检测有限公司)开展收费业务。

2. 企业转型升级服务的规划

1)主动式服务。主动式服务涵盖分析(设计数据、安装地点的电力系统信息、状态评估的结果和维护历史记录)、风险评估(提出高度定制化状态评估方案)以及基于资产管理方案的维护计划。变压器运营商的风险不仅包括固有的技术风险,也包括故障可能带来的经济损失,例如不能供电引起的费用支出。企业如果向产品服务提供商角色转型升级,可以考虑向变压设备用户提供此类业务,以提升核心产品的服务预测与维修能力。

2)变压器设计服务。企业的设计部门在拥有资质的条件下,可向用户提供产品或系统解决方案设计服务,开展像电力研究院的设计服务,以获取高额利润。例如,企业基于变压器设计资质,开展对外的变压器或解决方案设计服务的业务模式和业务流程等。

3)安装调试服务。安装调试服务包括变压器的安装技术指导、安装、调试和培训等内容。目前企业仅对主变用户提供现场安装技术指导服务,并且是免费服务。而整套配变电系统的安装和调试服务一般都是由电网公司的三产公司垄断并进行收费。建议争取收费的安装调试服务。随着国家电网主辅分离改革的深入,企业可通过联合变压器安装公司或兼并安装服务公司等方式,拿到输变电设备安装资质。

4)回收再制造服务。对回收的产品进行分类整理和再处理研究后,可计算相应的回收成本和利润率:①可修复的产品经过修复后采取租赁的形式,赚取利润;②可修复的产品经过修复后再卖给客户,赚取利润;③有用的零部件可直接在维修产品时使用,赚取利润;④可修复的零部件通过再制造技术进行修复再使用,赚取利润;⑤不可修复的零部件如铜线、硅钢片等可卖掉,赚取高额利润。再制造就是废旧产品的高技术修复、改造的产业化,不仅可使废旧产品起死回生,还可解决资源节约和环境污染问题。它针对的是损坏或行将报废的零部件,在性能失效分析、寿命评估等分析的基础上,进行再制造工程设计,采用一系列相关的先进制造技术,使再制造产品质量达到或超过新品。我们在调研过程中发现,企业已做过类似的业务,并且利润比较高,但也存在回收设备需要竞标、回收成本评估计算等难题。从现状来看,回收和再制造服务是企业转型升级服务中重要的一类服务;从国家节能减排、大力发展循环经济的战略层次考虑,发展再制造服务也是未来的指导方向。开展此业务,可增加产品的利润点,扩展企业的利润链。

5)变压设备租赁服务。针对资金短缺或变压器使用期较短的客户,可通过向用户提供租赁变压器服务,收取一定租金,以获取利润。当前企业没有开展此项业务,但其他部分公司已开展此项业务,主要开展中小型变压器的租赁。企业可以通过用户群体的需求进行研究,调研供电局等相关部门进行操作,提出适合企业开展的租赁业务模式及流程、定价机制、业务推广模式等。

6)合同能源管理服务。合同能源管理服务是较高层次的服务,是企业战略转型的一项重要业务。企业可以深入开展节能服务模式研究、节能技术可行性分析、客户群分析、利润回收分析等工作。将在现有方案基础上补充完善其他约束条件(如合同能源补贴、不同性能变压器增容费、老产品回收价值等),重新计算各方案,得出合同能源管理各方案的可行性。

7)系统解决方案服务。系统解决方案服务即交钥匙工程,可向用户提供咨询、方案设计、设备提供、安装调试、保养等一体化解决方案,是最高层次的服务。企业目前没有开展此项业务,需要深入调研客户群,分析系统解决方案服务的实施层次,根据当前实际情况决定实施哪种层次的解决方案服务,需研究实施系统解决方案服务的技术条件、行业资格许可、技术和实施队伍、管理机制、组织机构等,研究企业开展此项业务的商业模式(兼并有资质的企业或战略合作)。此业务的开展是企业做大做强的战略型服务,该服务一旦开展,将是企业战略转型的重要标志。

2.4.3　企业制造服务软件系统规划

企业的制造服务信息管理系统的主要功能如图 2-14 所示。

1. 变压器维修服务管理系统

1)变压器维修服务管理。该模块主要包括服务人员注册、产品服务请求、服务人员分派、变压器维修服务任务分配服务、变压器维修服务人员调度服务、服务类型管理。

2)产品信息状态管理。该模块是指对产品的各种维修状态和产品零配件的详细信息进行管理,主要包括产品信息管理、产品地图、零配件状态管理等。

3)零配件销售和售后服务管理。零配件销售服务管理主要是提供备品备件

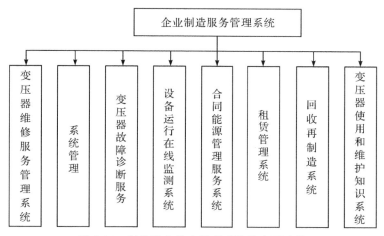

图 2-14　制造服务信息管理系统的主要功能

信息,开展变压器备品备件采购服务、预订服务、配送服务等。零配件售后服务主要面向产品维修,如何及时提供准确的零配件,是产品维修的关键。零配件售后服务管理系统包括:①零配件基础信息管理,对零配件的基本数据、库存信息等进行管理;②零配件发货管理,对零配件发货情况进行记录、跟踪和统计,同时对零配件生产订单下达、订单完成情况等进行记录、跟踪和统计。

2.系统管理

系统管理包括统一登录、模块管理、权限管理、角色设置、人员管理和日志管理。

统一登录:一键登录,可访问有权限的所有产品和服务,提升访问和操作效率。

模块管理:包括功能板块的添加与删除、模板管理、页面模块布局优化。

权限管理:将各个产品的后台纳入后台进行统一管理,指定管理员,并设置该产品的角色,统计角色数量,可进行自定义的设置。

角色管理:可灵活地为多个产品配置不同导航和操作权限,一个角色可设置多个员工账号。

人员管理:每个员工账号都通过内部通信工具实名认证登录,归属于某个(或多个)角色,具有操作某个(或多个)产品相关功能模块的权限。某个员工账号允许绑定多个角色。

日志管理:统一记录所有产品、所有角色、所有员工的所有关键操作记录。除此之外,在产品表现层,还可以尝试通过以下两点来提升整体的产品调性。

3.变压器故障诊断服务

用户将变压器故障信息输入变压器故障诊断服务模块,系统能够帮助用户进行故障诊断。

常见的变压器故障有短路故障、放电故障、绝缘故障、铁心故障、分接开关故障、渗漏油气故障、油流带电故障、保护误动故障等八个方面,软件系统按各故障的成因、影响、判断方法及应采取的相应技术措施等,分别进行描述。

4.设备运行在线监测系统

1)产品状态实时监测。主要采用各种传感器实时获取数据,如温度、压力、速度、加速度、应力等传感器;对采集的数据进行 A/D 转换,进行数据压缩;将数据传递给有关系统,并且应用数据融合、数据分析、人工智能等方法,分析设备运行数据,对设备运行状态进行监控,对异常情况进行预测和报警。

2)产品故障在线诊断。利用诊断分析方法及远程监控技术,对故障进行异地协同分析。

5.合同能源管理系统

1)变压器经济运行的实时监控。该模块可以实时采集变压器电压、电流等数据,进行有功、无功及其损耗的计算分析判断,选择变压器经济运行方式,自动投切变压器。系统硬件由模拟量采集运算单元、开关量输入输出单元、通信卡及工控机等组成,所有计算、控制结果都以表格或图形显示。

2)节能收益计算。该模块依据双方认可的节能效益核算基准年的月能耗量、月产量及月单位产品能耗量,将基准年的各月单位产品能耗量与改造后的各月单位产品能耗量对比,对比的结果即为当月的单位产品节能量,再乘以当月总产量,即为当月总节能量;总节能量乘以当月平均能源价格,即为当月节能效益额。

6.租赁服务管理系统

租赁服务管理系统主要功能包括变压器档案、租赁用户借还管理、收费设定、保险理赔、业务代办、融资管理等。

客户可以通过互联网方便地查看变压器信息、变压器租赁价格、变压器租赁手续及增值服务内容,还可以直接通过互联网预订变压器。变压器租赁工作人员只需要输入最少量的信息即可完成变压器的预订、使用和结算。系统具备智能化的业务提醒功能,如订单到期提醒、逾期还变压器提醒、预授权到期提醒、收费差额提醒、变压器保养提醒等,使租赁工作变得简单、准确、高效。

7.回收再制造系统

包括基础信息、客户信息、收购信息、产品结构信息、销售信息等管理。实现产品回收数据管理、产品 BOM 管理、产品拆解信息管理、产品回收再利用管理,从而实现产品生命周期回收再利用性。

8. 变压器使用和维护知识服务系统

建立变压器使用和维护知识库,可使用户快速找到所需要的知识,系统还能主动推送用户所需要的知识。变压器使用和维护知识服务系统的功能主要包括网络新闻模块、知识共享模块、标准共享模块、专利共享模块、标准共建模块等。

2.4.4　阶段性制造服务发展建议

根据调研情况,结合我国当前变压器行业市场环境,我们确定了企业可能开展的基本产品服务和企业转型升级服务,并提出了发展策略。

首先,基本产品服务的开展是提升企业基本产品服务能力的重要标志,对于确定开展的基本产品服务(如主动式的电话回访、咨询服务,以及运输服务、维修保养服务、零配件销售服务、产品质量检测服务等),将深入研究基本产品服务的商业运作模式,要做到"人有我优"。虽然这些服务的开展和提升并不能对企业的战略转型起到很大的作用,但是基本产品服务的凝练和提升必然会拉长企业产品价值链,提高客户对企业变压器产品和服务的满意度,同时,也有助于企业树立品牌良好的口碑。

其次,对于企业转型升级服务,由于涉及众多企业,且当前条件存在局限性和未知风险,不会一次性开展,而要分步骤开展。对于租赁服务、回收服务等较容易开展的服务,先提出解决方案,试运行并完善方案。对于合同能源管理服务、安装服务、设计服务、系统解决方案服务等,提出商业运行方案,根据公司现有条件,先进行理论研究和实验,一旦条件成熟,立即开展,加速企业的转型升级。

2.5　本章小结

本章概述了现代制造服务业的发展模式,包括现代制造服务业的模式分类、面向制造业的生产性服务发展模式、面向制造业的产品服务发展模式;提出了产品服务系统实施模式和服务业务,包括面向产品的 PSS 及其服务业务、面向使用的 PSS 及其服务业务、面向结果的 PSS 及其服务业务;归纳总结了工业互联网时代的新型制造服务模式,如智能服务、云在线实时服务、效能交付服务、生态服务系统、再制造优化产品结构和服务、虚拟融入现实等;以实例介绍了我们在某变压器制造企业实施现代制造服务业务的过程。制造业已经进入智能化时代,新一代信息技术必然不断地催生各种新型服务业务,因此需要不断掌握和运行新技术与工具,从而优化服务业务过程。

参考文献

高运胜,2009.上海生产性服务业集聚区发展模式研究[M].北京:对外经济贸易大学出版社.

李浩,顾新建,祁国宁,等,2012.现代制造服务业的发展模式及中国的发展策略[J].中国机械工程,23(7):798-809.

齐二石,石学刚,李晓梅,2010.现代制造服务业研究综述[J].工业工程,13(5):1-7.

祁国宁,2008.制造服务的背景、内涵和技术体系[R].2008制造业信息化科技工程——现代制造服务业专题工作研讨会大会报告.上海:科技部高新司、上海市科学技术委员会.

杨志伟,田苗,2017.浅谈工业互联网时代的智能服务模式[J].铸造设备与工艺(6):52-54,60.

AURICH J C, SCHWEIZER E, FUCS C, 2007. Advances in life cycle engineering for sustainable manufacturing businesses [C]// Proceedings of the 14th CIRP Conference on Life Cycle Engineering. Berlin, German: Springer:32-47.

BRANDSTOTTER M, HABER M, KNOTH R,et al. , 2003. IT on demand—Towards an environmental conscious service system for Vienna [C]// Proceedings of Third International Symposium on Environmentally conscious design and inverse manufacturing. Los Alamitos, USA: IEEE Computer Society Press:799-802.

TUKKER A, TISCHNER U, 2006. Product-services as a research field: Past, present and future. Reflections from a decade of research [J]. Journal of Cleaner Production, 17(14): 1552-1556.

WONG M, 2004. Implementation of innovative product service-systems in the consumer goods industry [D]. Cambridge: Cambridge University.

第3章　企业现代制造服务实施方法

3.1　现代制造服务系统的实施内涵

3.1.1　现代制造服务系统的概念

现代制造服务系统由现代制造服务业务、现代制造服务组织机构、现代制造服务信息系统和现代制造服务实施理论与方法组成(图 3-1)。现代制造服务系根据企业需求、客户需求和行业发展趋势,将产品全生命周期过程中与产品相关的信息、资源、设备、人员、过程和服务等都纳入服务体系,采用合理的实施方法和信息系统,通过制造服务价值增值来实现企业利润的最大化。现代制造服务系统的实施本身是一项技术和管理相结合的系统工程,优化企业的现代制造服务运作有六层含义:

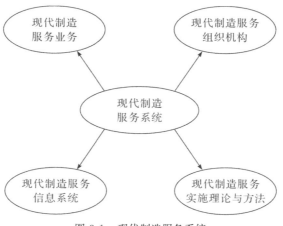

图 3-1　现代制造服务系统

①减少原材料和产品的使用,有助于节能减排与环境保护;

②在生产和销售过程中,通过服务外包来降低产品生产与使用过程的成本;

③通过提供产品服务,直接提高产品附加值;

④有效管理与提升基本服务,提高客户对产品的满意度;

⑤将服务管理与产品管理相结合,实现产品的全生命周期管理,加强产品管控能力;

⑥通过实施品牌服务、合同能源管理服务、全责绩效管理服务、系统解决方案服务等,推动企业战略转型升级。

3.1.2 现代制造服务业务概况

1.制造服务业务类别——产品全生命周期视角

面向全生命周期的制造服务,可以分为多个阶段(图 3-2),包括产品规划、研发、设计、制造、装配、销售、运行、回收等,每个阶段均由一些服务组成(李浩等,2010)。

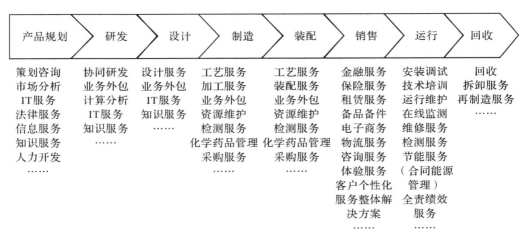

图 3-2 全生命周期的制造服务分类与归纳

2.制造服务业务类别——企业转型视角

从企业转型升级角度,企业可开展的业务可分为基本产品服务和企业转型升级服务(李浩 等,2012)。

3.1.3　现代制造服务信息系统框架

1. 信息系统总体框架

现代制造服务信息系统的总体架构如图 3-3 所示。这些子服务系统业务是松散耦合的,软件系统可能基于不同的开发平台,因此现代制造服务信息系统是一个松耦合系统。但是,不同的系统之间也可以实现业务集成。如产品的维护维修服务等可与产品数据管理(PDM)系统相集成,形成产品全生命周期管理(PLM)系统,实现产品的全生命周期管理;维护维修信息可与企业资源计划(enterprise resource planning,ERP)系统集成,实现用户产品质量反馈与管理。

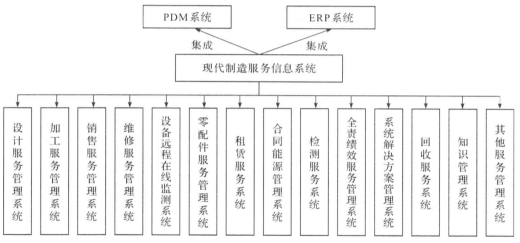

图 3-3　现代制造服务信息系统的总体架构

2. 工业互联网赋能制造服务信息系统的实施

工业互联网是新一代网络信息技术与制造业深度融合的产物,是实现产业数字化、网络化、智能化发展的重要基础设施,通过人、机、物的全面互联,全要素、全产业链、全价值链的全面链接,推动形成全新的工业生产制造和服务体系,成为工业经济转型升级的关键依托、重要途径、全新生态。工业互联网是数字浪潮下,工业体系和互联网体系深度融合的产物,是新一轮工业革命的关键支撑,通过推进数据驱动的质量变革、效率变革、动力变革,带动全要素生产率提高,实现制造服务高质量发展(张耿,2018)。

工业互联网是推动数字化转型的关键路径。工业互联网是打造工业全要素、全产业链、全价值链连接的枢纽,能够实现制造资源的泛在连接、弹性互补和高效配置。一方面,工业互联网由数据驱动,突破了工业企业内外割裂的生产方式,能够整合产业链上下游企业由单链条串行生产方式转变为多环节并行协作方式。另一方面,工业互联网为产品赋能,形成了工业企业新的分工方式,工业互联网平台可推动企业实现产品即服务的转型,将产品交易模式转变为基于产品服务收取增值费用模式,降低制造企业运营成本。

工业互联网是引领技术产业创新的有力抓手。工业互联网改变了生产制造的服务模式和知识创新应用模式,推动信息物理系统、人工智能等新技术在制造业推广,逐步形成基于工业互联网的预测性维护、员工作业指导等应用,创新了工业服务模式。以设备维护为例,基于工业互联网的预测性维护能够有机融合设备构造、维护技巧、数据技术,形成针对每台设备的"个性化"维护。工业互联网平台汇聚工业机理模型、微服务组件等开放资源,帮助工程师以更低的成本、更高的效率,更具拓展性地开发工业 APP,推动实现工业知识平台化共享机制,改变了工业知识"传帮带"的传递模式,颠覆了工业知识创新和应用模式(向峰 等,2021)。

从发展路径来看,我国工业互联网的创新实践形成了从生产端、产品端和平台端切入的三种类型:①从生产端切入的企业,主攻智能工厂和生产线,通过集成生产系统获取数据,提升生产效率与产品质量;②从产品端切入的企业,主攻智能产品,提供智能增值服务,拓展价值空间;③从平台端切入的企业,主攻第三方工业互联网平台,主要提供运营优化、资源协同、设备连接管理等各类工业互联网创新应用的支撑服务。从具体应用来看,我国领先企业在工业互联网的部署实施中形成了四种典型模式:①基于现场连接的智能化生产,石化、钢铁、电子信息、家电等行业通过部署工业互联网,实现对生产过程、计划资源、关键设备等全方位管控与优化;②基于企业互联的网络化协同,航空航天、汽车、船舶等行业借助工业互联网平台,有效整合分布于全球的设计、制造和服务资源,通过并行组织,大幅缩短产品研制周期;③基于产品联网的服务化延伸,工程机械、电力设备、供水设备等装备制造行业基于工业互联网实时监控产品的运行状况,开展远程运维、健康管理等服务型制造新模式;④基于供需精准对接的个性化定制,家电、服装、家具等行业通过工业互联网实现用户与企业产品定制服务平台的有效对接,推动用户与企业深度交互(余晓晖 等,2019)。

3.2　现代制造服务系统的实施框架

3.2.1　现代制造服务系统实施的层次结构

现代制造服务系统的实施需要从理论准备层、支撑层和应用层三个层次进行准备和应用(图 3-4)。实施框架包含了现代制造服务系统中的现代制造服务业务、现代制造服务组织机构、现代制造服务信息系统及相关的实施理论与方法。

1)理论准备层。研究现代制造服务系统实施过程中所需的相关理论,如产品服务系统理论、生产性服务理论、服务运行管理理论、服务模块划分理论等。通过理论指导,可提出行业企业实施制造服务的理论体系。

2)支撑层。支撑层包括制造服务实施的方法与工具,以及制造服务实施的组织管理、团队与支持平台等。它是成功实施现代制造服务系统的最关键部分。

3)应用层。通过各种理论、方法、工具和信息化管理系统的支持,可向用户有效提供产品生命周期各阶段的服务,以提高客户的满意度和价值增值。同时,也可以有效管理和应用各种外包服务,降低生产和服务过程的成本。

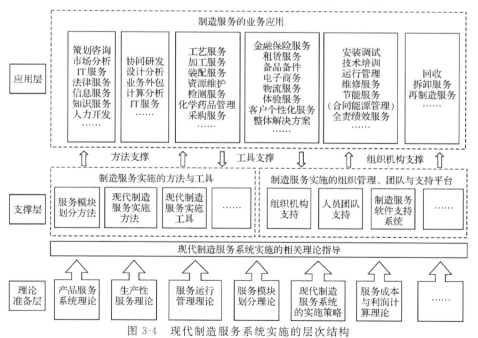

图 3-4　现代制造服务系统实施的层次结构

3.2.2　现代制造服务系统实施方法

虽然不同行业、不同企业和不同类型产品的现代制造服务系统实施特点不同，但是实施步骤和方法学是相同的，如图 3-5 所示。

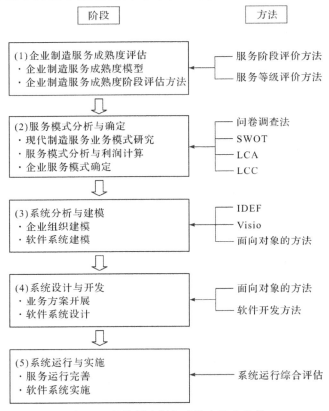

图 3-5　现代制造服务系统实施方法学

3.3　现代制造服务系统的实施步骤

3.3.1　企业制造服务成熟度评估

1. 企业制造服务成熟度模型

企业制造服务成熟度模型（manufacturing service maturity model，MSMM）是一种对企业制造服务发展水平高低进行考评的模型。该模型提供了一种考评框架,能够帮助企业评估自身目前的服务管理水平,找到差距与不足,从而通过不断改进,提高企业制造服务实施能力,帮助企业提升整体实力及竞争力,用以指导现代制造服务系统在企业的实施(李浩 等,2013)。

企业制造服务成熟度模型可分为四个阶段(Phase 1～4)(图 3-6)。由于企业在相同阶段中的服务业务成熟度和信息化支持手段的水平有差异,因此将 Phase 1、Phase 2 和 Phase 3 分别划分为两个子阶段,即 Level 1(低级水平)和 Level 2(高级水平),以确保对企业制造服务发展阶段的评价更为详细。Phase 4 属于企业发展的高级阶段,在业务流程、信息系统和信息集成等方面都达到了较高水平,无须再细分。

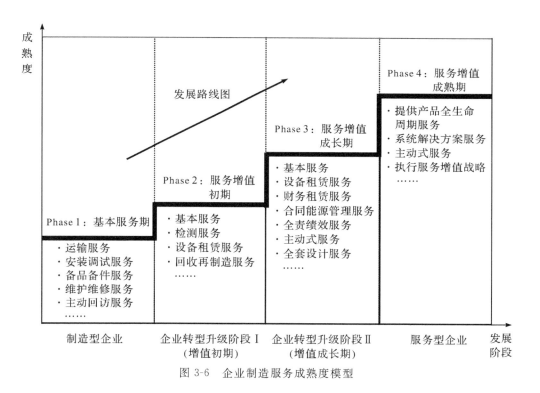

图 3-6　企业制造服务成熟度模型

Phase 1:属于基本服务阶段,企业仅能提供售前、售中和售后基本服务。其中售中和售后服务是保证产品正常运行的服务,如安装调试、备品备件、维护维修等。较典型的处于该阶段的企业有中国三变科技、杭州汽轮机集团等。

①Level 1:服务业务流程仍需完善,没有或者有部分信息化系统的支持。

②Level 2:业务流程完整成熟,有专职部门或子公司支持产品服务,有信息化

系统的支持,能实现跨部门的业务集成,能支持产品全生命周期管理。

Phase 2:企业在保证基本服务的基础上,仅向用户提供少量增值服务,服务产生的价值在产品总价值中的比例较低。不同行业、不同企业和不同产品的增值服务业务类型不同。变压器行业中处于该阶段的企业,一般仅能提供检测、租赁、回收等服务。天威保变公司处于该阶段,它是国内变压器行业唯一一家成立变压器工程改造、咨询和技术维修服务子公司的变压器服务商。

①Level 1:服务业务流程仍需完善,跨部门业务集成能力低,没有或者有部分信息化系统的支持。

②Level 2:业务流程完整成熟,有信息化系统的支持,能实现跨部门的业务集成,能支持产品全生命周期管理。

Phase 3:企业在能保证提供 Phase 2 服务的基础上,可以向用户提供更多类型的增值服务,服务产生的价值在企业总产值中的比重占据重要地位。企业提出了服务增值战略,如可向用户提供系统解决方案服务、合同能源管理服务、租赁服务、财务服务等增值业务。处于该阶段的企业一般是行业中的领先企业,如中国许继集团、陕鼓集团、中集集团等。

①Level 1:服务业务流程仍需完善,跨部门业务集成能力低,没有或者有部分信息化系统的支持。

②Level 2:业务流程完整成熟,有信息化系统的支持,能实现跨部门的业务集成,能支持产品全生命周期管理。

Phase 4:属于企业发展的理想阶段,企业以向用户提供服务为中心,向用户提供主动式服务、系统解决方案服务。业务流程完整成熟,有完整的信息化系统支持,能实现产品生命周期的服务业务集成,可提供产品全生命周期的各种服务。处于该阶段的企业一般是世界领先企业或行业中的最佳企业,如 IBM 公司、西门子集团、ABB 等。

2. 企业制造服务成熟度阶段评估方法

企业制造服务成熟度的评估是通过对服务 Phase(阶段)评价和服务 Level(水平)评价相结合来实现的,可定量分析出该企业的现代制造服务系统发展阶段。在企业制造服务成熟度评估过程中,首先进行服务 Phase 评价,以定位服务阶段,然后对已开展服务的业务运行情况和信息化集成水平进行评价,完成服务 Level 定位,实现企业制造服务成熟度评估,具体步骤如下(LI et al.,2014)。

(1)服务 Phase 评价方法

由于不同行业、不同企业和不同产品可开展的制造服务业务类型不同,制造服务业务在转型升级中的重要性也不同。制造服务业务的重要性与已经开展的业务数量这两个指标是服务 Phase 评价的重要依据。因此,对制造服务成熟度阶段的评价需要结合具体行业进行具体分析,划分基本产品服务和转型升级服务,同时定量确定其重要性。

第 1 步:参考现代制造服务共性业务模式,搜集并归纳总结出本行业所有的制造服务模式,找出基本产品服务和企业转型升级服务。

第 2 步:定量评价制造服务业务重要度(service impact degree,SID)。根据制造服务业务在该企业业务与产品服务中的重要程度,利用德尔菲(Delphi)法(GORDON et al.,2006;HELMER,1977)确定每种制造服务业务重要度,具体规则如表 3-1 所示。SID=0.1 的服务一般是产品的基本服务,分布于产品的四个阶段;SID=0.2 的服务主要分布于 Phase 2、Phase 3 和 Phase 4;SID=0.3 的服务主要分布于 Phase 3 和 Phase 4;SID=0.4 的服务主要分布于 Phase 4。

表 3-1　重要度打分

SID	0.1	0.2	0.3	0.4
服务重要度	一般	较重要	重要	很重要

第 3 步:服务 Phase 阶段确定。根据第 2 步中的统计结果,设基本产品服务(SID=0.1)的数量为 m,SID=0.2 的制造服务数量为 i,SID=0.3 的制造服务数量为 j,SID=0.4 的制造服务数量为 k。根据当前企业的实际业务运行情况,参照各业务重要度分值,计算企业的制造服务业务总重要度 $\sum \text{SID}$。

$$\sum_{i=1}^{n} \text{SID}_i = \text{SID}_1 + \text{SID}_2 + \text{SID}_3 + \cdots + \text{SID}_n \tag{3-1}$$

其中,n 为企业已经开展的业务总数。

如果 $\sum_{i=1}^{n} \text{SID}_i \leqslant 0.1m$,则企业制造服务处于 Phase 1;

如果 $0.1m < \sum_{i=1}^{n} \text{SID}_i \leqslant (0.1m + 0.2i)$,则企业制造服务处于 Phase 2;

如果 $(0.1m + 0.2i) < \sum_{i=1}^{n} \text{SID}_i \leqslant (0.1m + 0.2i + 0.3j)$,则企业制造服务处于 Phase 3;

如果 $(0.1m + 0.2i + 0.3j) < \sum_{i=1}^{n} \text{SID}_i \leqslant (0.1m + 0.2i + 0.3j + 0.4k)$,则企业制造服务处于 Phase 4。

（2）服务 Level 评价方法

服务 Level 的评价目标是评价已开展服务的业务运行情况和信息化集成水平，指标 SL 和给定的评价分数如表 3-2 所示。Phase 1 ～ 3 的 Level 评价指标可分为以下几个方面：企业领导层对服务增值的意识、是否有独立的部门来保障服务的可靠运行、运行机制是否达到预期的增值目标、已开展服务业务流程的规范性、已开展服务的信息化程度和服务业务与 PLM/ERP 系统的集成等。针对这六个指标，对已开展的制造服务进行打分，然后求得评价总分数和 $\sum$ SL。

$$\sum_{i=1}^{6} \mathrm{SL}_i = \mathrm{SL}_1 + \mathrm{SL}_2 + \mathrm{SL}_3 + \cdots + \mathrm{SL}_6 \qquad (3\text{-}2)$$

其中，SL_i 表示第 i 个评价指标的分数值。

如果 $0 \leqslant \sum_{i=1}^{6} \mathrm{SL}_i \leqslant 12$，则企业制造服务处于 Level 1；

如果 $12 < \sum_{i=6}^{6} \mathrm{SL}_i \leqslant 24$，则企业制造服务处于 Level 2。

表 3-2　服务 Level 评价指标及分数

序号	评价指标体系	评价分数 SL		
		0	2	4
1	企业领导层对服务增值的意识	没有认识到服务增值	仅认识到服务增值	认识到并执行服务战略
2	是否有独立的部门来保障服务的可靠运行	无专职服务部门或子公司	部分业务有专职服务部门或子公司	有专职服务部门或子公司
3	运行机制是否达到预期的增值目标	没有	达到	超出
4	已开展服务业务流程的规范性	不规范	一般	规范
5	已开展服务的信息化程度	没有信息系统支持	信息系统功能一般	信息系统功能良好
6	服务业务与 PLM/ERP 系统的集成	没有集成	简单集成	高度集成

3.3.2　现代制造服务系统需求可行性分析与确定

通过企业制造服务成熟度模型的分析，可确定企业制造服务的发展阶段与水平。企业开展现代制造服务系统的规划目标是本阶段的较高水平和下一个阶段。基于该原则，分析企业的已开展服务和未开展服务，逐一分析其可行性。对于本阶段已开展服务,研究并提出改进服务模式和信息系统的方案。对于未开展服务,全面分析开展下一个阶段中的现代制造服务系统的可行性。

现代制造服务业务模式可行性分析包括技术可行性、经济可行性、组织可行性、风险因素及对策等。常用的方法和工具有 SWOT、问卷调查法、生命周期成本(life-cycle cost,LCC)法和生命周期评价(life-cycle assessment,LCA)法。

1)SWOT 分析法,由优势(strength)、劣势(weakness)、机会(opportunity)、威胁(threat)组成,是一种用于检测公司运营与市场环境的工具(ANSOFF,1965)。SWOT 分析法搜集的关键因素主要分为内部因素和外部因素,优势和劣势是企业的内在要素,有助于理清企业内对实施目标有用的和有害的因素;外部因素关注外在的机会与威胁,如经济环境、技术变化、法律环境、市场等。

2)问卷调查法,使用一种用于统计、调查或搜集资料的问题表格来调查。

3)LCC 法,可以大致分为六个步骤(FULLER et al.,1996):确定题目、确定费用元素、确定分析模型(如可用度、可靠性、维修性、保障性、风险、完整性等)、收集分析所需的数据、LCC 费用计算和汇总、LCC 的结果评估。

4)LCA 法,是评价一个产品体系在其整个生命周期间所有的投入及产出对环境造成的潜在影响的方法,其目的在于提高资源利用率,减少环境负担。首先对生命周期的目标定义和范围进行界定,然后进行生命周期清单分析(LCI)和生命周期影响分析(LCIA),最后提出改进评估意见和标准(表 3-3)(ANSOFF,1965)。

表 3-3　生命周期评价的组成

目标定义和范围界定		清单分析				影响分析			改进评估	
定义目标	确定系统边界	收集数据	建立模型	分析结果	给出结论	分类	特征描述	评价	改变服务	确定环境标准

3.3.3　制造服务业务系统分析与建模

1.企业制造服务组织建模

在现有的服务业务基础上整合资源、技术和队伍,改进服务业务模式,建立服务营销的策略和运营机制,提高产品服务的盈利能力(孙林岩,2009)。

可通过以下三种运营方式来实现企业制造服务的组织构建:①兼并具有相关资质的服务企业并成立子公司,快速实现资源整合,迅速向客户提供成熟可靠的服务;②企业通过招聘有资质的专业技术人员和管理人员,组建成立子公司,探索合理的制造服务业务流程、管理规范和服务规范,建立有效的管理与技术队伍;

③企业通过与具有一定资质的服务企业组成战略协作联盟,成立临时的项目管理与协调小组,建立合理的制造服务业务流程,向用户提供整体服务。

产品服务系统(PSS)在制造企业的有效实施需要与合理的组织机构相匹配。传统的组织和信息集成结构是线型的(或称为链式的),这种模式在信息的传递过程中存在稳定性、协同性和效率等问题。在进行服务转型升级的过程中,需要使用科学合理的规划方法来重组组织机构,从而适应新的企业发展模式。

支撑 PSS 实施的组织机构如图 3-7 所示。在该模式下,制造企业的每个部门均能向用户提供各自部门的服务,各个部门都能够触发客户需求并反馈给服务中心,由服务中心进行任务拆分后下达给各部门。这种新型的组织机构在保证用户需求的深入挖掘和快速反馈的基础上,大大提高了企业的运作效率,使得用户需求能够在最短的时间内得到响应。

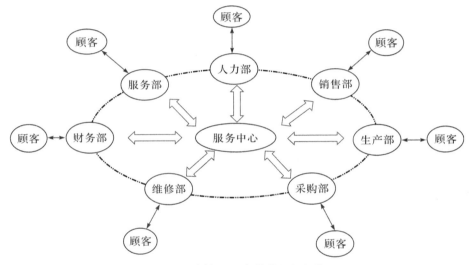

图 3-7　支撑 PSS 实施的组织机构

2.企业制造服务业务建模

根据调研结果,建立每种制造服务的业务模型,分析制造服务业务与 ERP、PDM 系统之间的业务关系,确定是否与 PLM 等系统建立业务关联和信息系统集成等。企业制造服务业务建模主要采用计算机集成辅助制造定义方法(ICAM definition method,IDEF)(其中 ICAM 是指计算机集成辅助制造,即 integrated computer aided manufacturing)。

3. 企业制造服务信息系统建模

首先需要规划系统是独立开发还是基于现有的 PDM、ERP 等软件进行系统二次开发；然后，对每个软件系统进行总体结构设计、数据库设计、输入和输出设计、模块结构和功能设计等；最后，完成与 PDM、ERP 等软件的集成设计。企业制造服务信息系统建模方法可采用 IDEF、Visio 等工具来实现。

支撑 PSS 实施的现代信息系统由若干子系统组合而成（图 3-8），这些子系统之间不但可以实现业务的集成，也可以实现数据的流通。例如，产品的售后服务和维护维修服务等，能够与 PDM 系统集成，形成 PLM 系统，从而实现产品的全生命周期管理。产品的销售、维护维修等数据信息可录入到 ERP 系统，实现企业从销售、设计、生产到维护等环节的数据流通（李浩 等，2013）。

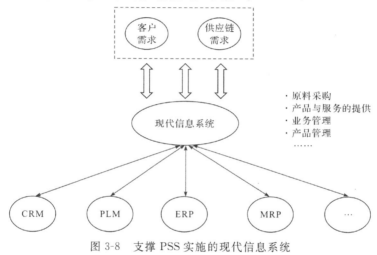

图 3-8 支撑 PSS 实施的现代信息系统

4. 制造服务业务系统分析与建模工具

1）IDEF 是用于描述企业内部运作的一套建模方法，可以采用 IDEF0 进行制造服务业务建模。IDEF0 主要是功能建模、活动模型的缩写，建模标准包含多种层次的图形语言，描述对企业具有重要性的各个过程（活动）。一个业务过程实际上是活动的联结体，某一活动的输出，可以是另一活动的输入、控制或机制。如图 3-9 所示，活动 B 有一个输入和两个控制条件，产生一个输出。而活动 B 的这个输出构成活动 C 的控制条件。

2）Office Visio 提供了各种模板，包括业务的流程图、网络图、工作流图、数据库模型图和软件图，这些模板可用于制造服务业务的可视化，例如绘制业务组织结构图、映射网络以及优化系统。

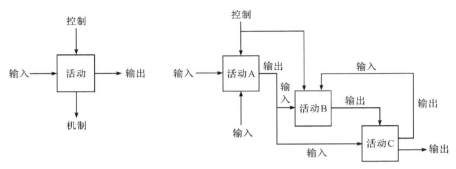

图 3-9　基于 IDEF 的服务业务建模

3.4　现代制造服务实施案例

本案例基于一个中国变压器企业的 MMSS 应用项目进行研究。企业制造服务项目实施前期,我们针对项目持续调研了近 3 个月,组织了 30 余次涉及 13 个单位或部门的考察和讨论,调研对象包括电力企业用户、电力管理部门、居民小区用户和企业内部各部门,理清了变压器行业现状、企业和产品现状、企业制造服务业务现状等。

3.4.1　企业制造服务的 Phase 评价和 Level 评价

根据企业制造服务成熟度评估方法,依次对企业进行服务 Phase 评价和 Level 评价,具体评价步骤与结果如下。

（1）服务 Phase 评价

归纳变压器行业现代制造服务共性业务,并确定基本服务和企业转型升级服务,具体结果如表 3-4 所示。

表 3-4　变压器行业的基本服务与企业转型升级服务

服务类型	设计生产阶段	销售阶段	售后阶段
基本服务	制造外协服务、制造外包服务、采购服务	运输服务、安装调试技术指导服务、操作培训服务、备品备件服务	变压器维护维修服务、备品备件服务、回访服务
企业转型升级服务	输变电设计服务	变压器租赁服务、金融租赁服务、安装服务	变压器检测服务、合同能源管理、全责绩效服务、变压器回收服务、系统解决方案服务、知识服务

利用 Delphi 法对表 3-4 中的制造服务业务进行打分,确定每种制造服务业务重要度,结果如表 3-5 所示。

表 3-5　变压器行业的 SID 值

参数	SID=0.1	SID=0.2	SID=0.3	SID=0.4
分布的成熟度阶段	Phase 1~4	Phase 2~4	Phase 3~4	Phase 4
服务类型	制造外协服务、制造外包服务、采购服务、运输服务、安装调试技术指导服务、操作培训服务、备品备件服务、变压器维护维修服务、回访服务	变压器租赁服务、变压器检测服务、变压器回收服务、知识管理服务	输变电设计服务、安装服务、金融租赁服务、合同能源管理	系统解决方案服务、全责绩效服务

根据表 3-5 中的评价结果,基本服务(SID=0.1)的数量为 $m=9$,SID=0.2 的制造服务数量为 $i=4$,SID=0.3 的制造服务数量为 $j=4$,SID=0.4 的制造服务数量为 $k=2$。

当前某企业实际运行的制造服务业务有制造外协服务、制造外包服务、采购服务、运输服务、安装调试技术指导服务、操作培训服务、备品备件服务、变压器维护维修服务、回访服务、变压器检测服务等 10 种。

根据当前企业的实际业务运行情况,参照表 3-5 中各业务重要度分值,计算得到企业的制造服务业务总重要度:

$$\sum_{i=1}^{10} \text{SID} = \text{SID}_1 + \text{SID}_2 + \text{SID}_3 + \cdots + \text{SID}_{10} = 1.1$$

$0.1m = 0.9 < 1.1 \leqslant (0.1m + 0.2i) = 1.7$,因此企业的制造服务处于 Phase 2。

(2)服务 Level 评价

评价企业 Phase 2 的制造服务水平,采用 Delphi 法进行指标评价,结果如表 3-6 所示。

表 3-6　服务 Level 评价指标及分数

序号	评价指标体系	评价分数 SL		
		0	2	4
1	企业领导层对服务增值的意识		仅认识到服务增值	
2	是否有独立的部门来保障服务的可靠运行		部分业务有专职服务部门或子公司	
3	运行机制是否达到预期的增值目标	没有		
4	已开展服务业务流程的规范性		一般	
5	已开展服务的信息化程度		信息系统功能一般	
6	服务业务与 PLM/ERP 系统的集成	没有集成		

针对这六个指标进行打分,求得评价分数总和:

$$\sum_{i=1}^{6}\mathrm{SL}_i = \mathrm{SL}_1 + \mathrm{SL}_2 + \mathrm{SL}_3 + \cdots + \mathrm{SL}_6 = 2+2+0+2+2+0 = 8$$

$0 \leqslant \sum_{i=1}^{6}\mathrm{SL}_i \leqslant 12$,因此企业的制造服务处于 Level 1。

综上,当前该企业的制造服务业务处于 Phase 2 的 Level 1,MMSS 总体处于较低水平。

3.4.2　企业开展的制造服务业务模式确定

根据成熟度模型的评价,可以得出企业当前 MMSS 的发展规划:①对于本阶段已开展的服务,改进服务模式以更好地盈利和满足客户需求,并开发信息系统实现业务集成;②对于 Phase 2 未开展服务,分析并研究业务可行性;③研究 Phase 3 中制造服务业务的可行性。

经过可行性分析与论证,最终得出企业的 MMSS 实施目标:首期实施的服务有主动式回访服务、运输服务、安装调试技术指导服务、变压器租赁服务、变压器检测服务、变压器制造服务、知识管理服务,并开发软件系统实现与 PDM 系统的业务集成。近三年将要开展的转型升级服务有输变电设计服务、安装服务和合同能源管理。

3.4.3　企业制造服务业务的组织机构模式

企业制造服务的开展需要组织架构变革的驱动,制造型企业只有通过组织再造才能进一步提升制造企业的核心竞争力,创造高附加值的产品服务。因此,需要以企业组织变革为研究视角,从企业组织变革、业务流程再造等方面进行研究和实践。变压器制造企业需要成立维修服务公司,开展变压器检测服务业务,探索合同能源管理服务,整合资源并联合开展输变电设计服务和安装服务等。

1)公司现有的用户服务部主要负责该企业生产的变压器产品安装技术支持、维护和维修业务。

2)成立该企业变压器维修服务公司,业务范围为其他企业的变压器维修、保养、大修、租赁等服务。

3)联合相关质量技术监督部门,成立相应的变压器检测公司,开展变压器检测服务,提高检测服务的利润。

4)实施变压器合同能源管理服务(研究规划业务)。成立该企业合同能源管理服务公司,开展企业电力节能服务。

5)开展输变电设计服务和安装服务（研究规划业务）。由于资质的限制，该企业无法独立开展该业务。将通过兼并有资质的公司，或与有资质的公司建立战略联盟，联合开展服务。

3.4.4　企业现代制造服务信息服务支持系统

Extech PLM 2010 是 Extech 公司开发的 PLM 系统。它采用基于浏览器/服务器(B/S)架构的工作模式，具有文档管理、图档管理、产品主结构管理、项目管理、工作流管理等功能，具有良好的可扩展性。项目主要基于 Extech PLM 2010 系统进行二次开发和业务集成。由于变压器制造服务知识管理系统在业务上相对独立，基于 Java 语言和 Eclipse 平台可开发出独立的软件系统，但在维修服务过程中需要实现制造服务知识管理系统与维护维修服务管理系统的集成。

项目首期已开发实施的信息管理系统有变压器维护维修服务管理系统、变压器零配件服务管理系统、制造服务知识管理系统和变压器租赁管理系统等（图 3-10）。

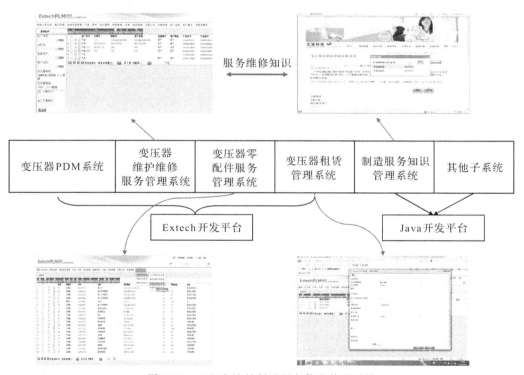

图 3-10　已经实施的制造服务信息管理系统

3.4.5　企业 MMSS 实施过程、方法和工具

　　MMSS 实施的过程主要包括项目准备、企业制造服务成熟度评估、需求分析与模式确定、系统建模、系统开发、运行完善和项目验收等七个阶段。在这七个阶段的实施过程中，需要使用若干方法和工具来辅助实施，每个阶段的方法与工具如下：首先采用戈登法（Gordon technique）完成团队组建；然后通过服务 Phase 评价方法、服务 Level 评价方法和 Delphi 法完成企业制造服务成熟度的评价，得出制造服务发展阶段；通过 SWOT 分析法、问卷调查法、LCC 法和 LCA 法等多种方法，得出企业可能开展的服务模式，并分析各种模式的可行性；最后，确定企业要分步骤实施的计划。针对具体服务业务采用 IDEF0 图、Visio 图等方式描述企业的产品服务流程，从不同角度对企业的产品开发过程、功能和信息进行详尽描述。在 Extech PLM 中，数据库是自动生成的，安装好服务器端后，经过一些必要的配置工作和二次开发工作，在服务器端（管理控制台）完成添加系统用户、数据模型、系统菜单、视图、工作流和生命周期等的定义。基于 Microsoft Visual Studio 2008，采用 SQL Server、XML files、JavaScript 语言和 C#语言完成客户化应用界面的开发。最后，进行系统运行与实施，完成综合评估。根据评估结果，对服务业务和软件系统进行改进。完成 MMSS 实施后，每个阶段均会产生一些文档、方案或系统，如图 3-11 所示。

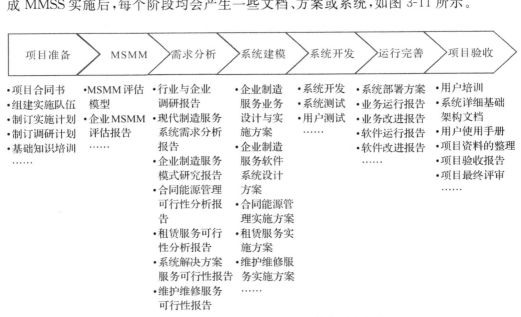

图 3-11　企业 MMSS 实施过程及其主要交付物

3.5 本章小结

本章分析了现代制造服务系统的概念、业务分类以及现代制造服务信息系统框架,理清了系统实施的内涵,概括了现代制造服务系统实施的层次结构与框架方法;基于以上分析,提出了现代制造服务系统的实施步骤,包括企业制造服务成熟度评估、现代制造服务系统需求可行性分析与确定、制造服务业务系统分析与建模;以某变压器企业为例,基于上述方法和步骤实现了成熟度分析、业务模式分析、组织机构分析和过程方法与工具的使用。

参考文献

李浩,顾新建,祁国宁,等,2012.现代制造服务业的发展模式及中国的发展策略[J].中国机械工程, 23(7):798-809.

李浩,纪杨建,暴志刚,等,2013.企业现代制造服务系统实施框架与方法学[J].计算机集成制造系统,19(5):1134-1146.

李浩,纪杨建,祁国宁,等,2010.制造与服务融合的内涵、理论与关键技术体系[J].计算机集成制造系统,16(11):2521-2529.

孙林岩,2009.服务型制造理论与实践[M].北京:清华大学出版社.

向峰,钟雷,左颖,等,2021.面向工业互联网平台的制造服务可信特征识别方法[J].计算机集成制造系统,27(10):2762-2773.

余晓晖,刘默,蒋昕昊,等,2019.工业互联网体系架构 2.0[J].计算机集成制造系统,25(12):2983-2996.

张耿,2018.基于工业物联网的智能制造服务主动感知与分布式协同优化配置方法研究[D].西安:西北工业大学.

ANSOFF H I,1965. Corporate Strategy [M]. New York:McGraw-Hill.

GORDON T,PEASE A,2006. RT Delphi:An efficient,"round-less" almost real time Delphi method [J]. Technological Forecasting and Social Change,73(4):321-333.

HELMER O,1977. Problems in futures research:Delphi and causal cross-impact analysis [J]. Futures,9(1):17-31.

LI H,JI Y,GU X,et al.,2014. A universal enterprise manufacturing services maturity model:A case study in a Chinese company [J]. International Journal of Computer Integrated Manufacturing,27(5):434-449.

FULLER S K,PETERSEN S R,1996. Handbook 135:Life Cycle Costing Manual for the Federal Energy Management Program [M]. Washington,US:Government Printing Office.

第 4 章　企业制造服务实施过程建模方法

现代服务区别于传统服务,它不再是由单一的人或企业所提供的简单活动,而是一个由具有高度协同和分布特性的复杂行为构成的社会化系统(刘成浩 等,2018)。分析复杂产品特性,可以得出复杂产品服务业务的一些特点。

1)企业服务业务过程的高度协同性。复杂产品服务业务过程是一个涉及多部门、多系统、多类别人员的协同化服务过程,涉及的部门不仅仅是客户服务部,还包括相关的销售、外协等部门;涉及的信息化系统包括 ERP、远程故障诊断等;参与的人员不仅仅包括企业服务部门人员,还可能包括设计人员、技术人员、第三方服务人员等。

2)服务业务物类资源归属的多主体性。复杂产品服务所需的物类资源包括各类型的替换件、专业设备等。一方面,复杂产品设备结构复杂,例如大型立磨产品零部件多达几万个,零部件部分自主,部分外购,导致服务需求的各类型替换件、消耗件归属多主体;另一方面,复杂产品的服务过程可能涉及的大中小各种型号专业设备可能来源于不同主体,有不同的调度选择。

复杂产品服务业务的最直接体验者是服务的目标用户。为增强服务业务的用户体验,提高用户满意度,一方面,企业需要不断规范组织管理并优化自身服务业务过程,提升服务过程质量;另一方面,企业也需要通过提升服务业务过程的信息化管理水平,提升服务业务过程的可视化和便捷性。而无论是规范管理、优化服务业务过程,还是提升服务业务过程信息化程度,首先都需要对企业服务业务过程建立清晰的认识和理解。对复杂产品制造企业所开展的服务业务进行建模研究就有助于加强这种理解。模型是人们为了研究和解决客观世界中存在的种种问题而对客观现实经过抽象后用文字、图表、符号、关系式以及实体模样描述所认识到的客观对象的一种简化的表示形式(范玉顺 等,2001)。

综合分析,复杂产品服务业务过程建模具有重要价值。使用可视化的方法描述业务,便于不同人员对业务的目标、资源、规则、流程等属性建立统一认识;有助于理解当前业务流程组织中存在的问题,并明确改进的潜力。业务建模也是软件工程的第一阶段,能为相关信息系统平台的开发提供一定参考。

4.1　复杂产品制造服务业务分析与建模方法

4.1.1　复杂产品制造服务业务分析

本节的复杂产品服务业务过程分析主要是对复杂产品服务业务开展时间区间界定及对业务构成要素进行分析。面向全生命周期的制造服务,包括面向制造业的生产性阶段的服务和产品阶段的服务(李浩 等,2010,2012)。调研发现,现阶段国内复杂产品制造企业开展的服务主要是产品全生命周期内的产品阶段服务,下文所述复杂产品服务业务也是指产品阶段开展的服务业务。

根据服务类型和特点,依托设备正式投产和设备正式停机下线这两条分割线,将产品阶段服务时间区间分为初期(静态服务期)、中期(动态服务期)、后期(回收服务期)(图 4-1)。

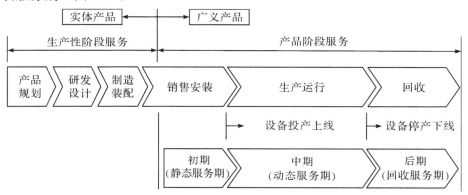

图 4-1　现阶段复杂产品服务业务时间区间界定及阶段划分

初期(静态服务期)指设备正式安装投产前,企业和客户交互、发现服务需求、满足客户个性化需求、定制服务的时期(密尚华,2016)。这个时期的服务业务一般具备不可重复性或定制计划性,如金融、保险、租赁、个性化定制服务、运维服务等。中期(动态服务期)在漫长的产品运行周期内占时最长,这个时期的服务业务主要是周期性开展的定制服务(主动服务)以及各种不确定性因素导致的突发性服务(即时服务),如合同约定的定时维护保养类的服务等。后期(回收服务期)主要是指依据前期和中期积累的历史服务信息,对复杂产品开展有效的回收再制造服务。

透彻理解服务业务的概念是对服务业务进行建模的首要条件。服务业务指的是企业开展服务涉及的各职能对象利用各种形式的资源以实现服务需求为目标而协同进行的逻辑性操作和活动集合。从面向对象的角度来看，每一项服务业务都可用基础业务活动、活动发生规则、参与业务活动的各业务对象（职能对象、资源对象、信息对象）、对象活动关联关系这四个构成要素来概括描述（密尚华，2016）。一个好的服务业务模型需要能够良好地体现和描述服务业务的上述四项基本构成要素。我们用一个四元组来定义服务业务模型：

$$Process\text{-}service=\{acts,ruls,objects,mates\}$$

其中，acts 是业务活动集合，表示服务业务过程中基础的业务活动单元组成的集合，$acts=\{act_1,act_2,\cdots,act_n\}$。

ruls 是执行规则集合，也称逻辑发生关系，表示服务业务过程中各业务活动的逻辑发生规则，$ruls=\{rul_1,rul_2,\cdots,rul_n\}$。其中 $rul_i=\{act_m,act_n\}$，表示活动 act_m 是活动 act_n 的发生前提，具有顺序发生关系。

objects 是执行业务对象集合，$objects=\{rol,mater,org,inf\}$。其中 rol 是人员对象集合，$rols=\{rol_1,rol_2,\cdots,rol_n\}$；mater 是物资对象集合，$mater=\{mater_1,mater_2,\cdots,mater_n\}$；org 是组织系统对象集合，$org=\{org_1,org_2,\cdots,org_n\}$；inf 是信息对象集合，$inf=\{inf_1,inf_2,\cdots,inf_n\}$。每个对象都有自身的属性字段集合，例如，$rol_i=\{field_1,field_2,\cdots,field_n\}$，$field_i$ 为字段属性名。

mates 是活动－对象关联对象集合，$mates=\{mates\text{-}r,mates\text{-}m,mates\text{-}o,mates\text{-}i\}$，其中活动和人员对象关联集合 $mates\text{-}r=\{mates\text{-}r_{11},mates\text{-}r_{12},\cdots,mates\text{-}r_{1n},mates\text{-}r_{2n},\cdots,mates\text{-}r_{mn}\}$，$mates\text{-}r_{ij}$ 是编号为 i 的活动和编号为 j 的人员对象的关联对象，$mates\text{-}r_{ij}=\{field_1,field_2,\cdots,field_n\}$，$field_i$ 为字段属性名，同理可以设置其他活动－对象关联集合格式。

使用该四元组的定义虽然能完整地描述服务业务过程，帮助理解业务过程构成要素，但是不易形成直观的认识和理解，图形化的建模工具在描述业务模型方面更具优势。

4.1.2 复杂产品制造服务建模方法与工具

1. UML 工具在制造服务业务过程建模中的应用

UML（统一建模语言）是一种面向对象的过程建模技术。面向对象的分析与设计方法在 20 世纪 80 年代末至 90 年代出现了一个发展高潮，UML 是这个时代的典型建模工具。UML是一种图形化建模语言,它包括 9 种预定义图表:类图、对象图、状态图、活动图、序列图、协作图、用例图、构件图和部署图(JACOBSON et al.,2002)。应用这些图表,可以对系统中的复杂事物进行可视化描述。其中可以用来进行业务建模描述的视图主要有类图、用例图、活动图、状态图、协作图、序列图等,各类视图在业务过程建模中的应用如表 4-1 所示。

表 4-1　各类视图在业务过程建模中的应用

建模类型	视图类型	业务过程建模中的应用简介
静态机制建模	类图	用于显示业务实体之间的静态结构和关系。在业务过程建模中,类图的属性和对象可以很好地描述对象的属性和职能,类图中的泛化关系、关联关系和聚合关系可以用来描述业务对象间的关系
	用例图	用于描述系统各种功能模块及其关系,方便显示出系统中的用例模块和参与对象以及它们之间的对应关系。用例图可用来对业务活动模块进行组织描述。对于整体业务活动,通过适当的用例图分层分解,有助于通过聚合及分解过程逐步建立对业务过程的清晰认识
动态机制建模	活动图	活动图能清晰地描述业务活动、活动发生的逻辑性、活动的归属业务参与者对象,完整地展现整个业务执行过程。在活动图中利用泳道来展示业务对象和活动的归属关系。活动图可以作为对不同用例包含的业务信息的展开
	状态图	用于描述单个业务对象的行为状态变化,帮助理解业务过程
	协作图	用于描述相互合作的业务对象间的交互关系,着重体现交互对象间的组织结构
	序列图	用于描述相互合作的业务对象之间动态的交互关系,着重体现对象间消息传递的时间顺序(协作图和序列图可以相互转化)

使用 UML 工具对复杂产品服务业务过程建模具有以下优点:①过去数十种面向对象的建模语言都是相互独立的,而 UML 可以消除一些潜在的不必要的差异,以免使用者混淆;②用 UML 进行业务建模,不仅能实现对业务流程的分析描述,而且与后续软件开发中需求分析、系统分析设计所用的工具和表现方法具有连贯性,可以使业务建模平稳过渡到信息系统建模。

2. MRO 服务的统一数据建模方法

在 MRO 阶段需要管理的产品数据包括产品正常工作的日常维护数据,产品故障维修数据,产品大修和技术改造数据以及产品运行中各种业务流程、活动、状态和资源等数据。在面向产品全生命周期的环境下,需要将 MRO 阶段的有效数据与产品设计制造数据实时集成,以实现产品数据和状态的全生命周期管理。为此,需要建立合理的产品统一数据模型,这是实现复杂装备 MRO 系统全生命周期集成的基础。

一种产品统一数据建模方法是采用集成产品元模型,如图 4-2 所示。一个产

品的统一数据模型(SeMR)可以用三个主记录来描述:SoMR 是产品方案主记录,
主要记录产品全局性的数据;PaMR 是零件主记录,记录结构中的实体产品数据;
AsMR 是售后主记录,记录产品销售和使用过程中的部分服务数据。SoMR、
PaMR 和 AsMR 均由文档主记录(DoMR)、图纸主记录(DrMR)和模型主记录
(MoMR)来描述(李浩,2013)。

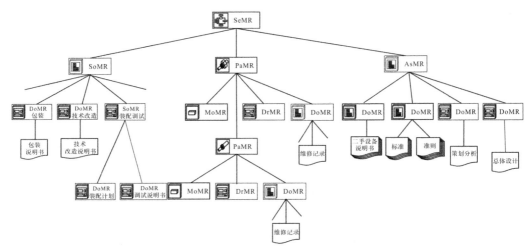

图 4-2   面向全生命周期的产品主结构

产品 MRO 过程中的关键服务数据,如维修、大修、技术改造、回收、再制造等
服务的数据,可以通过维修主结构与产品主结构之间的数据集成来实现回溯。
MRO 过程中的数据主要存储在面向全生命周期的产品主结构的 PaMR 和 AsMR
中,MRO 各支持系统中的维护数据保持与产品主结构中的记录同步,实现产品数
据的全生命周期管理。

3.复杂装备 MRO 系统集成技术

面向全生命周期的 MRO 支持系统不仅要有效集成售后服务、远程监控、故障
诊断等产品服务系统各模块,还需要与 PDM、ERP、CRM(客户关系管理)等独立
软件系统相集成。多异构系统高效集成技术是面向全生命周期的 MRO 支持系统
的技术难题之一。只有实现了 MRO 支持系统与其他信息系统有机集成,才能更
好地实现服务增值和面向服务的设计制造。目前常用的系统集成技术有 SOA、
Web 服务技术、本体技术、XML 技术、组件技术、CORBA 和 Multi-Agent 等多种
方法与技术。根据不同软件系统的特点、运行环境等属性,选择合适的系统集成
技术,完成多异构系统的信息集成(范玉顺 等,2001)。

4. 故障远程诊断与预警技术

重大装备制造企业利用自身对产品的熟练技术掌握，可以对设备运行进行在线监测，以提高设备运行管理水平，降低设备的故障率，同时实现服务增值。

设备运行在线监测技术包括设备运行数据获取技术（主要采用各种传感器实时获取设备数据）、设备运行状态监控技术、数据融合技术等。

故障诊断与预警通常与设备在线监控模块互相关联，主要通过支持异地的设计人员、工艺人员、维修专家和用户在线交流，实现对设备故障的协同分析。开发该技术需要建立产品故障树模型和故障库，对产品的实时工况数据进行分析挖掘，比较设备状态特征参数与规定特征参数，预判是否将发生故障或判断是否已经发生故障。若发生故障，通过对设备故障进行协同分析，找出可能的原因，预测设备状态的故障趋势和需要采取的措施。

5. 面向复杂装备 MRO 的服务人员任务分派方法

在 MRO 服务中，如何针对特定的服务任务分派合适的服务人员是复杂装备 MRO 服务提供商面临的重要问题之一，也是复杂装备 MRO 支持系统的关键技术之一。

我们针对面向复杂装备 MRO 的服务人员任务分派问题，提出了基于遗传算法（genetic algorithm，GA）的任务分派方法。首先要建立 MRO 任务分派业务对象模型和业务流程模型，解决服务任务技能分析和服务任务分派问题。其次，通过技能向量来综合表示 MRO 服务技能选择和等级属性，提出基于技能向量的 MRO 服务任务技能分析方法。最后，提出一种 MRO 任务分派方法，利用改进遗传算法智能搜索并组合服务人员，利用评价指标对服务人员组合进行评价排序，从而辅助管理人员进行任务分派决策。该方法通过软件系统实现了服务人员组合的智能自动排序和优化选择。

6. 知识管理技术

维修知识管理一般包括维修手册管理、故障模式管理（与故障诊断与预警模块集成）、维修评价、维修信息（经验）发布等多种信息源。维修数据具有量大、复杂等特点。采用数据挖掘技术可以从海量的维修数据中获得有价值的知识，具有开展设备零部件维修计划与预警、诊断设备故障、分析易损件等功能。面向维修服务的知识管理技术可提供知识协同完善、知识协同评价、知识主动推送、知识可视化展示等功能。基于网络和信息技术，产品维修过程中的用户行为（如网站服务功能点击、服务评价等）能够方便地得到记录、分析和知识挖掘，这里可以采用 Web 2.0 模式（顾新建 等，2009）。

这是一种面向用户支持工程师的知识服务平台，能够自动搜集用户支持工程师的服务记录,积累和共享服务知识,丰富知识资源,在此基础上,可以快速推送相关知识,使用户支持工程师能够快速有效地定位问题和解决问题,为用户提供及时、优质的服务。

4.2 面向全生命周期的复杂产品 MRO 服务过程建模

4.2.1 复杂产品 MRO 服务系统业务建模

1. 系统业务主模型

复杂装备 MRO 支持系统的业务对象主要有制造方、服务方和用户。制造方由设备生产企业、标准件供应商、外包零部件供应商等组成,主要负责生产备品备件和辅助维修材料等。三者的业务逻辑较为复杂,系统业务主模型如图 4-3 所示。

用户提交设备购买订单后,服务方对设备进行安装调试等,直到设备能在用户管理下正常运行。然后,服务方根据用户的基本使用和维护资源情况,制订维修计划,包括预防性维修、大修、小修等计划,并交客户备份。对于需要进行设备监控和保运的个性需求客户,服务方可以向客户提供远程监控和保运服务(有的设备远程监控和保运服务由独立服务提供商完成)。当设备需要预防性维修、大修或故障发生时,用户提出维修请求。服务商根据用户提供的设备运行情况对设备进行初步判断,从备品备件(需要从制造方处预订和购买)、人员和工具等方面进行服务调度。调度完成后抵达用户处,服务方对设备进行运行情况分析和故障诊断分析。查清故障模式后,用户需要申请服务再调度,直到完成维修。

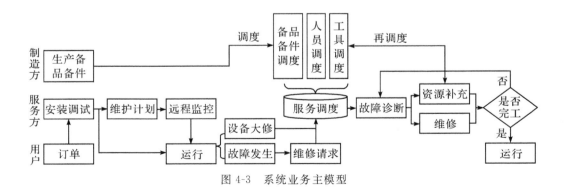

图 4-3 系统业务主模型

2. 设备安装调试业务模型

设备安装调试业务模型如图 4-4 所示,主要业务对象有用户和用户服务方,需要完成下订单、装箱/发货、安装、调试、技术培训等步骤。

3. 设备维修业务模型

设备维修业务模型如图 4-5 所示,主要业务对象由用户、制造方和用户服务方组成,需要完成故障或维护模式判断(设备大修/预防性维修或普通维修请求)、调度派工、维护维修、完工确认等流程。

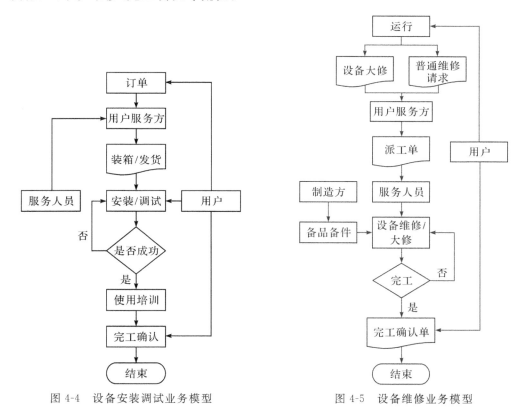

图 4-4　设备安装调试业务模型　　　　图 4-5　设备维修业务模型

4. 服务调度业务模型

服务调度是装备 MRO 中的关键技术之一,具体业务流程不太复杂,但是需要考虑的调度因素很多,如何有效智能地调度是个难题。具体服务调度业务模型如图 4-6 所示。服务调度包括备件调度、人员调度和工具调度,人员调度需要考虑人员技能、故障模式、人员状况、工作距离和成本等多个因素,在优化算法的支持下完成调度。

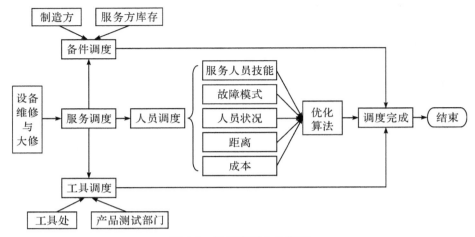

图 4-6　服务调度业务模型

4.2.2　复杂产品 MRO 服务业务过程集成建模

1. 复杂装备 MRO 服务过程集成框架

面向全生命周期的 MRO 支持系统需要与产品数据结构、生产管理、库存管理、供应/采购管理、客户/销售、财务管理和产品回收等功能模块相集成。基于全生命周期的 MRO 支持系统总体集成框架如图 4-7 所示。

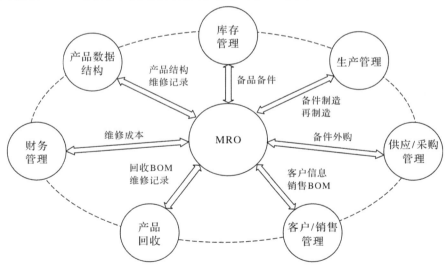

图 4-7　基于全生命周期的 MRO 支持系统总体集成框架

2. MRO 与其他模块的集成框架

(1)MRO 与产品数据结构的集成

复杂产品均为模块化产品。由于维修模块与设计模块的粒度不一致,在产品维修过程中,通常替换损坏模块(或零部件)进行维修,但有时会连同其他正常运行的模块一起替换,这主要是由产品的可拆卸程度来决定的。因此,维修模块的粒度通常情况下要比设计模块的粒度大很多。如图 4-8 所示,部件 1、2 和 3 由于可拆卸性较差,如果这三个模块里面的某个零件损坏,则整个部件都需要更换,对应的维修主结构如图 4-8 左侧所示。

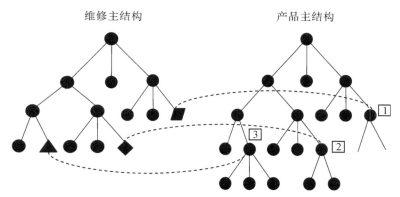

图 4-8　MRO 维修主结构与产品主结构的联系

MRO 与产品数据结构的集成,主要是大量的维修记录与相应产品实例结构进行集成,为产品的设计、制造提供服务数据支持。为此,必须建立能够集成维修服务记录的产品数据模型,以满足记录维修服务完整性和可追溯性的需求。

(2)MRO 与生产管理的集成

MRO 与生产管理的集成,主要完成备品备件的生产和回收产品的再制造信息的传递(图 4-9)。备件生产与生产管理信息的集成是通过备件生产与计划管理模块完成的,通过该模块可以对备件计划制订、生产订单下达、订单完成情况等进行记录、跟踪和查询。

回收产品的再制造集成主要是将再制造物料清单(bill of material,BOM)信息发给生产管理部门,完成相应的产品再制造环节。

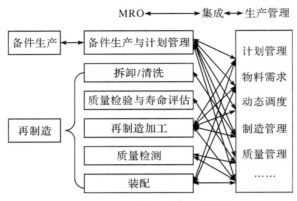

图 4-9　MRO 与生产管理的集成

（3）MRO 与客户/销售管理的集成

通过 MRO 与客户/销售管理模块的集成，可以共享客户和产品的销售信息（图 4-10），包括用户管理、产品管理、维修记录、备件合同管理、成本管理等方面的信息。

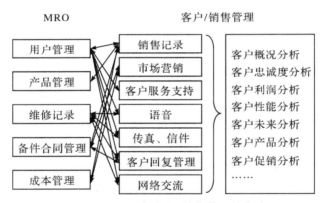

图 4-10　MRO 与客户/销售管理的集成

（4）MRO 与供应/采购管理的集成

在 MRO 制订维修计划后，需要制订相应的供应和采购计划。用户服务处收到客户的故障服务请求后，需要进行服务调度，也需要进行备品备件生产请求和部分零部件及维修材料的外购，因此，需要通过备品备件采购清单的传递，完成MRO 与供应和采购部门的集成。

（5）MRO 与库存管理的集成

MRO 与库存管理的集成内容有备件数据管理、备件库存管理、备件发货管理、备件订单管理，主要完成对零配件生产订单下达、订单完成情况等进行记录、跟踪和统计（图 4-11）。

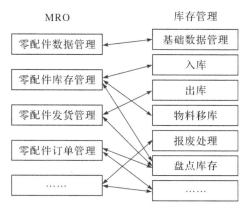

图 4-11　MRO 与库存管理的集成

（6）MRO 与产品回收的集成

参考 MRO 的维修 BOM，建立回收 BOM，列出回收清单。回收产品的价格依据产品维修记录，根据用户的使用情况来判断设备的折旧率以及功能完好情况。客户可以将这些记录作为产品回收定价的依据。

（7）MRO 与财务管理的集成

企业级的财务管理必须要同 MRO 的成本管理建立集成关联。服务成本管理主要包括运输成本、工具设备费用、备品备件费用、维修收益、人员工资、人员奖金、差旅成本、行政办公成本等部分（图 4-12）。

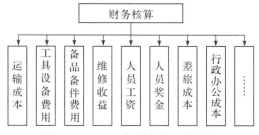

图 4-12　MRO 与财务管理的集成

4.3 复杂产品制造服务主要业务过程建模与案例

4.3.1 服务业务过程参与对象建模

（1）服务业务过程职能对象建模

现代复杂产品制造企业服务业务过程具有协同性的特点,参与复杂产品服务业务的职能对象间组织关系较为复杂。我们使用类图来描述参与服务业务过程的职能对象,职能对象的属性和职能通过类的属性和方法得到体现。应用类图的关联关系表示各职能对象间的组织关系,应用聚合关系来表示部门和部门职能人员间的归属关系,应用泛化关系来表示各职能对象间的属性继承。

复杂产品服务业务过程相关职能对象主要是指参与服务业务过程的相关部门、组织、系统以及直接参与服务业务过程的各类服务人员。服务业务的执行是以服务部门服务人员为主体,相关部门、组织和系统配合协同完成的。服务部门服务人员作为服务业务执行的主体,其组织管理直接影响到服务业务的反应速率、服务处理效率、服务质量,进而影响服务的客户满意度。传统服务人员管理具有人员组织结构松散、职能界限不明确、随需随用等特点,已经无法适应目前在信息技术平台条件下的人员管理及调度要求。以提高服务反应速率、服务处理效率、服务质量为目的,需要对服务人员进行规范化管理,包括精确管理人员实时属性和状态、清晰定义人员组织结构和严格界定人员职能权限。对人员属性和状态的管理有助于帮助优化服务任务执行人员调度过程,根据具体的服务任务需求分析,结合规范管理的服务人员个人实时信息,合理、有效、科学地服务人员,减少经验调度的盲目性,充分发挥特定服务人员个体的专业技术优势(密尚华,2016)。

案例企业的综合服务部门人员按职能岗位分为主管领导、高级服务经理、服务经理、服务工程师等,具体的职能划分及人员属性管理如图4-13所示。其中服务工程师具备该职能岗位所属的技能—等级特色属性,该属性由企业周期性测评考核获得,是实现服务工程师科学调度的重要参数。

服务人员对象状态变化管理具有重要意义,实时动态管理服务工程师的信息可以为服务调度和任务指派提供相关人员的实时状态参数。具体来说,可对服务工程师工作状态、工作进度、所处位置等信息实时跟踪,其中工作进行状态追踪又包括位置状态跟踪和服务状态跟踪等。某服务工程师的状态迁移模型如图4-14所示。

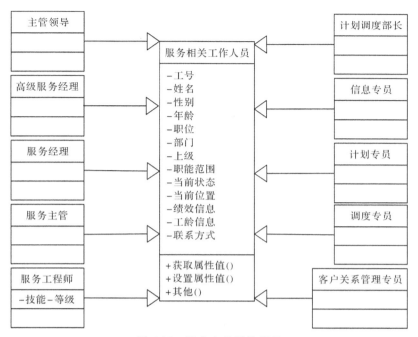

图 4-13　服务人员属性管理

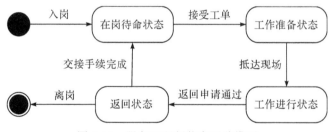

图 4-14　服务工程师状态迁移模型

参与服务业务过程的相关职能对象除服务部门外,还包括销售部门、外协部门、采购部门、技术部门等,ERP 等信息系统也通过信息交互协助服务业务执行。服务业务过程职能对象组织模型如图 4-15 所示。

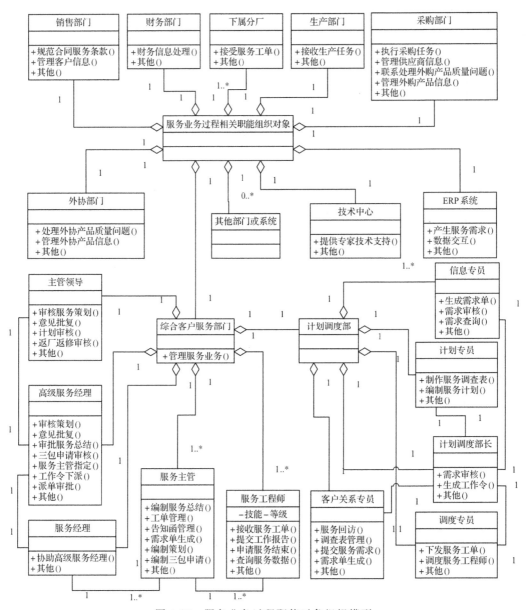

图 4-15　服务业务过程职能对象组织模型

（2）服务业务过程物类资源对象建模

复杂产品的高技术性和结构复杂性决定了复杂产品服务相关物类资源管理的复杂性。复杂产品服务涉及的物类资源种类繁多，包括各类多型号的专业维修测量设备、运输吊装设备、易损易耗品、备品备件等,并且资源归属主体关系复杂。例如,复杂产品服务执行用到的大型吊装设备、大型运输车辆、检测设备等,可能涉及第三方物流和设备租赁公司;而备品备件和服务易损易耗品等,则可能涉及制造企业、第三方标准件供应商和第三方外包零部件供应商等。对不同的服务任务需求,需要调用不同的资源。如何快速实现服务开展所需物类资源的准备和调用,减少因物类资源未就位而产生的服务延迟,是提高服务效率所要解决的关键问题之一。要解决这个问题,需要对服务物类资源进行有效的全生命周期管理。首先,建立清晰全面的资源类别结构体系,明确各类资源属性;其次,对各类资源状态变化进行实时有效的管理,例如及时更新企业、客户和/或供应商的可用备品备件储备数量,及时从第三方物流和设备租赁公司资源管理系统获取可用资源的实时状态信息;最后,依据客户服务任务的实际需求,综合考虑资源调度的时间和成本,科学优化物类资源调度。

　　结合案例企业分析,现代复杂产品制造企业服务业务所用的物类支持资源,从归属主体上可以分为企业所属、客户所属和第三方所属,类别包括专业工具设备、替换件、损耗品等。图 4-16 给出了案例企业服务业务物类资源对象组织管理模型。

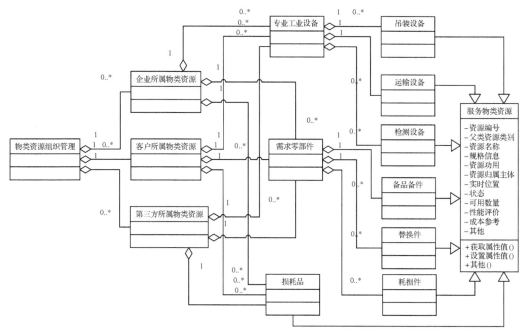

图 4-16　服务业务物类资源对象组织管理模型

（3）业务过程信息表单对象建模

复杂产品服务业务过程中大量相关信息数据以信息表单为载体，在业务活动中被操作和传递，如服务需求调查表、服务工作令、服务工单、服务工作报告等。这些表单对象在服务业务过程中承载着服务信息，在一定程度上驱动着服务业务过程的执行。图 4-17 给出了案例企业服务业务过程涉及的表单对象组织管理模型。一次服务申请生成一个服务工作令，服务工作令按类型判断是否需要生成服务策划调查，未处理的服务工作令可以排入不同的服务计划，一个服务工作令对应一条服务策划，每条服务策划可生成多个工单，一个工单可进行多次工作报告，并生成一份服务反馈单，每条服务策划对应一个服务告知函，完成后可进行一次服务总结和多次服务满意度调查。

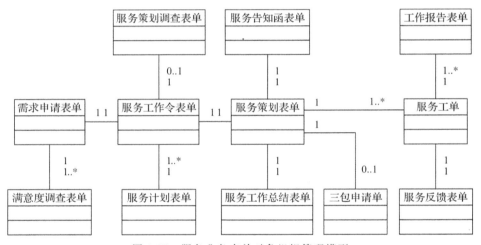

图 4-17　服务业务表单对象组织管理模型

在复杂产品服务业务过程中，数据表单对象不断被各职能对象操作，表单对象的状态也不断发生改变。对表单对象的状态进行建模研究，有助于从侧面加深对业务过程的理解。服务需求申请单的状态变化过程如图 4-18 所示。

4.3.2　业务过程用例分解建模

用例图使用简单的符号来描述模块化的服务业务过程，使整个业务系统更容易被理解。在建模时可以控制用例的粒度大小，对于复杂的系统，分层使用不同粒度的用例进行建模，将服务业务过程进行模块分解，有助于对业务过程建立清晰的认识。

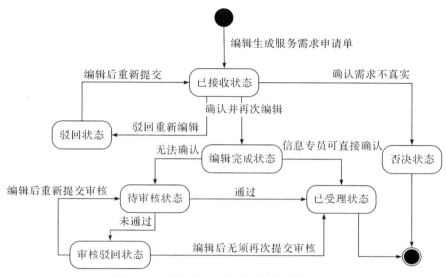

图 4-18　服务需求申请单的状态变化过程

结合案例企业分析,服务业务执行过程可以归纳为服务需求处理、服务策划准备、服务调度执行和服务总结四个阶段,相应粒度的服务业务过程用例图如图 4-19 所示。

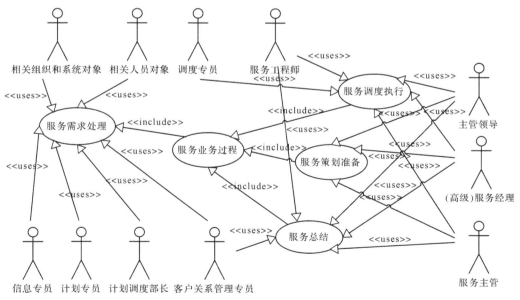

图 4-19　服务业务过程用例图

　　四个阶段对应的用例又可以进行分解。例如,服务需求处理阶段业务过程包括服务需求的获取和分析(需求管理)、服务工作令的编制管理(工作令管理)、服务计划编制管理(服务计划管理)以及针对主动服务工作令进行的服务需求调查(需求调查)等。四个阶段业务过程对应用例的进一步细化分解如图 4-20 所示,分解后的用例模型,进一步显示了案例企业四个阶段对应的相应业务操作。用例模块的进一步展开也可以使用这种方法。

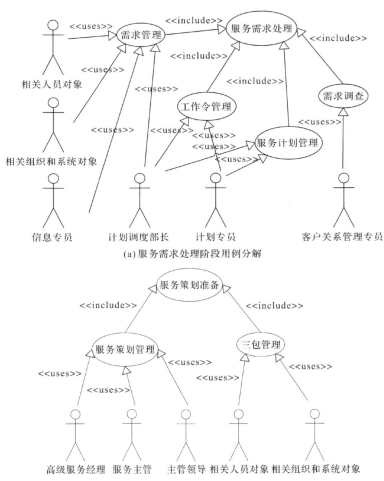

(a) 服务需求处理阶段用例分解

(b) 服务策划准备阶段用例分解

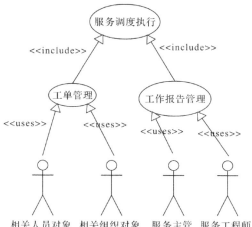

(c) 服务调度执行阶段用例分解

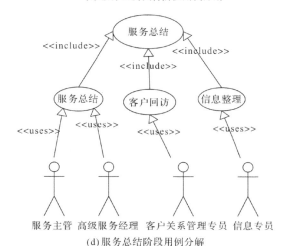

(d) 服务总结阶段用例分解

图 4-20 四个阶段业务过程用例分解

4.3.3 业务流程建模

业务过程用例图只是对业务过程进行模块化的分解,显示各业务过程模块的业务处理内容及参与职能对象,无法描述详细的执行流程。为了展示各业务过程模块的业务执行流程,对业务过程中的业务活动、参与职能对象(人员、组织、系统)、物资、信息表单等对象之间的逻辑关系进行描述,需要采用活动图对各服务业务过程模块进行建模,活动图中以泳道表示参与职能对象的职能范围。

基于活动图,针对案例企业的服务需求处理、服务策划准备、服务调度执行、服务总结四个用例进行流程描述。服务需求处理阶段主要对应从服务需求产生到服务工作令下发的业务流程。针对复杂产品服务业务,产生的服务需求有主动服务需求和即时服务需求两种。主动服务需求包括合同约定的 ERP 系统生成的技术交底、点件、指导安装、调试服务以及周期性的保养维护服务等;即时服务需求包括客户通过多种方式(呼叫中心、服务系统、传真等)提出的服务需求、现场服务人员服务过程中发现并反馈的服务需求、营销及其他部门反馈的客户服务需求等。案例企业正在建设的远程故障诊断系统也是服务需求的来源之一(复杂产品故障诊断系统可以依据经验数据,提早发现产品运行检测中返回的异常数据,经过技术部门分析,尽早与客户联系并检查,做到潜在服务需求的提早发现处理和布局调度)。为了方便描述业务流程,这里我们将服务需求的众多来源对象归纳为相关人员对象和相关组织与系统对象。图 4-21 展示了服务需求处理阶段业务流程,流程图加入信息表单对象操作状况。

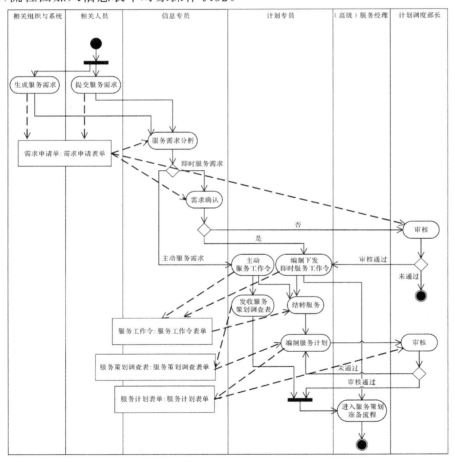

图 4-21 服务需求处理阶段业务流程

　　服务策划准备阶段描述服务工作令下达后,进行服务策划及服务告知函编制、审核、下发过程,服务策划和告知函由指定的服务主管编制,经(高级)服务经理和部门主管领导审批,审批通过后由服务主管给客户下发服务告知函,并和用户交互以确认服务的开始时间。服务策划准备阶段业务流程如图 4-22 所示,其中三包流程是一个涉及多职能对象的子流程,相关参与者可以使用相关职能对象代替。

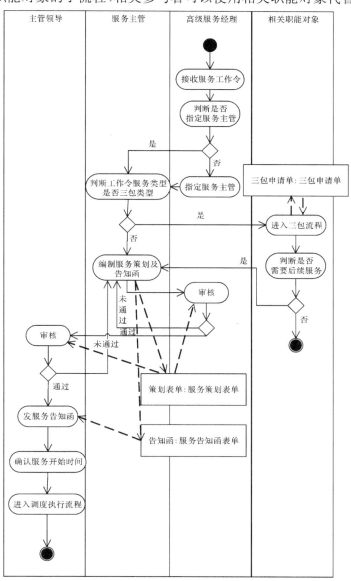

图 4-22　服务策划准备阶段业务流程

　　服务主管和客户交互确认服务时间后，即进入服务调度执行阶段。首先执行工单下派，指定服务工程师，服务工程师在服务过程中对客户现场情况进行每日/周进程工作汇报，以及服务流程节点汇报。服务执行完毕后，服务人员将客户签字后的服务反馈单交由服务主管和高级服务经理确认，并将反馈单扫描后作为附件上传系统。案例企业的服务调度执行阶段业务流程如图 4-23 所示。

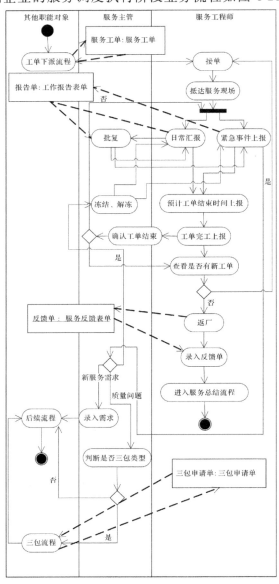

图 4-23　服务调度执行阶段业务流程

服务的直接执行者是服务工程师,依据服务策划信息,服务主管或各平级部门服务专员结合人员专业能力、实时位置、服务人员状态来选择服务人员,所选服务工程师接收工单并出发至现场展开服务。案例企业的服务工单下派流程如图 4-24 所示。

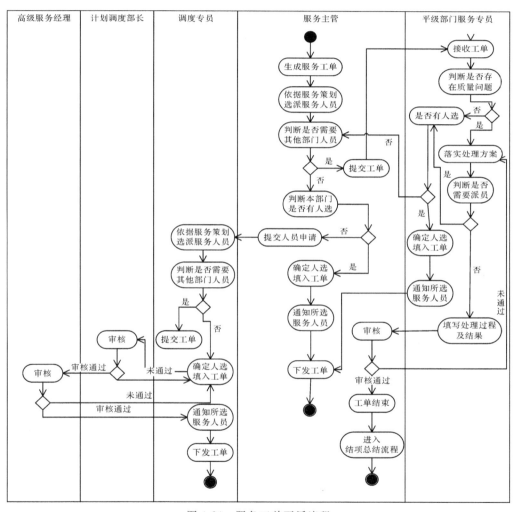

图 4-24　服务工单下派流程

服务总结阶段主要是对本次服务业务信息和客户反馈信息进行整理和收录，作为历史数据保存到知识库中，以支持服务业务流程优化，支持生产和设计阶段对产品的优化，支持设备报废后的回收再制造服务。案例企业的服务总结阶段业务流程如图 4-25 所示。

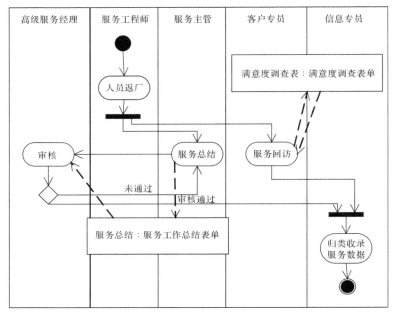

图 4-25　服务总结阶段业务流程

4.3.4　集成优化算法的多系统协作过程建模

企业复杂产品服务任务中现场服务所占比重较高。现场服务离不开服务资源的调度和使用，服务资源主要包括服务工程师和服务物类资源。结合案例企业实际分析，服务资源调度对整体服务业务过程的客户体验反馈结果影响很大。我们提出一种在信息系统中集成优化算法辅助进行服务资源优化调度的方法，实现优化操作的协作流程（图 4-26）。

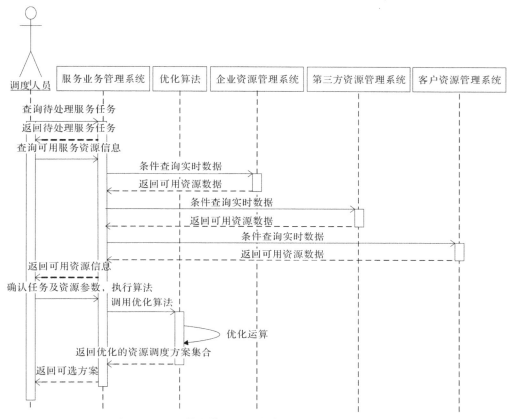

图 4-26　基于优化算法的服务资源调度过程协作流程

4.4　本章小结

　　本章主要讲述了企业制造服务实施过程的建模方法,首先分析了复杂产品服务业务的特点和面向这些复杂产品企业制造服务实施过程建模的作用;然后以案例企业服务业务过程为建模分析目标,采用 UML 建模工具,从多视图、多信息侧重面对复杂产品服务业务过程进行建模。

参考文献

范玉顺,王刚,高展,2001.企业建模理论与方法学导论[J].北京:清华大学出版社.

顾新建,李晓,祁国宁,等,2009.产品服务系统理论和关键技术探讨[J].浙江大学学报(工学版),43(12):2237-2243.

李浩,2013.广义产品模块划分与融合的关键技术研究[D].杭州:浙江大学.

李浩,顾新建,祁国宁,等,2012.现代制造服务业的发展模式及中国的发展策略[J].中国机械工程,23(7):798-809.

李浩,纪杨建,祁国宁,等,2010.制造与服务融合的内涵、理论与关键技术体系[J].计算机集成制造系统,16(11):2521-2529.

刘成浩,张青山,王舟,等,2018.产品服务系统分类现状及智能化[J].生产力研究(1):141-144.

密尚华,2016.复杂产品服务业务建模与资源调度优化方法研究[D].郑州:郑州轻工业学院.

JACOBSON I,BOOCH G,RUMBAUGH J,2002.统一软件开发过程[M].周伯生,冯学民,樊东平,译.北京:机械工业出版社.

第5章 复杂产品 MRO 服务优化调度技术

　　制造企业要想通过开展制造服务业务来提高产品附加值、创造企业效益并增强市场竞争力,就必须获得企业目标用户的认可,不断提升自身服务的客户满意度。相关研究表明,客户满意度受服务的可靠性与响应性影响(MASCIO,2002)。复杂产品具有产品结构的高复杂性、产品应用技术的强专业性等特点,企业服务任务中针对用户运行中设备的现场服务所占比重较高,现场服务调度方案合适与否将直接影响服务的可靠性与响应性,进而影响客户满意度。

　　复杂产品的特性决定了实际中大部分产品阶段服务不仅需要专业服务人员团队来执行,而且需要相关物类资源的调度配合。物类资源及人员调度的优化可以大大提高客户满意度反馈。调研发现,对于复杂产品制造企业大部分服务任务,仍然依据服务策划和调度人员经验来进行相关资源(人员和物资)的调度,所产生调度效果的不确定性为企业和客户造成了本可以避免的损失(密尚华,2016)。

　　在复杂产品的制造服务调度优化研究方面,马书刚等(2014)定义了一类多服务需求点下的 MRO 服务资源配置问题并设计了改进的模拟植物生长算法,实现问题求解,该问题以服务成本为优化目标,兼顾资源紧张度和信任度以及多服务需求点异工期要求。厉红等(2006)针对有限维修人员条件下半导体制造设备这一复杂系统的维修调度问题,提出一种两步骤的维修人员分配方法,首先通过求解模型得到一个优化的维修人员首次分配方案,再根据最大优先度原则对维修人员再分配,直至全部的故障设备都得到维修;并且提出将遗传算法求解用于维修人员首次分配的故障设备维修调度优化模型的方法,提出用于维修人员再分配的最大优先度确定方法。郑小强等(2013)为了对产品全生命周期管理相关技术人员或服务商进行合理的组织和调度,在一定维修成本下,建立了以最短时间实现维护、维修和大修任务为优化目标的数学模型,并运用云遗传算法求解出最优调度方案。李旭(2012)针对复杂装备 MRO 派工调度问题,提出了基于遗传算法和团队评价的 MRO 派工调度技术,首先建立了业务对象模型,提出了派工的业务流程,然后分析了智能派工需要遵循的基本原则,最后根据遗传算法,使用技能向量表示任务的需求和员工水平,通过遗传算法的迭代运算挑选多个员工进行团队组合,评价排序后,实现多目标决策。唐海波等(2012)基于设备故障预期的预维修人员优化调度方法求解 MRO 服务提供商的预维修调度问题,首先分析了 MRO 服务提供模式及其优点,建立了基于设备故障统计分布的预维修计划时间优化模型,然后根据模型确定设备的预维修计划时间,建立了设备预维修调度模型,最后采用量子粒子群算法对模型求解。另外,Jha 等(2012)、Martorell 等(2010)和 Castro 等(2006)也分别从维修资源有效性的角度分析不同领域维修资源的优化配置问题。复杂产品服务资源调度方案直接影响服务业务开展的客户效果,目前针对复杂产品服务业务执行中服务资源调度方案优化的研究仍然较少,并且大多只是从某一方面或某一目标进行优化,缺乏对服务调度多影响因素的综合考虑。

实现科学的复杂产品服务资源调度是复杂产品服务业务过程优化需要解决的问题之一,需要将实际中的复杂产品服务资源调度问题转化为数学问题并实现求解。首先需要对复杂产品服务资源调度建立清晰的数学问题描述模型,即对服务资源调度涉及的各影响因素进行梳理归类并实现参数化表达;其次需要结合复杂产品服务业务的特点,分析确定可以衡量服务资源调度方案优劣的评判标准,即明确目标函数;最后还需要寻找适合的方法,实现复杂产品服务资源调度数学问题的求解。

5.1 复杂产品服务资源调度问题数学模型

5.1.1 复杂产品服务资源调度问题分析

企业执行服务任务总是期望尽可能地提高客户满意度(马武彬 等,2020)。复杂产品大部分服务开展都需要任务匹配物类资源和任务匹配服务工程师团队的调度配合,服务工程师个人专业技能属性和实时状态不同,物类资源也具有多类别和多归属主体性。在实际调度中,不同服务资源方案和服务工程师团队方案对应着不同物类资源和工程师抵达服务现场的时间以及资源性价比属性,这些因素结合在一起,影响着服务的可靠性与响应性。因此,策划服务资源调度方案时,我们依据服务任务的实际需求以及客户对任务执行效果的期望,旨在寻找出最优的资源(物资和人资)调度方案。

完成服务所需的物类资源和服务工程师团队调度方案需要依据具体服务任务而制订。针对每一种需求的物类资源,可能有不同的提供商主体和不同的调度路径,每种路径的资源调度时间、资源性价比等也可能不同。针对候选服务工程师,也有很多符合要求的服务工程师团队选择组合方案。因此,服务调度是一种复杂的调度问题。以物类资源调度为例,假设一次服务任务需要 h 种服务资源,每种服务资源有 k_i 种可选的调度路径,则可选的资源调度方案有 $\prod_{i=1}^{h} k_i$ 种,方案组合数量可能是很大的。因此,对于复杂的调度问题,使用常规计算比较的方法效率很低,不能满足实际应用要求,而进化算法是解决这一复杂调度问题较好的方法。

5.1.2　服务资源调度数学问题模型

为了清晰描述复杂产品服务资源调度问题,首先需要参数化相关变量。设一次服务任务可以划分为 n 个子任务,使用向量序列表示为 $[\text{task}_1, \text{task}_2, \cdots, \text{task}_n]$,子任务按照逻辑的子任务执行顺序排列,即子任务 task_i 优先于或同时于子任务 task_{i+1} 执行。使用顺序影响权重系数 w_i 来度量子任务执行顺序对整体任务的影响,子任务影响权重比例向量 W 为 $[w_1, w_2, \cdots, w_n]$,当子任务 task_i 优先于子任务 task_{i+1} 时,取 $w_i = 2w_{i+1}$,当子任务 task_i 同时于子任务 task_{i+1} 时,取 $w_i = w_{i+1}$。

服务任务需要 h 种物类资源,设资源需求向量为 $[\text{re}_1, \text{re}_2, \cdots, \text{re}_h]$。子任务对应需求物类资源矩阵为 O,为 n 行 h 列矩阵。其中 n 为子任务数,h 为资源需求数量。o_{ij} 取值 1 或 0,$o_{ij} = 1$ 代表第 i 个子任务用到了第 j 类资源,$o_{ij} = 0$ 则代表第 i 个子任务不用到第 j 类资源,子任务和其需求物类资源是多对多的关系。

对于服务任务需要的 h 种资源,每一种资源分别有不同数量的提供路径,对每种资源对应的路径都从 1 开始编号,取 k_i 等于第 i 种资源对应的可调度路径数。建立三个 h 行 $\max(k_i)$ 列矩阵 T、H 和 C,分别表示该资源在对应编号调度路径上的相应的调度时间(如果路径不存在就填入一个非常大的数)、资源性能客户满意度(如果路径不存在就填入 0)和资源调度成本(如果路径不存在就填入一个非常大的数)。由矩阵 H 和 C 计算出资源性价比矩阵 V(李浩,2013)。出于计算性价比的需要,也为了消除不同参数之间的量纲及数量级的影响,需要进行参数归一化处理,令 $t_j = \dfrac{t_{j(\text{实际})}}{t_{\max}}$ 且 $c_i = \dfrac{c_{i(\text{实际})}}{c_{\max}}$,并对参与计算的其他参数中同类型数据做相应转化。例如,矩阵 T 和 V 中 i 行 j 列的 t_{ij} 和 v_{ij} 分别代表第 i 种资源由第 j 种路径调度至目标地点所花费的时间和资源性价比,调度时间以服务指令发出时间为时间原点。由服务需求资源种类 h 和每一种资源可选的调度路径,可以组合出多种的资源-调度路径方案向量 $S2$,$S2$ 长度为 h,$S2_j$ 的值等于编号为 j 的资源所选的调度路径号。

服务任务的每一项子任务都有若干种技能及技能等级需求,子任务对应技能矩阵为 X,是 n 行 s 列矩阵,s 为服务需求所有技能的种类。取 $0 \leqslant x_{ij} \leqslant 10$,$x_{ij}$ 代表第 i 个子任务对第 j 类技能的需求等级,当 $x_{ij} = 0$ 时第 i 个子任务不用到第 j 类技能。综合每一项子任务的技能需求,得到服务任务 s 种技能及等级需求,服务任务技能需求向量序列 S 为 $[skr_1, skr_2, \cdots, skr_s]$,$skr_j$ 值等于编号为 j 的技能的需求等级,其中 $skr_j = \max(x_{ij})$,$i \in (1, n)$。

假设该任务发生时有 m 个候选服务工程师,对于每一个候选服务工程师,其个人技能向量为 s 长度的向量序列 $[skp_1, skp_2, \cdots, skp_s]$,与服务任务技能需求向量 $[skr_1, skr_2, \cdots, skr_s]$ 一一对应。m 个服务工程师技能综合为 m 行 s 列的候选服务工程师技能矩阵 A,a_{ij} 的值等于序号为 i 的服务工程师的第 j 类技能等级,取值 $0 \sim 10$。例如对一次有 6 项服务技能要求服务任务,某候选服务工程师个人技能向量为 $[0, 3, 0, 0, 5, 7]$,表示该工程师无第一、三、四项技能,第二、五、六项技能等级分别为 3 级、5 级和 7 级。

对于一次服务任务,为满足服务任务技能需求,派遣的服务工程师团队可能由一人或多人组成,一项技能需求由一个服务工程师负责,一个服务工程师可负责多项技能需求。由服务任务技能需求向量序列 S 和候选服务工程师技能矩阵 A 转化出技能一可选责任服务工程师编号矩阵 D 以及技能可选责任服务工程师人数向量 $S1$,向量 $S1$ 的 $S1_j$ 等于编号为 j 的技能对应的责任工程师可选择人数,结合矩阵 D,可以生成多种的团队方案。对于一个团队方案向量 P,结合子任务对应技能需求矩阵 X,即可得到子任务－责任服务工程师矩阵 Y,Y 为 n 行 m 列矩阵,$y_{ij} = 0$ 表示第 j 号工程师不执行第 i 个子任务,$y_{ij} = 1$ 表示第 j 号工程师需要参与第 i 个子任务。

向量 P 所对应的服务团队,其团队技能向量 $[skt_1, skt_2, \cdots, skt_s]$ 由团队中每个服务工程师的个人技能向量综合而成,每一项技能的等级取所有工程师该技能等级中的最大值,例如队员甲和乙的个人技能向量分别为 $[0, 3, 0, 0, 5, 7]$ 和 $[2, 0, 6, 0, 9, 0]$,那么甲乙的团队技能向量为 $[2, 3, 6, 0, 9, 7]$。

以服务工作指令下达为时间原点,每个候选服务工程师在接到服务工作指令至抵达服务现场的时间参数向量 TW 为 $[tw_1, tw_2, \cdots, tw_m]$,其中 $tw_i = td_i + tr_i$,td_i 为前任务延迟时间(依据上次服务预计完成时间和本次服务工作指令发出时间的时间差确定),tr_i 为路途花费时间(依据服务人员实时所在地及实际客运及路况信息判断),对于没有工作安排的服务工程师,取 $td_i = 0$。该服务任务的客户预期的服务开始执行时间窗为 t_a。

由资源一调度路径方案向量 $S2$ 和团队方案向量 P 组合得出一次服务的集成调度方案向量 $PLAN$。服务相关变量参数及转化关系如图 5-1 所示。

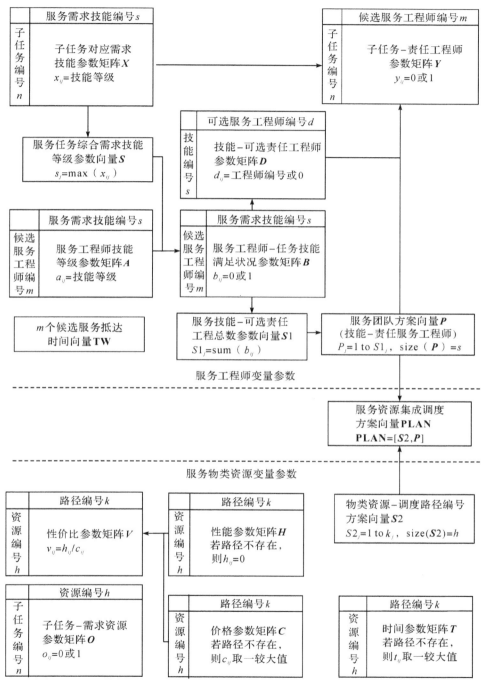

图 5-1　服务相关变量参数及转化关系图

基于参数的定义,分析复杂产品服务调度特点,从提高客户满意度(客户角度)和减少服务人力资源浪费(企业角度)两个方面考虑目标函数的制定。

首先,减少客户等待时间。一次服务由多个子任务组成,服务中每一项子任务的客户等待时间应尽量短,同时需要考虑子任务执行顺序的影响。不同顺序子任务的开始执行时间对整体服务任务的开始执行时间以及服务总的执行时间影响不同,对客户满意度的影响也不相同。排在第一执行顺序的子任务的开始执行时间决定了整体服务的开始执行时间,对客户满意度影响较大,而后续执行顺序子任务的开始执行时间对客户满意度的影响依次减小。服务工程师和物类资源二者是子任务执行的必要条件,第 i 个子任务开始执行时间 tz_i 取该子任务的责任服务工程师调度抵达时间和需求物类资源调度运抵时间的最大者,见公式(5-1)。而子任务服务工程师调度抵达时间和子任务需求物类资源调度运抵时间分别取该子任务所有责任服务工程师抵达时间和所有子任务需求资源运抵时间的平均值。

$$tz_i = \max \left[\frac{\sum_{j=1}^{m}(tw_j \times y_{ij})}{\sum_{k=1}^{m} y_{ik}}, \frac{\sum_{j=1}^{h}(t_j \times o_{ij})}{\sum_{k=1}^{h} o_{ik}} \right], \quad i \in (1,n) \tag{5-1}$$

服务任务的每一项子任务客户等待时间取该子任务的开始执行时间和客户的预期服务开始时间 t_a 之差,见公式(5-2),其中早于时间 t_a 的子任务执行时间对应的客户等待时间为 0。

$$\min \left[\sum_{i=1}^{n} \left(w_i \times \frac{|tz_i - t_a| + (tz_i - t_a)}{2} \right) \right] \tag{5-2}$$

公式(5-2)为最小值问题,为方便采用优化算法,将其转化为如公式(5-3)所示的最大值问题,其中 eps 为一个极小的正数,为避免分母为零的情况而设置。

$$\max \left[\frac{1}{\sum_{i=1}^{n} \left(w_i \times \frac{|tz_i - t_a| + (tz_i - t_a)}{2} \right) + eps} \right] \tag{5-3}$$

其次,从减少企业人力资源浪费角度考虑,所调度服务团队的团队技能在满足服务任务技能需求的条件下,团队技能等级与服务任务技能需求等级的差值和应尽量小,以减少技能溢出,同时团队人数应尽量小,以节约人力资源成本。服务团队的团队技能等级技能应大于等于该技能服务任务需求等级,取向量 $\Delta sk =$ $[\Delta sk_1, \Delta sk_2, \cdots, \Delta sk_s]$,表示团队技能向量与服务任务技能需求向量的差值,其中 $\Delta sk_i = (skt_i - skr_i) \geq 0$。使用 q 来表示团队的不精简度,q 值等于团队中服务工程师人数，s 等于服务需求技能种类数，同时也是服务团队人员最大值（一项技能由一个责任工程师负责，s 项技能需求最多对应 s 个服务工程师）。

$$\min\left[\left(\sum_{i=1}^{s}\Delta\mathrm{sk}_i\right)q/s\right] \tag{5-4}$$

公式（5-4）为最小值问题，同样为方便采用优化算法，将其转化为如公式（5-5）所示的最大值问题，eps 的设置同上。

$$\max\left[\frac{1}{\left(\sum\limits_{i=1}^{s}\Delta\mathrm{sk}_i\right)q/s+\mathrm{eps}}\right] \tag{5-5}$$

最后，对于实际的服务任务，客户可能对服务任务需求的物类资源有相应的性价比需求。为满足客户需求及保证服务任务完成质量，需要尽量保证物类资源方案的性价比最大。

$$\max\left[\sum_{i=1}^{h}(v_i)\right] \tag{5-6}$$

其中，v_i 是资源调度方案中第 i 类资源所对应的资源性价比值。

于是便得到服务资源调度问题的三个目标函数，目标一即公式（5-2）或（5-3），目标二即公式（5-4）或（5-5），目标三即公式（5-6）。

复杂产品服务资源调度问题数学模型是在如下假设条件基础上建立的：

①一项服务任务的需求资源、需求技能、子任务划分及执行顺序、子任务资源人员对应关系都是确定的，企业服务工程师技能种类及等级信息是实时且准确的，物类资源及人员旅行时间和成本等信息是实时可获得的，即调度的相关参数是确定的；

②所有罗列资源路径的资源都满足调度需求，是即时可用的，所有资源调度同时进行，无互相影响；

③子任务所对应服务工程师和资源就位即可立即执行；

④服务工程师负责多个子任务执行时不相互影响和冲突。

5.1.3　验证算例参数

为了方便对后文提出的优化方法进行验证并分析比较，参照服务调度数学模型的参数设置，此处给出一个实际的服务调度优化问题算例。一项服务任务经调研确认，得到服务参数如下：服务包括 5 个子任务，需要 4 种资源和 5 种技能，共有 8 个可选的服务工程师。调研得到该服务资源调度问题相关基础参数如表 5-1 所示，其他计算参数可由基础参数转化得出，转化关系如图 5-1 所示。

表 5-1　基础参数

参数类别	参数名称	参数值
物类资源相关 基础参数	资源—路径运抵时间参数矩阵 $T_{4\times4}$ （路径不存在，取较大值）	$\begin{bmatrix} 25 & 26 & 8 & 999 \\ 14 & 16 & 25 & 999 \\ 30 & 12 & 12 & 14 \\ 19 & 8 & 999 & 999 \end{bmatrix}$
	资源—路径性能参数矩阵 $H_{4\times4}$ （路径不存在，取 0）	$\begin{bmatrix} 0.6 & 0.7 & 0.8 & 0 \\ 0.8 & 0.5 & 0.7 & 0 \\ 0.6 & 0.5 & 0.8 & 0.6 \\ 0.6 & 0.7 & 0 & 0 \end{bmatrix}$
	资源—路径价格参数矩阵 $C_{4\times4}$ （路径不存在，取较大值）	$\begin{bmatrix} 822 & 343 & 727 & 9999 \\ 645 & 290 & 310 & 9999 \\ 818 & 342 & 839 & 547 \\ 661 & 535 & 9999 & 9999 \end{bmatrix}$
	子任务—需求资源参数矩阵 $O_{5\times4}$ （1 为需求，0 为不需求）	$\begin{bmatrix} 1 & 0 & 0 & 0 \\ 0 & 0 & 0 & 0 \\ 0 & 1 & 0 & 0 \\ 1 & 0 & 1 & 0 \\ 0 & 1 & 0 & 1 \end{bmatrix}$
服务工程师相关 基础参数	候选工程师抵达用时参数矩阵 $TW_{1\times8}$	$\begin{bmatrix} 15 & 8 & 8 & 10 & 15 & 20 & 12 & 10 \end{bmatrix}$
	工程师—技能等级向量参数矩阵 $A_{8\times5}$	$\begin{bmatrix} 4 & 5 & 10 & 0 & 0 \\ 3 & 9 & 0 & 7 & 0 \\ 0 & 7 & 5 & 0 & 5 \\ 4 & 0 & 6 & 7 & 4 \\ 10 & 0 & 7 & 5 & 0 \\ 6 & 0 & 0 & 10 & 6 \\ 3 & 7 & 0 & 7 & 0 \\ 0 & 0 & 5 & 7 & 7 \end{bmatrix}$
	子任务—需求技能向量参数矩阵 $X_{5\times5}$	$\begin{bmatrix} 6 & 0 & 0 & 3 & 0 \\ 0 & 0 & 0 & 5 & 0 \\ 5 & 4 & 0 & 0 & 6 \\ 0 & 0 & 7 & 0 & 0 \\ 0 & 6 & 4 & 0 & 3 \end{bmatrix}$
服务任务 需求参数	预期服务开始时间 t_a	12
	子任务顺序影响权重比例矩阵 $W_{1\times5}$	$\begin{bmatrix} 8 & 4 & 2 & 2 & 1 \end{bmatrix}$

5.2　基于改进遗传算法的服务资源调度单目标优化方法

5.2.1　遗传算法及其改进

遗传算法（GA）经过多年研究和发展，在诸多领域得到了广泛应用（李岩 等，2019）。标准遗传算法存在诸多问题，如早熟现象、最优解易被淘汰和进化过程不收敛等，因此对遗传算法的改进成为研究热点。针对复杂产品服务资源调度问题三个目标函数,我们分别基于改进的遗传算法来进行优化求解,引入适应度值标定、相似度比较和小范围竞争择优的操作。改进遗传算法操作流程如图 5-2 所示。

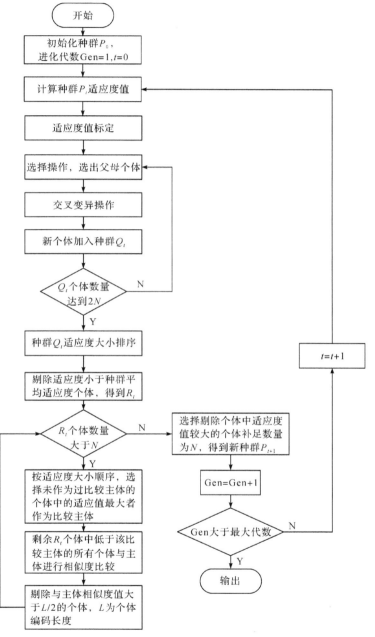

图 5-2　改进遗传算法操作流程

5.2.2 多目标分离的单目标优化

前文定义了服务资源调度问题三个目标函数,本节针对表 5-1 算例进行求解。应用改进遗传算法分别求出三个目标各自达到最优时对应的服务资源调度集成方案,优化算法编程实现及运行测试均基于 Matlab 7.0 软件工具。

（1）目标一优化及结果分析

复杂产品服务资源调度的目标一是减少客户等待时间,以提高客户满意度。基于改进遗传算法,针对表 5-1 算例的目标一进行优化,算法相关操作设计如下。

1）适应度函数

取公式(5-3)作为目标一优化的适应度评价函数。

2）编码方法

目标一与物类资源和服务工程师综合调度方案相关,编码采用集成调度方案的编码,涉及物类资源方案和人员团队方案两方面。数学模型中,由资源－调度路径方案向量 $S2$ 和团队方案向量 P 组合得出一次服务的集成调度方案。其中资源－调度路径方案向量 $S2$,长度为资源类数 h 且 $S2_j$ 的值等于编号为 j 资源的任意调度路径号（依据具体资源可调度路径数设置范围,以排除不可行方案）。而团队方案向量 P,长度为技能种类数 s 且 P_j 的值可以取 1 到 $S1_j$。我们取服务集成调度方案的编号格式为:$\text{PLAN}=[S2,P]$,编码长度为 $h+s$。例如,共有 4 种资源,描述物类资源可调度路径数向量为[3 3 4 2],需要 5 种技能,描述服务需求技能对应的可选责任工程师人数向量为[2 3 2 6 2]。则一种集成方案编码串[3 1 2 2 2 1 2 5 1],表示 4 种资源分别从各自对应编号为 3、1、2、2 的路径调运,而服务需求技能的责任工程师分别选用各需求技能可选责任工程师中对应编号为 2、1、2、5、1 者。解码时,取前 4 位即可得到每种资源的调度路径信息;对后 5 位,对照技能－可选责任服务工程师编号矩阵 D 即可确认该方案服务团队由 m 个候选服务工程师中的哪些成员组成,每位成员负责哪几项技能等信息。编码方案的结构组成及取值如图 5-3 所示。

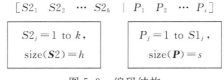

$$[S2_1 \quad S2_2 \quad \cdots \quad S2_h \quad | \quad P_1 \quad P_2 \quad \cdots \quad P_s]$$

$$S2_j = 1 \text{ to } k, \quad \text{size}(S2) = h$$

$$P_j = 1 \text{ to } S1_j, \quad \text{size}(P) = s$$

图 5-3 编码结构

3）选择方法

选择是指在种群中选择出基因优秀的个体产生新群体的过程。这里选用轮盘赌算法。每个编码个体进入下一代的概率等于它的适应度值与整个种群个体适应度值和的比例,适应度值越高,被选中的可能性就越大,遗传到下一代的概率就越大。

4)交叉变异方法

交叉变异是为极大提高算法搜索能力而设计的产生新个体的基础操作,交叉和变异相互配合,共同完成对搜索空间的全局和局部的搜索。交叉和变异操作均以一定概率发生,这里采用单点交叉和单点基本位变异,交叉变异过程如图 5-4 所示。

随机交叉位:3

随机变异位:5

（变异范围同该位编码取值范围）

父代 1 [3 1 2 | 2 2 1 2 5 1] → [3 1 2 2 1 1 2 3 2] → 子代 1 [3 1 2 2 2 1 2 3 2]

父代 2 [2 1 1 | 2 1 1 2 3 2] → [2 1 1 2 2 1 2 5 1] → 子代 2 [2 1 3 2 2 1 2 5 1]

随机变异位:3

（变异范围同该位编码取值范围）

图 5-4　交叉变异过程

5)适应度标定方法

为了预防算法进化初期某染色体适应度值较大而误导算法收敛于局部最优解的情况,也为了避免在进化后期出现的由种群适应度值较为接近和优化选择较为困难引发的算法在最优解附近摆动的问题,引入适应度值标定方法对染色体适应度值进行修正,标定方法为

$$f_{标定} = \frac{f_{实际} + |f_{min}|}{f_{max} + f_{min} + \text{eps}} \tag{5-7}$$

其中,$f_{标定}$ 为标定后的适应度值;$f_{实际}$ 为原始适应度值;f_{max} 为适应度值上界,可选当前种群中的最大适应度值来代替;f_{min} 为适应度值下界,可选当前种群中的最小适应度值来代替;eps 取一极小值,防止分母为零。

6)相似度评价方法

种群中两个染色体的相似度值等于两个体相同编码位的个数。我们在改进遗传算法中采用的相似度评价具体操作如下:

①父代选择 $2N$ 次,交叉变异生成 $2N$ 数量的种群,计算种群适应度值并求平均值,按适应度值大小排序种群个体,选择适应度值高于平均值的个体;

②逐次取种群中高适应度值个体为对比主体,种群其他个体逐个与该主体比较,计算相似度,并从种群中去除与比较主体相似的个体(两个体相似度值大于编码长度一半即判断为相似);

③判断种群规模是否达到 N,若是,则进行下一步操作;否则重复②操作;若

种群规模不足 N,则去除的个体按适应度值大小顺序依次添加,直至补足所缺。

采用标准遗传算法和改进遗传算法,算法参数设置如下:初始种群数 100,进化代数 100,交叉概率 0.9,变异概率 0.1。两种算法收敛状况、最大适应度和平均适应度变化状况对比如图 5-5 所示,其中 5-5(a)和 5-5(b)分别对应标准遗传算法和改进遗传算法的曲线。多次测试结果表明,标准遗传算法针对目标一优化很容易出现无法收敛或陷入局部最优解的状况,而改进遗传算法出现无法收敛或陷入局部最优解的状况大大减少,故采用的改进遗传算法在解决目标一时明显优于传统标准遗传算法。

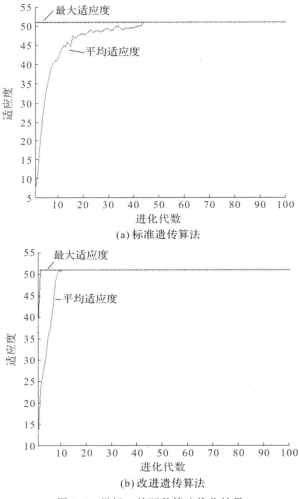

图 5-5　目标一的两种算法优化结果

　　由于针对目标一可能有多种方案达到最优解，因此执行算法多次测试，求得如表 5-2 所示的部分目标一最优解方案。为了方便后文进行比较分析，表中计算并列出了目标一优化结果方案对应公式(5-3)(5-5)和(5-6)的目标适应度值。

表 5-2　目标一最优解方案

方案序号	方案编码	方案对应三个目标适应度值
1	［3 1 2 2 1 1 1 1 2］	［51，0.1731，4.2882］
2	［3 1 2 2 1 2 2 1 2］	［51，0.2250，4.2882］
3	［3 1 2 2 1 2 1 1 2］	［51，0.1385，4.2882］
4	［3 1 3 2 1 1 1 1 2］	［51，0.1731，3.8616］
5	［3 1 3 2 1 2 2 1 2］	［51，0.2250，3.8616］
6	［3 1 3 2 1 2 1 1 2］	［51，0.1385，3.8616］
7	［3 1 4 2 1 1 1 1 2］	［51，0.1731，3.9819］
8	［3 1 4 2 1 2 2 1 2］	［51，0.2250，3.9819］
9	［3 1 4 2 1 2 1 1 2］	［51，0.1385，3.9819］

　　(2)目标二、三同时最优化及结果分析

　　复杂产品服务资源调度的目标二是减少服务团队的人力资源浪费，与服务团队人员组成有关。而目标三是资源方案最优，与资源调度路径组成有关。两目标没有冲突，可以同时进行优化，生成组合的服务资源集成调度方案。针对表 5-1 算例的目标三，使用枚举法即可快速找出最优方案［2 3 2 2］，目标三函数最优值为 5.9311。下面基于改进遗传算法对目标二进行优化，操作如下。

　　1)适应度函数

　　取公式(5-5)作为目标二优化的适应度评价函数。

　　2)编码方法

　　目标二的结果只受服务团队方案的影响，因此，编码只考虑服务团队方案。参照服务调度数学模型参数设置，团队方案编码采用向量 P，长度为技能种类数 s 且 P_j 的值可以取 1 到 $S1_j$，$S1_j$ 为每一个技能的可选工程师人数，编码向量 P 结合技能-可选责任工程师参数矩阵 D 就可以得到负责各个技能的工程师编号向量，即服务团队方案，这种编码方案可以保证服务工程师团队的团队技能向量满足服务需求技能向量，即 $\sum_{i=1}^{s} \Delta sk_i \geqslant 0$。例如，编码方案［2 1 2 5 1］，表示服务需求技能的责任工程师分别选用各自可选责任工程师中对应编号为 2、1、2、5、1 者。解码时，对照技能－可选责任服务工程师编号矩阵 D 即可确认该方案服务团队由 m 个候选服务工程师中的哪些成员组成及每位成员负责的需求技能项。

选择、交叉、变异等操作参照目标一优化方法。对目标二优化采用标准遗传算法和改进遗传算法，算法参数设置如下：初始种群数 100，进化代数 100，交叉概率 0.9，变异概率 0.1。两种算法收敛状况、最大适应度和平均适应度变化状况对比如图 5-6 所示。

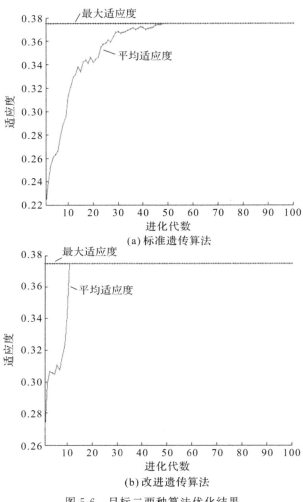

(a) 标准遗传算法

(b) 改进遗传算法

图 5-6　目标二两种算法优化结果

　　针对表 5-1 算例的目标二执行优化算法多次测试,也得到多组方案达到目标二的最优解,结合目标三最优解方案,组成服务集成调度方案。相应方案及对应公式(5-3)、(5-5)和(5-6)的目标适应度值如表 5-3 所示。

表 5-3　目标二、三同时优化集成方案

方案序号	目标三最优方案编码	目标二最优方案编码	集成方案编码	方案对应三个目标适应度值
1	[2 3 2 2]	[1 3 2 3 2]	[2 3 2 2 1 3 2 3 2]	[3.0267, 0.375, 5.9311]
2	[2 3 2 2]	[1 3 2 6 2]	[2 3 2 2 1 3 2 6 2]	[3.2588, 0.375, 5.9311]
3	[2 3 2 2]	[1 3 2 5 2]	[2 3 2 2 1 3 2 5 2]	[3.2588, 0.375, 5.9311]
4	[2 3 2 2]	[1 2 2 3 2]	[2 3 2 2 1 2 2 3 2]	[3.0267, 0.375, 5.9311]
5	[2 3 2 2]	[1 2 2 6 2]	[2 3 2 2 1 2 2 6 2]	[3.2588, 0.375, 5.9311]

5.2.3　基于加权系数法的组合单目标优化

　　前文分析了服务资源调度优化三个目标各自最优时对应的服务资源集成调度方案,但在实际调度服务资源时,结合客户的实际状况,可能对三个目标侧重程度并不相同,此处基于权重系数法,将服务资源调度的三个目标组合为一个目标函数,权重系数依据客户实际情况选择制定。基于加权系数法的组合单目标优化适应度函数为

$$W_r = \alpha T_1 + \beta T_2 + \gamma T_3 \tag{5-8}$$

其中,

$$T_1 = \cfrac{1}{\left[\sum_{i=1}^{n}\left(w_i\,\cfrac{|\mathrm{tz}_i - t_a| + (\mathrm{tz}_i - t_a)}{2}\right) + \mathrm{eps}\right] T_{1(\mathrm{MAX})}} \tag{5-9}$$

$$T_2 = \cfrac{1}{\left[\cfrac{\left(\sum_{i=1}^{s}\Delta\mathrm{sk}_i\right)q}{s} + \mathrm{eps}\right] T_{2(\mathrm{MAX})}} \tag{5-10}$$

$$T_3 = \cfrac{\sum_{i=1}^{h}(v_i)}{T_{3(\mathrm{MAX})}} \tag{5-11}$$

$\alpha + \beta + \gamma = 1$,取值依据客户实际要求,取值大小反映客户对该目标函数的重视程度,其余参数同前文公式(5-3)、(5-5)和(5-6)的定义。为了在运算中削弱三个目

标数值差对权重因素的影响,对三个目标计算值进行了归一化处理,参照前文三个目标单独最优化的结果,取 $T_{1(MAX)}=51$,$T_{2(MAX)}=0.375$,$T_{3(MAX)}=5.9311$。

　　编码、选择、交叉、变异等操作参照目标一优化方法。针对表 5-1 算例,应用改进遗传算法对基于加权系数法的组合单目标进行优化。种群数、进化代数均设为100,权重系数取几组不同的值以反映服务任务的不同要求,用 4 组权重系数分配方案进行测试,交叉概率和变异概率分别设为 0.9 和0.1。优化结果如图 5-7 所示,相应方案及对应公式(5-3)、(5-5)和(5-6)的三个目标适应度值如表 5-4 所示。

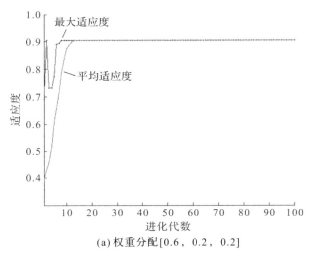

(a) 权重分配[0.6, 0.2, 0.2]

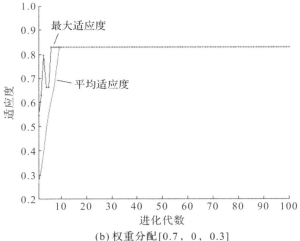

(b) 权重分配[0.7, 0, 0.3]

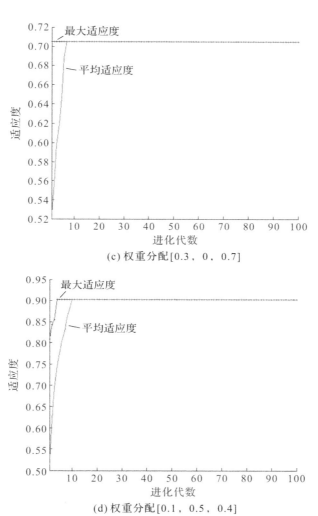

(c) 权重分配[0.3，0，0.7]

(d) 权重分配[0.1，0.5，0.4]

图 5-7　权重系数法单目标优化结果

表 5-4　权重系数法求解方案

权重系数选择	最优方案编码	对应三个目标适应度值
$\alpha=0.6,\beta=0.2,\gamma=0.2$	［3 1 2 2 1 1 2 1 2］	［51，0.3，4.2882］
$\alpha=0.7,\beta=0,\gamma=0.3$	［3 1 2 2 1 2 1 1 2］	［51，0.1385，4.2882］
$\alpha=0.3,\beta=0,\gamma=0.7$	［2 3 2 2 2 2 2 1 1］	［3.2588，0.1875，5.9311］
$\alpha=0.1,\beta=0.5,\gamma=0.4$	［2 3 2 2 1 3 2 6 2］	［3.2588，0.3750，5.9311］

从结果分析,权重系数法可以将服务集成调度的三个目标进行结合,进而实现基于改进遗传算法的单目标优化;权重系数设置在一定程度上可以反映出该服务任务中三个目标的侧重程度,但是,目前没有把服务任务倾向量化为确切权重系数的科学方法。多次试验测试结果表明,对于服务集成调度问题,可能出现由相近但不同的权重系数组合得出优化结果相同的状况,表现出优化结果对于权重系数变化的不敏感性。

5.3　基于 NSGA-Ⅱ的服务资源调度多目标优化方法

5.3.1　多目标进化算法 NSGA-Ⅱ

服务资源(人力、物资)调度优化是一个多目标优化问题。多目标优化问题的子目标间相互影响,某子目标的改善可能会引起其他(一或多)子目标的性能降低。所有多目标同时最优一般无法实现,需要在各目标间进行协调和折中,使各目标都尽量达到最优化。不同于单目标优化问题一次只求得唯一最优解,多目标优化问题一次求得一个集合,该集合中的元素均为帕累托(Pareto)最优解或非劣最优解。这与复杂产品服务资源调度优化的需求是相符合的,因为针对不同实际状况的服务任务,每个目标在服务方案选择中的重要性和影响度是不同的,在实际选择时可以依据经验和各目标的重视度,从多目标优化所得的众多 Pareto 最优解中选取相应满意的方案。与多目标的这种优势相比较,前文基于改进遗传算法对三个目标函数分离进行的单目标优化只能得到部分目标达最优时对应的资源调度方案,而运用权重系数法转化为单目标问题的三个目标组合优化方法不仅权重系数和实际服务要求的对应关系缺乏科学的评判标准,而且测试表明,容易出现对权重系数变化不敏感的现象。

近年来,多目标进化算法(MOEA)在解决多目标优化问题上得到广泛应用,而 MOEA 中基于 Pareto 的方法得到的关注更加集中(郑金华,2007)。国内外的学者在这方面做了大量研究,提出了许多基于 Pareto 最优解的优秀的多目标进化算法,主要包括 NSGA-Ⅱ(DEB et al.,2002)、PESA(CORNE et al.,2000)、PAES(KNOWLES et al.,1999)和 SPEA2(ZAENUDIN et al.,2016)等。其中 Deb提出的带精英保留策略的快速非支配排序遗传算法 NSGA-Ⅱ表现出良好的收敛性和分布性以及较快的收敛速度,被国内外学者广泛引用(程方晓,2011)。我们在复杂产品服务资源集成调度优化中采用 NSGA-Ⅱ算法,算法流程如图 5-8 所示。

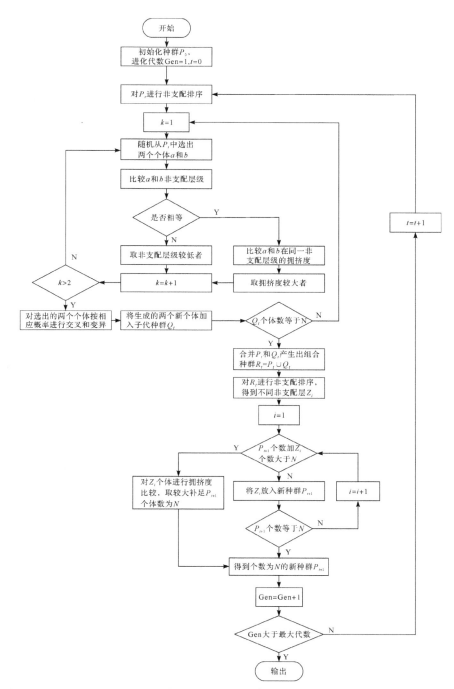

图 5-8　NSGA-Ⅱ算法流程

5.3.2 基于 NSGA-Ⅱ 方法的服务资源调度优化

使用 NSGA-Ⅱ 对表 5-1 算例进行优化,服务资源调度三个优化目标的适应度评价函数分别取公式(5-3)、(5-5)和(5-6)。编码方法和交叉变异方法与目标一单目标优化过程相同,其他过程方法描述如下。

(1)保持初始种群多样性

为了保证找到尽可能多的 Pareto 最优解个体,在产生初始种群时,每随机生成一个染色体,都需要和前面产生的所有个体进行比较,若不相同则加入初始种群,若相同则舍弃,重新随机产生,直到满足参数设定的初始种群规模。

(2)快速非支配排序

在选择运算之前,计算种群个体的非支配等级并划分。需要计算种群 P 中每个个体 i 的两个参数 n_i 和 S_i,其中 n_i 为种群中支配个体 i 的个体数,S_i 为种群中被个体 i 支配的个体集合。快速非支配层级划分步骤如下:

①找出种群中所有 $n_i=0$ 的个体,并保存在第一非支配层集合 F_1 中,以 F_1 为当前集合,令 level=1;

②当前集合中的每个个体 i,其所支配的个体集合为 S_i,遍历 S_i 中每个个体 j,令 $n_j=n_j-1$,如果 $n_j=0$,则将个体 j 存入集合 H 中;

③令(level+1)非支配层集合 $F_{level+1}=H$,并以 H 为当前集合,重复以上②和③的操作,直到整个种群 P 被分层完毕。

(3)拥挤距离计算

为了更好地维持种群个体的多样性,我们采用拥挤度比较方法。拥挤度表示种群中给定点周围个体的密度,拥挤度比较只对于同一非支配层级的个体有效。个体拥挤度计算步骤如下:

①初始化同支配层级个体的拥挤距离;

②针对同支配层级每个目标,种群个体按该目标函数值升序排列;

③使得排序边缘上的个体具有选择优势,拥挤度取值无穷大;

④对排序中间的个体,求拥挤距离:$i_d = \sum_{j=1}^{m} (f_j^{i+1} - f_j^{i-1})/(f_j^{\max} - f_j^{\min})$,$f_j^{i+1}$ 表示 $i+1$ 点的第 j 个目标函数值,f_j^{i-1} 表示 $i-1$ 点的第 j 个目标函数值。

(4)选择运算

选择过程使优化朝 Pareto 最优解的方向进行,并使解均匀散布。选择运算能避免有效基因损失,提高高性能个体的生存概率,进而提升全局收敛性和计算效率。种群经过非支配排序和拥挤度计算后,每个个体得到非支配排序 i_{rank} 和拥挤度 i_d 两

个属性值,采用二进制锦标赛法选择需要交叉变异的父代个体,步骤如下:

①随机从种群中选出两个个体 i 和 j,首先比较两个体非支配排序 i_{rank} 和 j_{rank} 值,若值不等则选取排序值偏小者,若值相等,比较二者拥挤度,选取拥挤度较大者;

②重复两次①的操作,选出两个父代个体,进行下一步交叉变异。

(5)精英保留策略

精英保留策略是为了防止已获得的 Pareto 最优解丢失而保留父代中的优良个体直接进入子代的方法。具体操作如下:①将父代 P_t 和子代 Q_t 合成为 $2N$ 的种群 R_t,$R_t = P_t \cup Q_t$,对种群 R_t 进行快速非支配排序和拥挤度计算;②先依据非支配等级高低将该支配层级种群个体逐一放入新的父代种群 P_{t+1},若某一层级种群整体放入 P_{t+1} 使得 P_{t+1} 个体数量超过 N,则取该层级种群中拥挤度较大的个体放入新的父代种群 P_{t+1},直到 P_{t+1} 个体数达到 N,由此产生个体数为 N 的新的父代种群 P_{t+1}。

5.3.3　算例验证分析

基于 NSGA-Ⅱ算法来求解表 5-1 算例的服务资源集成调度方案优化问题。算法参数如下:种群规模 100,迭代次数 100,交叉率 0.9,变异率 0.1。图 5-9 给出了初始解空间分布以及进化至 100 代时的 Pareto 最优解空间分布。图 5-10 展示了在 100 代进化过程中,每一代种群中 Pareto 最优解个数比例的变化情况,可以发现,在进化至第 10 代之后,最优解比例不再发生变化。而图 5-11 展示了在 100 代进化过程中,每一代最优解集中三个目标的最大适应度和平均适应度的变化,第 10 代之后最优解集三个目标的平均适应度值趋于平稳。表 5-6 列出了 100 代时的 Pareto 最优解集合及其对应公式(5-3)、(5-5)和(5-6)的三个目标适应度值。

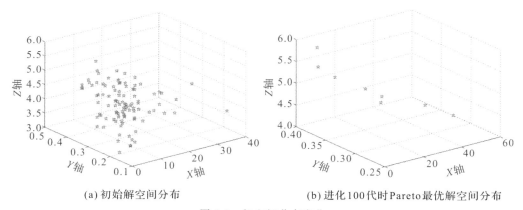

(a)初始解空间分布　　　　　(b)进化100代时Pareto最优解空间分布

图 5-9　解空间分布变化

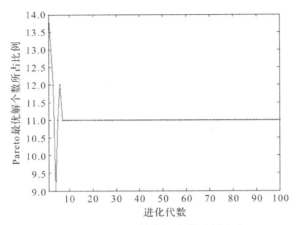

图 5-10　Pareto 最优解个数比例变化

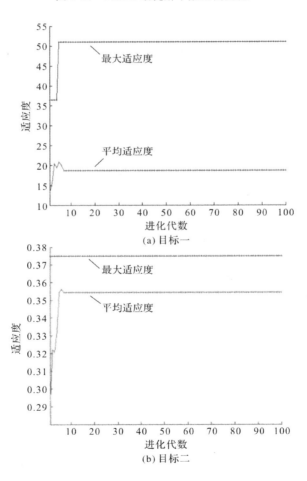

(a) 目标一

(b) 目标二

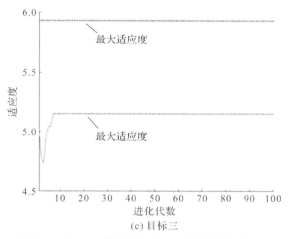

(c) 目标三

图 5-11　Pareto 最优解集中三个目标适应度变化

表 5-6　多目标优化 100 代时 Pareto 最优解集合

Pareto 最优解 方案序号	方案编码	人员方案工程师— 技能对照	方案对应三个目标适应度值
1	[2 2 2 2 1 2 2 6 2]	[5 3 5 8 8]	[3.806, 0.375, 5.4832]
2	[2 3 2 2 1 2 2 6 2]	[5 3 5 8 8]	[3.2588, 0.375, 5.9311]
3	[2 3 2 2 1 3 2 6 2]	[5 7 5 8 8]	[3.2588, 0.375, 5.9311]
4	[2 3 2 2 1 3 2 5 2]	[5 7 5 7 8]	[3.2588, 0.375, 5.9311]
5	[3 2 2 2 1 1 2 1 2]	[5 2 5 2 8]	[36.429, 0.3, 4.6942]
6	[3 2 2 2 1 2 2 6 2]	[5 3 5 8 8]	[28.333, 0.375, 4.6942]
7	[3 3 2 2 1 1 2 1 2]	[5 2 5 2 8]	[13.973, 0.3, 5.1421]
8	[3 3 2 2 1 2 2 6 2]	[5 3 5 8 8]	[12.593, 0.375, 5.1421]
9	[3 3 2 2 1 3 2 6 2]	[5 7 5 8 8]	[12.593, 0.375, 5.1421]
10	[3 1 2 2 1 1 2 1 2]	[5 2 5 2 8]	[51, 0.3, 4.2882]
11	[3 1 2 2 1 2 2 6 2]	[5 3 5 8 8]	[36.429, 0.375, 4.2882]

5.4 算例分析对比

为了验证 NSGA-Ⅱ算法解决多目标服务集成调度优化问题的可行性及优越性,我们将上文针对表 5-1 算例进行的单目标和多目标的优化结果进行对比分析。如前所述,我们基于改进遗传算法进行了三个目标的单独优化,分别求出了目标一达最优时对应的多个服务资源调度方案,目标二、三同时(二、三不相互影响)达最优时对应的多个服务资源调度方案,以及不同权重系数设置的三个目标组合最优化对应的多个服务资源调度方案。将这些优化结果方案和基于 NSGA-Ⅱ算法求解出的 Pareto 最优解集中的方案进行对比,发现进行单目标求解时获得的方案或包含于 Pareto 最优解集中,或被 Pareto 最优解集中方案所支配,结果对比如图 5-12 所示。

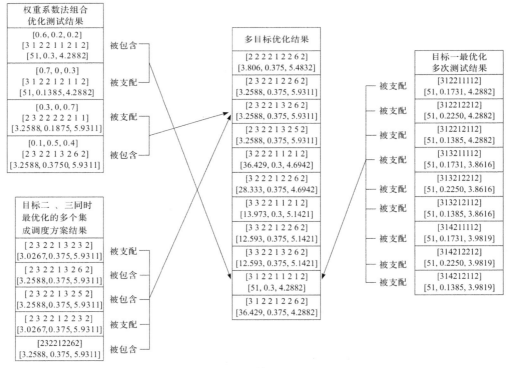

图 5-12 结果对比

通过结果对比分析得出如下结论：基于 NSGA-Ⅱ的优化方法在解决复杂产品服务资源集成调度多目标优化问题上是可行且具备一定优势的，该方法能找到多个可行的优化调度方案，供服务任务策划调度人员依据服务任务的实际需求进行选择。

5.5　本章小结

本章详细讲述了企业服务类资源和服务工程师团队集成调度的优化方法。首先，分析了复杂产品服务资源调度问题，给出了参数化的服务资源调度数学问题描述模型，讲述了应用改进遗传算法对集成调度三个目标进行单目标优化的方法。然后，分析了服务集成调度中单目标优化的不足，阐述了应用一种改进的遗传算法进行服务资源调度三目标分离的单目标优化以及基于权重系数法的三目标组合单目标优化。最后，结合服务资源调度三个目标不同优化方案结果的对比，验证了多目标优化算法 NSGA-Ⅱ算法在服务资源调度集成调度优化中的可行性和优越性。

参考文献

程方晓,2011.基于自适应保持多样性遗传算法的汽车动力传动系多目标优化[D].长春:吉林大学.

李浩,2013.广义产品模块划分与融合的关键技术研究[D].杭州:浙江大学.

李旭,2012.复杂装备 MRO 服务的若干关键技术研究[D].杭州:浙江大学.

李岩,袁弘宇,于佳乔,等,2019.遗传算法在优化问题中的应用综述[J].山东工业技术(12):242-243,180.

厉红,钱省三,2006.半导体制造设备的维修调度研究[J].中国机械工程,17(16):1693-1697.

马书刚,杨建华,郭继东,2014.面向多样化需求的 MRO 服务资源配置模型与算法[J].管理科学,27(4):133-144.

马武彬,王锐,王威超,等,2020.基于进化多目标优化的微服务组合部署与调度策略[J].系统工程与电子技术,42(1):90-100.

密尚华,2016.复杂产品服务业务建模与资源调度优化方法研究[D].郑州:郑州轻工业学院.

唐海波,叶春明,2012.基于 MRO 服务提供商的设备预维修调度[J].系统管理学报,21(3):336-340.

郑金华,2007.多目标进化算法及其应用[M].北京:科学出版社.

郑小强,刘敏,孔繁荣,等,2013.基于云遗传算法的 MRO 服务调度[J].计算机集成制造系统,2013,19(9):2348-2354.

CASTRO H F，CAVALCA K L，2006. Maintenance resources optimization applied to a manufacturing system [J]. Reliability Engineering & System Safety，91(4)：413-420.

CORNE D W，KNOWLES J D，OATES M J，2000. The Pareto envelope-based selection algorithm for multiobjective optimization [J]. Parallel problem solving from nature PPSN VI，Springer Berlin Heidelberg：839-848.

DEB K，PRATAP A，AGARWAL S，et al.，2002. A fast and elitist multiobjective genetic algorithm：NSGA-Ⅱ [J]. Evolutionary Computation，6(2)：182-197.

JHA M K，SHARIAT S，ABDULLAH J，et al.，2012. Maximizing resource effectiveness of highway infrastructure maintenance inspection and scheduling for efficient city logistics operations [J]. Procedia-Social and Behavioral Sciences，39：831-844.

KNOWLES J，CORNE D，1999. The Pareto archived evolution strategy：A new baseline algorithm for multiobjective optimization [C]// Proceedings of the 1999 Congress on Evolutionary Computation. Piscataway，NJ：IEEE Press：98-105.

MARTORELL S，VILLAMIZAR M，CARLOS S，et al.，2010. Maintenance modeling and optimization integrating human and material resources [J]. Reliability Engineering & System Safety，95(12)：1293-1299.

MASCIO R D，2002. Service process control：Conceptualizing a service as a feedback control system [J]. Journal of Process Control，12(2)：221-323.

ZAENUDIN E，KISTIJANTORO A I，2016. SPEA2：Optimization fitness and distance calculations for improving strength Pareto evolutionary algorithm 2 (SPEA2) [C]// 2016 International Conference on Information Technology Systems and Innovation (ICITSI)：1-5.

第6章 复杂产品远程监控与故障诊断技术

随着科技的进步,机械装备不断向大型化、高速化、智能化方向发展。大型机械装备广泛用于矿山开采、道路施工、工业发电等生产现场,随着服役时间的增长,设备必然会出现性能的衰退和故障,如果不及时处理,就会带来巨大的经济损失甚至是人员伤亡(LEI et al.,2007)。保障设备作业过程的可靠性和安全性越来越被人们所重视,智能维护技术利用所采集的生产现场设备运行信号,经过计算机程序的处理,能够自动识别出设备运行状态,向用户提供设备的诊断建议和维护信息,因而得到广泛的研究和应用。

大型机械装备的机械结构、电气结构及液压系统十分复杂,系统参数涉及机械、电气、液压等多学科,并且通常工作在复杂工况和恶劣环境中,运行状态复杂,故障综合性高,故障产生原因多样。设备所产生的信号具有典型的非线性、非平稳特征,并且信号常常受到噪声的干扰,提取的信号特征与发生的故障之间不能直接确定对应关系,这些因素为大型装备状态的监控和故障的诊断带来了很大的困难。目前对大型装备的故障诊断,主要依靠领域的技术专家的工作经验知识来分析定位故障源,主观性强,人工排查设备故障的效率非常低(孙旺,2012)。

利用智能维护技术,结合大型复杂机械装备本身运行的特点,开发状态监控及故障诊断系统为设备的安全运行提供了重要保障。一个完整的智能维护系统至少包含数据采集、知识获取、数据存储、状态监控及故障诊断等功能(杜文辽,2013),如图 6-1 所示。

1)数据采集。首先,通过失效模式与影响分析确定设备的常见及重要故障模式,由此确定需要监测的关键零部件及关键参数;其次,拟定相应的传感与数据采集方案,包括传感器的类型和参数、传感器的安装位置、数据采集装置及参数、数据传输装置及参数等;最后,设计合适的信号处理算法,对信号进行预处理,包括对数据的清理、压缩、降噪、滤波和验证等。

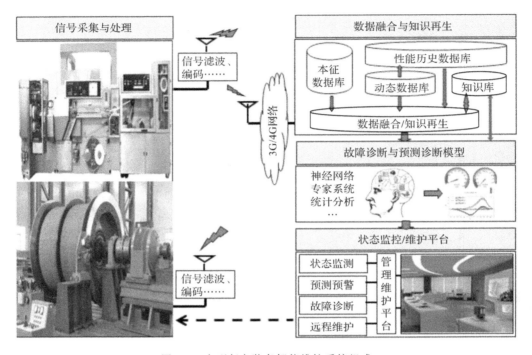

图 6-1   大型复杂装备智能维护系统组成

2)知识获取。针对设备的工况及工作特点,结合技术领域专家的现场工作经验知识,归纳总结出设备的故障诊断流程图。通常采用故障树、神经网络、支持向量机、决策树等方法建立设备故障诊断专家系统的专家知识库,为故障诊断专家系统对设备出现的故障做出有效的推理分析提供数据支持。

3)数据存储。对设备状态监控的信息流和业务流程进行深入分析,利用实体—关系(E-R)模型表达设备管理模块、知识管理模块以及状态监控和故障诊断模块之间的关系,实现各相关表结构的详细设计。针对远程监控中心数据库系统的海量数据存储问题,通过建立聚簇索引、优化查询语句、大容量表分割等技术手段,优化数据库的性能。

4)状态监测及故障诊断。实现对大型装备工作状态的实时监测、故障告警及对故障的诊断分析,为设备维护人员提供维护检修建议,从而减少故障排查时间、故障排查的工作量,以及因设备突发故障造成的经济损失和安全生产隐患。

6.1　大型装备运行状态数据获取与处理

6.1.1　高速数据采集系统

数据是信息的载体,对机械设备智能维护系统来说,数据获取即信号采集,是指从所监测设备上采集并存储状态数据的过程。机械装备信号采集系统是指将温度、压力、流量、位移等模拟量进行取样、量化转换成数字量后,由计算机进行存储、处理、显示或打印的装置。按照硬件组成,高速数据采集系统可分为两种:集散型数据采集系统和集成微型计算机的数据采集系统(陈沁瑜,2011)。典型的集散型数据采集系统(图 6-2)主要由模数转换(A/D)芯片、数模转换(D/A)芯片、数字信号处理(DSP)芯片、现场可编程门阵列(FPGA)、动态数据存储(SDRAM)单元、Flash 静态数据存储元件、局部总线标准(PCI)等构成,可以独立采集模拟和数字信号,并通过光纤或网络将数据传输到个人计算机(PC)的硬盘进行保存及处理。而集成微型计算机的数据采集系统则是将 PC 及数据采集卡集成一体,采集卡采集完的数据直接保存在内部的硬盘,无须通过线缆传输。

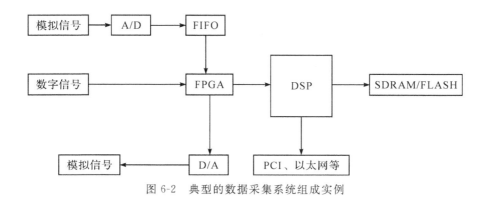

图 6-2　典型的数据采集系统组成实例

A/D 芯片把模拟信号转化为数字信号,DSP 芯片对 A/D 采样后的数据或直接对数字信号进行处理,FPGA 对整个系统进行控制,而 D/A 芯片将计算机或 DSP 输出的数字信号转化为模拟信号,用以驱动外部设备。当采样频率很高时,A/D 采样后的数据量很大,DSP 来不及对采样后的数据进行处理,一般在 A/D 和 DSP 之间使用先进先出(first in first out,FIFO)或者双口随机存储器(RAM)来对采集后的数据进行缓存。如果数据量特别大,有时还要使用外加的同步动态随机存储器(SDRAM)来对采集后的数据进行保存。

在设备状态监测应用中,数据获取是设备状态监控及故障诊断的第一步,而数据获取的物理支持(如传感器选型、安装位置、采集设备等)、采集方式(如通信协议、采样频率、文件格式等)、监测方案等需要最终根据实际监测需要及所用的模型和方法确定。在机械设备状态监测及故障诊断中,常常采集振动信号、温度信号、流量信号、压力信号、声发射信号等。

不同的传感器、数据类型、数据采集、数据通信及监测需要使得构建基于状态维护系统成为一个复杂的系统工程。为此,电气电子工程师协会(IEEE)、国际标准化组织(ISO)、机械信息管理开放系统联盟(MIMOSA)等组织相继制定了一些标准来促进基于状态维护提供商的不同解决方案及产品间的可互换性与可互操作性(孙旺,2012)。这些标准包括 IEEE 的智能变送器接口标准 IEEE-1451、所有测试环境的人工智能交换与服务标准 IEEE-1232,ISO 的机械状态的监测和诊断标准 ISO-13374,MIMOSA 制定的设备维护信息系统的企业应用集成开放系统结构(OSAEAI)及其管理发布的 CBM 开放系统体系结构(OSA-CBM)。

6.1.2　机械装备状态特征提取技术

传感器技术、测试技术、计算机应用技术及人工智能的发展,使智能化的自动设备状态监测与识别成为可能。智能设备状态识别将设备状态识别问题看作模式识别问题,其中的数据处理过程仍旧完成监测数据到信息的提取过程;不同的是,智能设备状态识别过程中的数据处理要将设备状态信息处理成便于计算机系统处理的数据量特征(feature)。特征即从监测数据中提取的表征设备状态某一属性标识的量。信号采集设备获取的检测信号是反映设备运行状态的载体,往往包含大量的信息,很难直接从中判断出设备的状态,因此真正完整地检测到足够数量并能敏感反映设备工况状态变化的特征是诊断成功的前提。往往通过变换(或映射),用低维的特征空间的新的模式向量来表达高维的原始信号空间的模式向量,从而找出最有代表性的、最有效的特征。目前,对设备状态检测和智能诊断的常用特征提取方法包括时域特征提取方法、频域特征提取方法、时频域特征提取方法等。然而,由于一类特征只反映设备状态的某一方面的属性,特征提取过程在降低信息冗余的同时也可能剔除了其他有用的信息。因此,在实际的设备状态识别过程中,往往提取多种类型的特征。这导致得到的特征维度很大,需要相应的特征选择或特征抽取方法来进一步优化数据处理过程,便于后续设备状态识别方法的处理(何创新,2010)。

1. 特征生成

时域特征提取方法以监测数据的原始时间序列为处理对象,以其时域各种参数、指标的估计或计算作为衡量设备状态的参量。常用时域特征包括简单统计量、品质因数等。时域信号的不同统计量可从多个角度揭示监测数据动态或静态特性的变化,从而间接反映设备状态的变化。时域统计特征广泛应用于各种故障诊断和设备的性能评估中;品质因数特征基于振动信号模型的建立,往往用来反映齿轮等零件的故障程度。常用时域统计特征如表 6-1 所示。

表 6-1　常用时域统计特征

特征名称	定义公式	特征名称	定义公式
均值	$T_{\mathrm{m}} = \dfrac{1}{N} \sum_{i=1}^{N} x_i$	最大值	$T_{\max} = \max(x_i)$
均方根	$T_{\mathrm{rms}} = \sqrt{\dfrac{1}{N} \sum_{i=1}^{N} x_i^2}$	余隙因子	$T_{\mathrm{clf}} = \dfrac{\max \mid x_i \mid}{\left(\dfrac{1}{N} \sum_{i=1}^{N} \sqrt{\mid x_i \mid} \right)^2}$
峰—峰值	$T_{\mathrm{pp}} = \max(x_i) - \min(x_i)$	脉冲因子	$T_{\mathrm{if}} = \dfrac{\max \mid x_i \mid}{\dfrac{1}{N} \sum_{i=1}^{N} \mid x_i \mid}$
标准差	$T_{\mathrm{std}} = \sqrt{\dfrac{\sum_{i=1}^{N} (x_i - T_{\mathrm{m}})^2}{N}}$	峰值因子	$T_{\mathrm{cf}} = \dfrac{\max \mid x_i \mid}{T_{\mathrm{rms}}}$
峭度	$T_{\mathrm{kur}} = \dfrac{\sum_{i=1}^{N} (x_i - T_{\mathrm{m}})}{(N-1) T^4}$	斜度	$T_{\mathrm{ske}} = \dfrac{\sum_{i=1}^{N} (x_i - T_{\mathrm{m}})^3}{(N-1) T^3}$

频域特征提取方法是将监测数据或信号先变换到频域再进行特征提取,其核心是傅里叶变换。设 $f(x)$ 是定义在 $(-\infty, +\infty)$ 的函数,如果是周期函数,则可以展开为傅里叶级数,即

$$f(x) = \frac{a^0}{2} + \sum_{n=1}^{\infty} \left(a_n \cos \frac{n\pi}{l} x + b_n \sin \frac{n\pi}{l} x \right) \tag{6-1}$$

其中, $a_n = \dfrac{1}{l} \int_{-l}^{l} f(\delta) \cos \dfrac{n\pi}{l} \delta \mathrm{d}\delta$, $b_n = \dfrac{1}{l} \int_{-l}^{l} f(\delta) \sin \dfrac{n\pi}{l} \delta \mathrm{d}\delta \,(n = 0, 1, 2, \cdots)$。

设 $f(x)$ 在 $(-\infty, +\infty)$ 上绝对可积,当 $l \to \infty$ 时,有

$$f(x) = \frac{1}{2\pi}\int_0^\infty \mathrm{d}\theta \int_{-\infty}^\infty f(\delta)\,\mathrm{e}^{i\theta(x-\delta)}\,\mathrm{d}\delta \tag{6-2}$$

令 $g(\theta) = \displaystyle\int_{-\infty}^\infty f(\delta)\,\mathrm{e}^{i\theta(x-\delta)}\,\mathrm{d}\delta$，则有

$$f(x) = \frac{1}{2\pi}\int_0^\infty g(\theta)\,\mathrm{e}^{i\theta x}\,\mathrm{d}\theta \tag{6-3}$$

称 $g(\theta)$ 为 $f(x)$ 的傅里叶变换。与时域特征提取相比，频域特征提取偏重对所关心特征频率的捕捉。因此，频域内的特征提取方法还包括各种对所关心特征频率的信号强化处理方法。频域内的不同统计量与时域内的简单统计量类似，能够有效挖掘监测信号的频率成分组成及分布趋势，因此也被广泛应用于智能设备状态识别。

机械设备振动信号更多表现出非平稳、非线性的特征，在故障发生时更是如此。小波变换技术由于其算法的多样性、信息敏感性以及信息可再提取性，在故障诊断领域得到了极为广泛的应用研究，如连续小波变换、离散小波变换、小波包分解、提升小波技术等（胡桥 等，2006）。信号经过小波（包）变换后，可以提取有关尺度和频段的能量作为特征。另外，高阶统计量方法、独立成分分析、经验模式分解等时频分析理论也取得了许多有价值的研究成果。

2. 特征降维

特征降维通常有两种不同的方法。一种是通过某种变换，将从信号中提取到的特征映射到另一个数据空间，在这个数据空间中更容易对数据进行分类，允许按照一定的规则选择一个较低的特征维数，这种方法称为特征抽取。另一种是通过分析原始特征集中各个特征对分类贡献的大小，忽略掉多余和不相干的特征，这种方法称为特征选择。

主成分分析（principle component analysis，PCA）是一种线性特征抽取方法。其主要思想是通过正交变换，在新坐标系中取小部分主元来表达原数据向量的结构信息，从而实现对高维数据的降维。主成分分析方法的主要思想如下（孙旺，2012）。

设原始数据向量的基准向量由 m 个向量组成，$x = (x_1^T, x_2^T, \cdots, x_m^T)^T$，其均值向量为 $E(x) = \mu$，协方差矩阵为 $V(x) = M$，则任意的原始数据向量可表示为 $y = \alpha_1 x_1 + \alpha_2 x_2 + \cdots + \alpha_m x_m = \alpha^T x$，其方差为

$$V(y) = V(\alpha^T x) = \alpha^T V(x)\alpha = \alpha^T M\alpha \tag{6-4}$$

方差的大小反映了原始数据向量在 m 个基准向量上变化的大小，故在所有的线性组合中方差最大的为原始数据向量的第一主成分，所有线性组合中方差第二

大的为第二主成分,依此类推,第 n 个主成分为所有线性组合中方差第 n 大的组合。用 $y^{(1)}, y^{(2)}, \cdots, y^{(n)}$ 分别表示原始数据向量的第一主成分,第二主成分,$\cdots$,第 n 主成分。则有 $V(y^{(1)}) \geqslant V(y^{(2)}) \geqslant \cdots \geqslant V(y^{(n)})$。

由主成分的定义可知,当 $n = 1$ 时,第一主成分的求解问题就是要找出使 $\boldsymbol{\alpha}^{\mathrm{T}} \boldsymbol{M} \boldsymbol{\alpha}$ 最大的基准向量的线性组合。为了计算方便,通常情况下需将 $y = \boldsymbol{\alpha}^{\mathrm{T}} x$ 的系数进行标准化,即 $\boldsymbol{\alpha}^{\mathrm{T}} \boldsymbol{\alpha} = \sum\limits_{i=1}^{m} \alpha_i^2 = 1$,则求解第一主成分的过程变成

$$\begin{cases} \max(\boldsymbol{\alpha}^{\mathrm{T}} \boldsymbol{M} \boldsymbol{\alpha}) \\ \boldsymbol{\alpha}^{\mathrm{T}} \boldsymbol{\alpha} = 1 \end{cases}$$

利用拉格朗日(Lagrange)乘子法可得拉格朗日函数为

$$U = \boldsymbol{\alpha}^{\mathrm{T}} \boldsymbol{M} \boldsymbol{\alpha} - \lambda(\boldsymbol{\alpha}^{\mathrm{T}} \boldsymbol{\alpha} - 1) \tag{6-5}$$

对公式(6-5)进行微分变换,求其最值,则

$$\begin{cases} \dfrac{\delta U}{\delta \alpha} = 2(\boldsymbol{M} \boldsymbol{\alpha} - \lambda \boldsymbol{\alpha}) = 0 \\ \dfrac{\delta U}{\delta \lambda} = \boldsymbol{\alpha}^{\mathrm{T}} \boldsymbol{\alpha} - 1 = 0 \end{cases} \tag{6-6}$$

由公式(6-6)得 $(\boldsymbol{M} - \lambda \boldsymbol{I}) \boldsymbol{\alpha} = 0$,又要求 $\boldsymbol{\alpha}^{\mathrm{T}} \boldsymbol{M} \boldsymbol{\alpha}$ 最大,则 λ 应取协方差矩阵 $\boldsymbol{M}$ 的最大特征根,其对应的特征向量 $\boldsymbol{\alpha}^{(1)} = (\alpha_1^{(1)}, \alpha_1^{(2)}, \cdots, \alpha_1^{(m)})^{\mathrm{T}}$ 即基准向量的系数:

$$y^{(1)} = \boldsymbol{\alpha}^{(1)\mathrm{T}} x \tag{6-7}$$

依此类推,求第 n 个主成分的问题即转化为求 $y^{(n)} = \boldsymbol{\alpha}^{(n)\mathrm{T}} x$ 的最大值问题。由于 $\boldsymbol{\alpha}$ 是标准正交化的,故 $\boldsymbol{\alpha}^{(n)}$ 与其前面的 $(n-1)$ 个主成分不相关。问题便转化为

$$\begin{cases} \max(\boldsymbol{\alpha}^{(n)\mathrm{T}} \boldsymbol{M} \boldsymbol{\alpha}^{(n)}) \\ \boldsymbol{\alpha}^{(n)\mathrm{T}} \boldsymbol{\alpha}^{(n)} = 1; \quad \boldsymbol{\alpha}^{(n)\mathrm{T}} \boldsymbol{\alpha}^{(i)} = 0; \quad i = 1, 2, \cdots, n-1 \end{cases} \tag{6-8}$$

由拉格朗日乘子法得拉格朗日函数为

$$U = \boldsymbol{\alpha}^{(n)\mathrm{T}} \boldsymbol{M} \boldsymbol{\alpha}^{(n)} - \lambda(\boldsymbol{\alpha}^{(n)\mathrm{T}} \boldsymbol{\alpha}^{(n)} - 1) - \sum_{i=1}^{n-1} \eta_i \boldsymbol{\alpha}^{(i)\mathrm{T}} \boldsymbol{\alpha}^{(n)} \tag{6-9}$$

利用微分法得 $(\boldsymbol{M} - \lambda \boldsymbol{I}) \boldsymbol{\alpha}^{(n)} = 0$,通过解微分方程便可得其对应的特征向量 $\boldsymbol{\alpha}^{(n)}$。现记 $\boldsymbol{A} = (\boldsymbol{\alpha}^{(1)}, \boldsymbol{\alpha}^{(2)}, \cdots, \boldsymbol{\alpha}^{(n)})$,则主成分的表达式为

$$y = \boldsymbol{A}^{\mathrm{T}} x \tag{6-10}$$

对于非线性问题,可以采用核主成分分析(kernel principle component analysis, KPCA)方法,首先将数据样本点通过核函数映射到一个高维线性可分特征空间,然后再进行标准的主成分分析。最近发展的 t-SNE 方法是一种流形学习方法(谷玉海,2016),也适合处理非线性问题,其基本思想是从高维采样数据中恢复低维

流形结构,即找到高维空间中的低维流形,并求出相应的嵌入映射,以实现维数约简。

3. 特征选择

费希尔(Fisher)判别分析或称 Fisher 判别准则是常用的特征选择方法。利用 Fisher 判别函数衡量各个特征向量维度对分类的贡献,贡献值的大小可以通过类间距离与类内距离的比值来衡量。对贡献值进行排序,选择一个阈值,在原特征空间中选择一个维度子集。与主成分分析和独立主成分分析相比较,它是有监督的线性降维方法。Fisher 判别分析方法的主要原理如下(陈沁瑜,2011)。

假设样本数据集中包含属于 M 个类别的 N 个 d 维样本 $x_1,x_2,x_3,\cdots,x_M$,各种类别下的样本数目为 $n_i(i=1,2,\cdots,M)$,则有 $n_1+n_2+\cdots+n_M=N$,定义模式类别间的方差矩阵 S_b 和类内方差矩阵 S_w 分别为

$$S_b = \sum_{i=0}^{M} \frac{n_i}{N}(m_i-\overline{x})(m_i-\overline{x})^{\mathrm{T}} \tag{6-11}$$

$$S_w = \frac{1}{N}\sum_{i=1}^{M}\sum_{j=1}^{n_i}(x_j^i-m_i)(x_j^i-m_i)^{\mathrm{T}} \tag{6-12}$$

其中,$m_i(i=1,2,\cdots,M)$ 是第 i 类样本的均值向量,$\overline{x}$ 是总体样本的均值向量。可以定义 Fisher 判别函数为

$$J_{\mathrm{F}}(w) = \frac{w^T S_b w}{w^T S_w w}, \quad w \neq 0 \tag{6-13}$$

令 $J_{\mathrm{F}}(w)$ 取得极大值,对应的矢量 w^* 称为最佳鉴别矢量,此刻样本在矢量 w^* 方向上的投影具有最大的类别间方差和最小的类内方差。由拉格朗日乘子法可知,当 S_w 非奇异时,有

$$S_w^{-1} S_b w^* = \lambda w^* \tag{6-14}$$

其中,λ 为拉格朗日乘子。对于只有两类的情况,可以求得 $w^* = S_w^{-1}(m_1-m_2)$。通过公式(6-15)可实现模式特征向量由高维向低维的投影转换。

$$Y = w_k^{\mathrm{T}} X \quad (k=1,2,\cdots,d-1) \tag{6-15}$$

其中,X 为原始特征向量集,Y 为经 Fisher 判别选择后的特征向量集。

常用的特征选择方法还有分支定界搜索算法,在假定特征选择准则满足单调性的情况下,相比穷举方法,可以加快特征选择的进度。在待选特征维数比较高的场合,可以采用次优化特征选择过程,即前向序贯和后向序贯选择,为了尽可能提高该方法选择最优的特征,可以采用增 l 减 r 方法等。

6.2　大型装备智能维护系统构建方法

6.2.1　大型装备智能维护数据库构建方法

大型装备智能维护系统具有状态监测及故障诊断功能,能够对设备各个测点数据进行采集存储,并根据不同的告警数据类型进行判定,对异常数据发出告警信息。测点数据告警后,可启动故障诊断系统进行故障推理分析,查找故障原因,定位故障源,并对设备维护提出合理建议。另外,系统能够根据历史监测数据进行预测。

大型装备智能维护系统的状态监测及故障诊断功能模块包括状态实时监测模块、故障诊断模块、趋势预测模块、测点趋势图分析模块等。实时监测模块对机械装备的采集数据进行实时监测,发现设备处于异常状态时发送告警指示;故障诊断模块主要定位故障源、分析故障原因、提出处理建议等,还包括故障诊断专家系统;测点趋势图分析模块可以对选择地点、测点以及采集值起止的历史时段的数据进行历史数据查询分析,并能够对将来一段时间的趋势进行预测,以表格和曲线图的形式展现。

由于状态实时监测数据模块和测点趋势图分析模块的功能需求不同,两大模块对采集数据的访问数量也有所不同。为了提高监测数据模块的快速高效性能,以便对故障及时告警,监测数据模块访问的数据量相对较少,一般访问的数据是最近一段时间的测点采集数量,周期性自动删除、更新,以提高系统查询数据的高效性,保障对故障及时告警。而测点趋势图分析模块是对测点的数据走势分析,需要结合历史数据进行判断,数据量相对较大,在特殊情况下,需要访问的数据量甚至更大。

在构建大型装备智能维护系统的专家知识库时,首先需要根据系统的数据信息流程,构建系统的实体—关系(E-R)数据模型(杜文辽 等,2017)。E-R 数据模型的建立有助于专家知识数据表的设计,利于构建更合理的逻辑结构,为建立较好的专家知识结构提供参考。E-R 数据模型通过 E-R 图来表达数据结构。实体是实际存在的对象,通过把实体与描述该实体的一组属性联系起来,将该实体与其他对象区别开来;关系则表示实体之间的相互逻辑结构。

大型装备智能维护系统需要存储的数据如下。

1)设备运行状态数据。健康状态监测的对象为液压、机械、电气等系统的主要部位。系统健康状态信息数据主要为压力、电流、电压、流量等。根据健康状态监测的需要,在合理规划测点的基础上,按照一定的采样频率采集数据。

2)健康状态监测利用的健康状态本征信息。将健康状态监测系统采集到的信号本身具备的各类告警所需要的本征参数进行保存。系统根据不同告警类型对所监测的设备健康异常状态进行报警。

3)专家知识库的知识,包括故障现象和故障结论的事实库和规则的知识库。在系统检测到健康异常状态时启动专家系统,将异常信息和知识库中的规则进行匹配,给出故障结果。

4)系统用户的相关信息。对使用的用户进行合法性鉴别,对不同类型的用户赋予不同的权限。例如:一般的维修工作人员,只能有用户自身及用户拥有的传感器、设备及配置、视窗控制中心(WinCC)及配置、故障现象、故障结论等信息的查询权限;专家用户,有对专家知识库中规则生成和维护及事实库维护的权限;系统操作员,除了拥有一般维修工人的权限外还有管理告警信息、诊断设备故障的操作权限;数据库系统管理员,主要有数据库备份、恢复以及日志、用户、传感器、设备的管理权限等。

在故障诊断专家系统的专家知识的表达中,符合 E-R 数据模型的专家知识可以用表的形式来表示,数据库的每个实体可以通过唯一的数据表相对应,可以将知识的表示从 E-R 图转向表的形式。根据智能维护系统功能模型,分析其信息处理流程,建立 E-R 数据模型。

6.2.2 大型装备智能诊断方法

1.人工神经网络

人工神经网络(artificial neural network,ANN)算法由美国普渡大学的 Venkatasubramanian 等(1989)首次应用到故障诊断领域中,并取得良好的效果。人工神经网络经过训练后,可以对未知状态的样本进行模式判断。人工神经网络的训练过程,也就是其模型参数的确定过程。在机械设备状态的智能识别领域,反向传播(back propagation,BP)神经网络是应用最为广泛的算法之一。

BP 神经网络的基本结构分为三个部分:输入层、隐含层和输出层。在神经网络的每个层上分布有很多节点,称为网络节点。在 BP 神经网络中,相同层上的网络节点之间不进行信息传递,而相邻层上的节点通过权值相连。

BP 神经网络的训练过程分为两个阶段:①输入层的信息从输入层经隐含层逐层计算各节点的输出值,该过程称为信息的正向传播;②输出层的误差逐层反向传播,计算各隐含层的误差,并据此误差,利用梯度下降法调整前面各层节点上的权值,直到实际输出与期望输出充分接近,此过程称为误差反向传播。因为网络节点的输出函数必须可微,通常采用 Sigmoid 函数作为节点的输出函数。

假设 BP 神经网络的输入层向量为 $\boldsymbol{x}$,输入层上的网络节点为 m 个,输出层向量为 $\boldsymbol{y}$,输出层的期望输出为 $\boldsymbol{d}$,输出层上的网络节点为 n 个,第 k 层的第 i 个节点的输入为 $\mathrm{net}_i^{(k)}$,其输出为 $o_i^{(k)}$,由第 $(k-1)$ 层的第 j 个节点到第 k 层的第 i 个节点的连接权值为 w_{ij},则有

$$\begin{cases} \mathrm{net}_i^{(k)} = \sum w_{ij} o_j^{(k-1)} \\ o_i^{(k)} = f(\mathrm{net}_i^{(k)}) \end{cases} \tag{6-16}$$

其中,$f(\cdot)$ 为 Sigmoid 函数,即 $f(x) = \dfrac{1}{1+\mathrm{e}^{-x}}$。

由网络的前向传播过程,可以得到网络的实际输出。一般情况下,实际输出和期望输出会存在误差,则输出层的所有节点的总误差函数可表示为

$$E = \frac{1}{2}\sum_{i=1}^{n}(d_i - y_i)^2 \tag{6-17}$$

其中,d_i, y_i 分别表示第 i 个输出节点的期望输出和实际输出。

为了使整个系统的误差最小,根据误差反向传播原理,对总体误差函数 E 求 w_{ij} 的偏导,由公式(6-17) 可得

$$\begin{cases} \dfrac{\partial E}{\partial w_{ij}} = \dfrac{\partial E}{\partial \mathrm{net}_i^{(k)}} \cdot \dfrac{\partial net_i^{(k)}}{\partial w_{ij}} = \dfrac{\partial E}{\partial \mathrm{net}_i^{(k)}} \cdot o_j^{(k-1)} \\ \dfrac{\partial E}{\partial \mathrm{net}_i^{(k)}} = \dfrac{\partial E}{\partial o_i^{(k)}} \cdot o_j^{(k)}(1 - o_j^{(k)}) \end{cases} \tag{6-18}$$

当第 k 层为输出层时,

$$\frac{\partial E}{\partial o_i^{(k)}} = d_i - y_i \tag{6-19}$$

则

$$\frac{\partial E}{\partial w_{ij}} = (d_i - y_i)y_i(1 - y_i)o_j^{(k-1)} \tag{6-20}$$

当第 k 层是隐含层时,由于第 i 个节点对后续层的 l 个网络节点都有影响,故在此计算偏导时必须考虑到其影响作用,则

$$\frac{\partial E}{\partial o_i^{(k)}} = \sum_l w_{li} \cdot \frac{\partial E}{\partial \mathrm{net}_i^{(k+1)}} \tag{6-21}$$

现令 $\delta_i^{(k)} = \dfrac{\partial E}{\partial \mathrm{net}_i^{(k)}}$,则有

$$\frac{\partial E}{\partial w_{ij}} = o_j^{(k-1)} o_i^{(k)} \left(1 - o_i^{(k)}\right) \sum_l w_{li} \delta_i^{(k)} \tag{6-22}$$

$$w_{ij}(t+1) = w_{ij}(t) + \eta \delta_i o_j^{'} \tag{6-23}$$

其中，$w_{ij}(t)$ 是 t 时刻隐含层或输出层上第 j 个节点到隐含层上第 i 个节点的连接权值，η 为增益项，$o_j^{'}$ 为第 j 个节点的输出，δ_i 为下一层节点的误差项。

2. 支持向量机

故障识别和诊断的实质是模式识别问题，一些智能方法，如人工神经网络和支持向量机（support vector machine，SVM），已成功用于机械的故障检测和诊断。神经网络和 SVM 之间最大的不同在于风险的控制准则。神经网络基于经验风险最小化准则，泛化能力较弱；SVM 是全局学习算法，其学习准则是结构风险最小化，泛化能力更强。在许多应用中，SVM 已被证明比神经网络的分类性能更好（WIDODO et al.，2007）。

SVM 的核心思想是将原始模式空间映射到高维的特征空间（利用非线性映射函数），然后在特征空间构造最优分类超平面。因此，低维空间的非线性问题在高维空间中变成线性问题。它执行的是结构风险最小化准则，故与利用经验风险最小化的传统学习方法相比，具有更好的泛化能力。

最初的 SVM 只能实现二分类，利用核函数 φ 将线性不可分的输入量 x 映射到线性可分的高维空间 Z。得到分类的最优超平面为

$$f(\boldsymbol{x}) = \boldsymbol{w}\varphi(\boldsymbol{x}) + b = 0 \tag{6-24}$$

其中，$\boldsymbol{w}$ 为超平面的权向量，b 为偏差。

假设已知训练样本 $(x_i, y_i)(i = 1, 2, \cdots, l)$，$x_i \in \mathbf{R}^d$，$y_i \in \{+1, -1\}$。对应的约束最优化问题为

$$\begin{aligned} \min \quad & \frac{1}{2}\|\boldsymbol{w}\|^2 + T\sum_{i=1}^{l}\xi_i \\ \text{s. t.} \quad & \begin{cases} y_i\left(\boldsymbol{w}\varphi(x_i) + b_i\right) \geqslant 1 - \xi_i \\ \xi_i \geqslant 0 \end{cases} \end{aligned} \tag{6-25}$$

其中，T 为乘法因子，它实现经验风险和置信区间的折中。系数 ξ_i 是松弛因子。

公式（6-25）是个典型的凸优化问题，利用库恩－塔克（Kuhn-Tucker）条件将问题转化为拉格朗日问题，即

$$\min L(\boldsymbol{w}, b, \boldsymbol{\alpha}) = \frac{1}{2}\|\boldsymbol{w}\|^2 - \sum_{i=1}^{l}\alpha_i y_i\left(\boldsymbol{w}\varphi(x_i) + b\right) + \sum_{i=1}^{l}\alpha_i \tag{6-26}$$

通过去除主变量 L 对 $\boldsymbol{w}$ 的关系和 L 对 $\boldsymbol{\alpha}$ 的关系，公式（6-26）改写为拉格朗日

对偶二次优化问题,即

$$\max L(\pmb{\alpha}) = -\frac{1}{2}\sum_{i,j=1}^{l}\alpha_i\alpha_j y_i y_j \varphi(x_i) \cdot \varphi(x_j) + \sum_{i=1}^{l}\alpha_i \tag{6-27}$$

$$\text{s. t.}\quad \alpha_i \geqslant 0, \sum_{i=1}^{l}\alpha_i y_i = 0$$

通过求解该对偶优化问题,可以获得系数 α_i,通常只有一小部分不为 0,对应的样本就是支持向量。对于给定的测试样本,SVM 的一般分类函数为

$$f(x) = \text{sign}\Big(\sum_{i=1}^{l}\alpha_i y_i \big(\varphi(x_i) \cdot \varphi(x)\big) + b\Big) \tag{6-28}$$

可以利用符合 Mercer 条件的核函数 $K(\cdot)$,在输入空间中用 $K(x_i,x)$ 代替内积 $\varphi(x_i) \cdot \varphi(x)$。因此,分类函数可以表示为

$$f(x) = \text{sign}\Big(\sum_{i=1}^{l}\alpha_i y_i K(x_i,x) + b\Big) \tag{6-29}$$

在许多实际应用中,核函数取为径向基函数(RBF),往往可获得较高的分类精度。上述 SVM 是针对二类的。对多类问题,可以采用"一对一""一对所有""有向无环图"等方法,比较后发现,"一对一"方法更适合实际应用。

3.故障诊断专家系统

专家系统因其与专家知识结合紧密、诊断推理便于理解、诊断易于结构化存储等优势,在机械装备状态监控和故障诊断中得到广泛的应用(何正嘉 等,2010)。故障诊断专家系统与简单的计算机语言编程的智能化应用软件程序不同,其内部包含大量的领域技术专家的现场经验知识。通过这些知识、经验和适当的推理机制,可以完成领域技术专家才能解决的故障诊断的复杂问题。故障诊断专家系统的工作是根据设备出现的故障类型,通过搜索建立的专家知识库,然后通过正反向分析推理策略,匹配知识库对应的诊断规则,最终得到故障的诊断结论。用户在使用故障诊断专家系统的过程中,利用专家知识来解决实际问题。故障诊断专家系统具体内容如下。

1)归纳总结领域技术专家丰富的经验知识及推理策略,采用故障树的分析方法及产生式规则的知识表达方式,提取出诊断规则,建立"专家知识库",存入综合数据库,供专家系统在诊断、推理、解释过程中调用相应的专家知识。

2)利用计算机语言和程序,按照正反向的推理建立"推理机"。"推理机"利用"专家知识库"中的知识,对出现的故障诊断推理得出结论,并通过解释程序给出推理的过程。

3)采用便于人机交互的方式,例如基于 B/S 结构,以浏览器作为客户端的人

机交互界面,方便用户使用、操作。用户通过浏览器进行交互,专家系统根据用户选择的故障类型进行分析推理并给出最终的诊断结论及处理建议。

故障诊断专家系统结构主要由人机交互界面、知识获取、解释、诊断结果、维修建议、推理、综合数据库等模块组成(图6-3)。其中综合知识库是包含领域专家解决实际问题时所需的专业知识、实践经验、诊断策略以及该专家系统工作时所需一般常识性知识的集合;知识库是故障诊断专家系统重要的数据支撑,提取的规则和诊断知识存储在综合数据库中。推理模块根据监测的测点数据,针对出现告警的运行状态参数,通过计算机调用知识库中的知识,并按照正反向推理方法进行推理分析,将故障原因返回给用户。

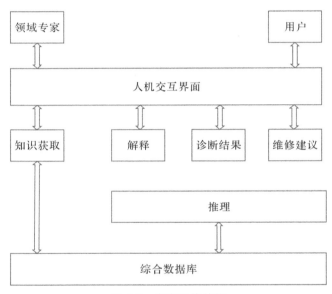

图 6-3　专家系统结构

故障诊断专家系统用于诊断人类专家难以解决的复杂问题。一方面,它可以归纳人类专家的大量经验和知识,消除相互抵触的知识,构建知识库;另一方面,可以根据积累的大量检测数据,利用数据挖掘技术,提取数据背后隐藏的诊断知识,并组织存储在数据库中。利用知识库中的知识,通过计算机语言编制程序来完成对大型装备的状态监控和故障诊断。大型装备智能维护系统中的故障诊断专家系统具有以下特征。

1)具有专家级水平的故障诊断知识。这是评价故障诊断专家系统性能的一项重要指标,故障诊断专家系统不仅集成了领域专家的相关知识,而且能够从历史数据中提取专家目前还未掌握的知识,经过专家检验和实际验证后,作为知识库中的内容进行利用。故障诊断专家系统除了在诊断上达到领域专家级的水平,在故障定位的准确性、全面性以及诊断速度和完整性上也应具有很高的标准。

2)具有专家水平的求解能力。故障诊断专家系统推理模块即系统的推理控制策略,要求系统不仅能够根据用户对输入的故障类型启动推理,而且能够根据状态实时监测模块监测到的异常状态自动启动诊断过程。推理模块的构造将决定专家系统推理的方法、过程以及最终的结果是否达到所要求的智能化水平。

3)具有获取知识的能力。这是判断故障诊断专家系统智能化标准之一。人类专家可以通过自身的学习来不断丰富自身的经验知识,提高故障诊断的水平。故障诊断专家系统不仅能够将不同专家的知识进行有机集成,消除诊断规则的矛盾,同时也应该能够通过对数据的挖掘、联想,实现知识库的扩展,不断获取新的知识以完善知识库。

4)知识与推理机构相互独立。这有助于实现故障诊断专家系统的升级、维护。

5)扩展性。故障诊断专家系统是一个利用领域技术专家大量的实践维修经验和知识的系统,因此要求系统应具有良好的扩展性。一方面,故障诊断专家系统的知识库能够扩充专家知识并且方便用户在获得新的知识后帮助软件进行扩展,便于用户使用、操作和维护。另一方面,系统还应对诊断模型进行补充和完善,能够方便地将新的模型集成进去。

6)严谨性。人类解决实际问题的知识具有启发性、逻辑性的特点。启发性知识是利用历史的经验知识,解决类似问题的知识;逻辑性知识是通过严谨的理论依据,根据逻辑推导,解决实际问题的知识。故障诊断专家系统的知识同样应该具有上述两种知识特性。故障诊断专家系统在解决实际问题的过程中必须从系统调用和存储这些知识,然后通过推理和判断来解决实际问题,这就要求系统调用专家知识的过程必须是严谨的。

7)通用性。大型装备智能维护系统通常基于 B/S 的结构形式,无须安装,只需把程序部署在服务器的网站上,然后通过浏览器部署的程序访问故障诊断专家系统,根据用户的类别,赋予不同的访问权限,用户即可通过浏览器与系统交互,不受自身设备平台配置的限制。

故障诊断专家系统采用故障树分析方法对需要诊断的故障进行识别。在故障树分析方法中,常见的事件及逻辑门的基本概念和表示符号如图 6-4 所示。

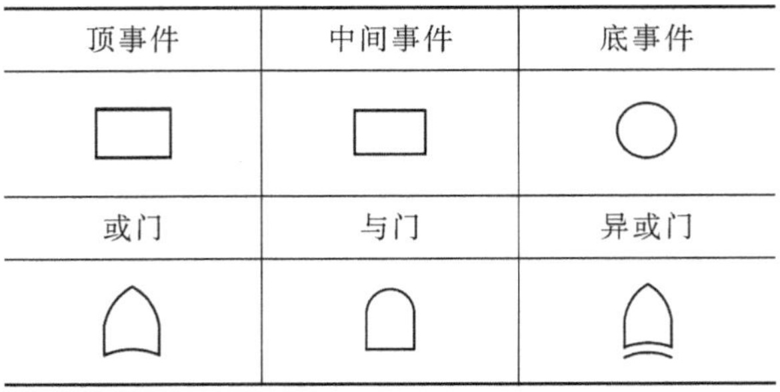

顶事件	中间事件	底事件
▭	▭	○
或门	与门	异或门
⌂	⌂	⌂

图 6-4　故障树方法中的符号图

1）顶事件。顶事件位于故障树的最顶端，是故障推理的开始，在逻辑门中作为输出端，而且不会作为任何逻辑门的输入。在故障树中通常用矩形符号表示。

2）中间事件。顶事件以外的结果事件在故障树中为中间事件，在故障树中联系着顶事件与底事件，具有传递作用，在逻辑门中既可以作为输入门，也可以作为输出门。在故障树中常用矩形符号表示。

3）底事件。在故障树的最底部的事件是底事件，在故障树的逻辑门中只能作为输入事件，一般表示故障产生的根本原因。在故障树中常用圆形符号表示。

4）或门。在或门输入事件中，只要有一个输入事件发生，逻辑门的输出事件即可发生。在故障树中由或门连接的 n 个底事件，表示逻辑图中的 n 个单元并联。

5）与门。在与门输入事件中，仅当所有输入事件共同发生时，逻辑门的输出事件才发生。在故障树中由与门连接的 n 个底事件，表示逻辑图中的 n 个单元串联。

6）异或门。在异或门输入事件中，仅当一个输入事件发生，同时其他都不发生，则输出事件才发生。

除了上述几种事件和逻辑门之外，还有很多其他的故障树中的符号，在这里不一一赘述。

故障树分析方法以符号的形式表达各级故障间的相互逻辑关系，按照整体到部分、系统到元件的顺序，按倒树状从上到下的分析方法，列出故障现象与故障原因的映射关系。

6.3　大型装备智能维护系统开发实例

6.3.1　大型立磨智能维护系统数据库的构建

1. 大型立磨智能维护系统 E-R 关系模型分析

根据对大型装备智能维护功能模型的构建,分析其信息处理流程,建立大型立磨智能维护系统的 E-R 数据模型,如图 6-5 所示。

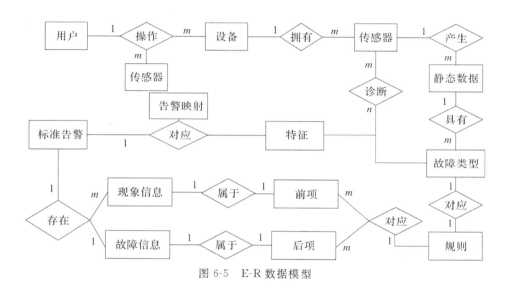

图 6-5　E-R 数据模型

根据 E-R 数据模型,可构建大型立磨智能维护系统中故障诊断专家系统的专家知识库。专家知识库是专家系统的重要结构,专家系统知识库为专家系统的使用提供知识支持。当大型立磨的测点采集数据异常告警时,通过启用大型立磨故障诊断专家系统进行故障分析推理,访问专家知识库,与专家知识的规则库进行匹配,查找故障原因,定位设备的故障源。大型立磨故障诊断专家系统知识库主要内容分为事实库和规则库两大部分。事实库存储故障的观察现象、对应故障结论及其对应的编码。规则库包括规则前项库和规则结论库,其中规则前项库存放每条规则对应的前提条件及其编码。根据测点的监测值和可能的故障结论,规则结论库又分为观察现象到观察现象对应的规则及观察现象到故障结论对应的规则。

　　大型立磨故障产生的原因错综复杂,综合性高,无法简单确定故障原因与故障模式的映射关系,并且有一部分故障模式可能对应两条或多条诊断规则。为全面表达各故障类型与故障原因的逻辑对应关系,需要根据专家知识设计多个关联的知识数据表,同时也利于知识库的完善管理和诊断的查询推理。整个知识库主要包含的数据表有采集值表、观察现象表、故障结论表、规则前项表、告警映射表、观察现象到故障结论表、观察现象到观察现象表等。

　　1)告警映射表(表6-2)。根据采集值表中的采集值来确定测点值的告警状态。测点数据中包括两种告警类型:设定阈值告警和部分测点数据的趋势变化异常告警。前者是根据现场经验直接设定测点的阈值(上、下界限值),通过监测的采集值和设定阈值比较来判定该测点的告警;后者是根据采集值的变化趋势来判定告警的情况,无法直接通过测点的阈值来判定,可采用最小二乘法拟合数据序列斜率,根据斜率的相对变化值来判定测点数据变化趋势的告警情况。

表 6-2　告警映射表

字段名称	数据类型	字段长度	字段描述
SensorID	char	50	传感器 ID(关键字)
AcqType	char	10	采集类型(温度、压力等)
SensorLocation	char	50	传感器安装位置
LowerB	numeric(10,4)	10	告警的下界值
UpperB	numeric(10,4)	10	告警的上界值
SensorAlarm	char	20	传感器采集值的告警
ClassType	int	5	告警类型(第一类或第二类)

　　2)观察现象到故障结论表(表6-3)。通过此表可以由故障结论查找故障原因。根据提取的诊断规则,每条规则的规则前项是观察现象表中观察现象的内容,规则的结论则是故障结论表中故障结论的内容。根据每条规则对应的故障结论,给出故障的影响及处理建议。

表 6-3　观察现象到故障结论表

字段名称	数据类型	字段长度	字段描述
RuleID	int	50	规则 ID(关键字)
ForeContent	tinyint	2	前项容量
suggest	char	60	处理建议
affect	char	60	故障的影响

3）采集值表（表 6-4）。此表存放测点的采集值，采用传感器 ID、采集值、采集时间组合关键字来唯一确定不同时刻不同测点的采集值，为数据管理提供便利。

表 6-4　采集值表

字段名称	数据类型	字段长度	字段描述
SensorID	char	50	传感器 ID（关键字）
Acqvalue	numeric(10,4)	10	采集值（关键字）
AcqTime	datetime	20	采集时间（关键字）

4）观察现象表（表 6-5）、故障结论表（表 6-6）、观察现象到故障结论表（表 6-7）、规则前项表（表 6-8）。观察现象表是储存产生故障的原因的事实库，故障结论表是储存故障类型的事实库，观察现象到故障结论表和规则前项表用于存储诊断规则。

表 6-5　观察现象表

字段名称	数据类型	字段长度	字段描述
PheID	int	5	观察现象的 ID（关键字）
PhenomenonContent	char	50	观察现象的内容
SensorID	char	50	传感器 ID

表 6-6　故障结论表

字段名称	数据类型	字段长度	字段描述
FaultID	int	5	故障 ID（关键字）
FaultContent	char	50	故障的内容

表 6-7　观察现象到故障结论表

字段名称	数据类型	字段长度	字段描述
RuleID	int	50	规则 ID（关键字）
ForeContent	tinyint	2	前项容量
suggest	char	60	处理建议
affect	char	60	故障的影响

表 6-8　规则前项表

字段名称	数据类型	字段长度	字段描述
RuleID	int	5	规则 ID（关键字）
PheID	int	5	观察现象的 ID（关键字）

2. 大型立磨智能维护系统数据库实现

在 SQL Server 数据库中根据以上数据表设计的视图结构如图 6-6 所示，该视图把所设计的所有表格联系起来，把设计表里的设备地点、设备型号、传感器型号、故障类型、故障原因、处理建议等内容相对应起来，查看视图的具体内容显示。

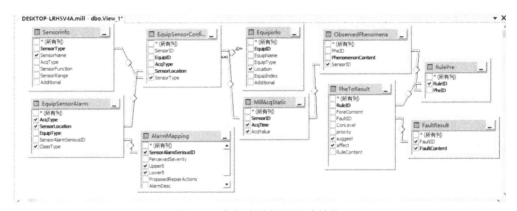

图 6-6　数据表的视图设计结构

6.3.2　大型立磨智能维护系统开发

设备智能维护涉及机械、测试、信号处理、人工智能、计算机、控制等多种学科与技术。目前在信号获取技术、信号特征提取、盲信号分离、微弱特征信号提取、机械设备故障及衰退机理、性能评估、剩余寿命预测等方面都涌现出大量研究。当前应用信号处理技术进行机械设备诊断是较为广泛的方法，按照诊断的机理可以归为三类：基于分析模型的方法、基于定性经验知识的方法和基于数据驱动的方法。

大型立磨故障诊断专家系统是大型立磨智能维护系统开发的核心，其任务是首先对设备各个测点的监测数据进行告警判定，然后对告警的测点数据进行推理分析，根据提取的诊断规则，诊断出产生故障的原因，定位故障源，最后得出故障诊断结论并给出具体的处理建议。大型立磨故障具有结构复杂、工况恶劣、故障综合性高等特点,故障原因排查困难,这就需要大量的领域技术专家的现场工作经验作为指导。大型立磨故障诊断专家系统是一种基于专家经验知识的系统,建立的立磨专家知识库包括技术专家的现场工作经验以及故障诊断分析推理策略。随着专家系统的建立,系统存储的专家经验和知识可以为相关技术人员、工程师提供重要的参考和依据,同时也有利于故障诊断经验和知识的传承。

1.大型立磨故障树的建立及知识获取与诊断推理

基于故障树来提取专家知识是获取专家知识的常用途径。故障树对于故障知识的罗列,形象直观,且具有很强的逻辑性,在归纳总结专家知识方面有很大的优势。以立磨振动大为例,主要的故障原因可以归纳为四大类:原料投放不均匀、大型立磨的机械系统故障、电气控制系统故障及液压系统故障等。根据技术专家的现场诊断过程,我们构建了立磨振动大的故障树,在故障树中呈现了顶事件即故障类型(立磨振动大);同时罗列出产生立磨振动大故障原因的系统级故障、子系统级故障及最小单元级故障。倒树状结构形式形象直观地表达了立磨振动大的各级故障的相互关系(图 6-7)。

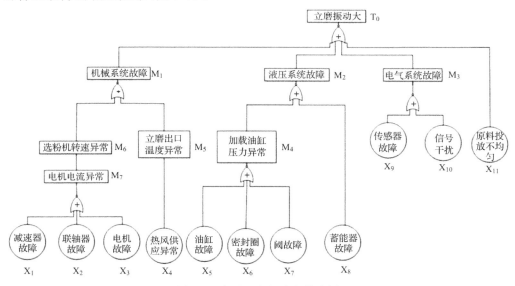

图 6-7　大型立磨振动大故障树

故障树的构建,便于提取对应故障模式的诊断规则。由上例,可以归纳出两类规则。①由故障树的顶事件直接到故障树的底事件,得到如下规则:如果 X_1,则 T_0;如果 X_2,则 T_0;如果 X_3,则 T_0;如果 X_4,则 T_0;如果 X_5,则 T_0;如果 X_6,则 T_0;如果 X_7,则 T_0;如果 X_8,则 T_0;如果 X_9,则 T_0;如果 X_1,则 T_0;如果 X_{10},则 T_0;如

果 X_{11} ,则 T_0 。此类规则是大型立磨故障诊断专家系统根据选择的故障类型,通过访问专家知识库,匹配对应的诊断规则,直接查找故障原因,定位故障源而得出的。②由故障树的底事件到中间事件或者中间事件到中间事件推理可知,如果出现 X_5 、 X_6 或 X_7 告警,除预示出现磨机振动大故障外,还会引发 M_2 、 M_6 故障现象,可得到如下规则:如果 X_5 ,则 M_6 ;如果 X_6 ,则 M_6 ;如果 X_7 ,则 M_6 ;如果 X_5 ,则 M_2 ;如果 X_6 ,则 M_2 ;如果 X_7 ,则 M_2 ;如果 M_6 ,则 M_2 。此类规则既可以用于中间事件的诊断,也可以应用在顶事件故障诊断的推理解释过程中。

大型立磨故障诊断专家系统采用的是正、反向推理相结合的混合推理,基于规则的正、反向混合推理比较直观高效。基于图 6-7,当减速器发生故障时(X_1)进行的正、反向推理过程如图 6-8 所示。通过正向推理,可直接诊断出磨机振动大的故障原因为减速器故障;通过反向推理,可对故障诊断的过程做出有效的推理解释。

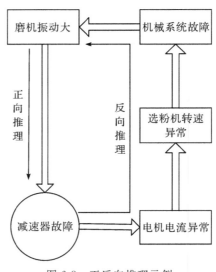

图 6-8　正反向推理示例

2. 大型立磨智能维护系统功能实现及诊断实例

我们基于 Internet 的 B/S 结构开发了大型立磨智能维护系统,采用 SQL Server 建立了专家系统的综合数据库,存储故障诊断过程中的专家知识及诊断规则;利用 C#语言在 Visual Studio 2012 环境下完成了系统的程序开发,支持浏览器客户端访问。

　　大型立磨智能维护系统的使用过程如下：首先，用户通过浏览器统一地址 URL 访问远程诊断中心的站点服务器，根据站点服务器提供的服务进行 HTML 页面选择；然后，根据选择的故障类型及其他条件发送到 Web 服务器并启动诊断推理模块；同时，通过相应的知识库及故障判断规则的分析推理，得出故障分析结果及其处理建议；最后，Web 服务器将故障分析结果及处理建议返回给用户，供用户查看。

　　发布完网站后打开浏览器运行，系统首页（图 6-9）有用户登录模块，点击"登录"即可进入登录界面（图 6-10）。通过输入用户名和用户密码并经过系统鉴权后，进入系统的应用界面（图 6-11）。在应用界面里有状态监测、故障诊断、趋势分析三大模块。

图 6-9　系统首页

图 6-10　登录界面

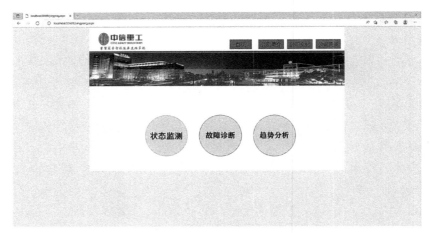

图 6-11　应用界面

　　点击应用界面的"故障诊断"按钮,便进入故障诊断界面(图 6-12)。故障诊断模块能够对大型立磨的告警测点数据进行故障诊断,通过诊断规则定位故障源,分析故障原因,并给出处理建议,为设备的检修人员提供便利,从而提高设备检修的工作效率。

图 6-12　故障诊断界面

　　点击应用界面的"状态监测"按钮,激活状态监测模块,进入状态监测界面(图 6-13)。状态监测模块可以实时监测大型立磨的各个测点采集的数据,通过告警判定方法对测点的异常数据进行实时判定告警。

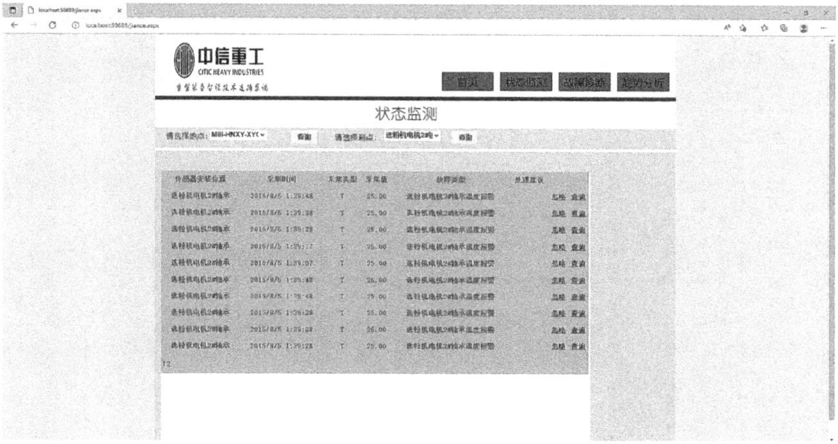

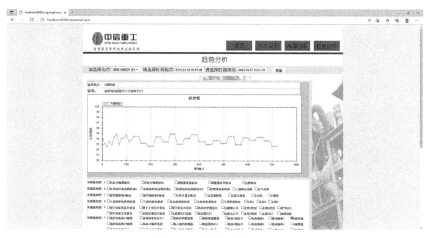

图 6-13 状态监测界面

点击应用界面的"趋势分析"按钮,进入趋势分析界面(图 6-14)。趋势分析模块可以选择地点、测点以及采集值起止的历史时段的数据进行查询分析,可以查看并分析该测点在过去某一时段的工作状态及告警情况,以表格和曲线图的形式展现出来,直观明了。这便于对测点未来时刻的曲线走势进行分析研究,进而对该测点对应的部件的工作状态进行预测,做到提前预警。

图 6-14 趋势分析界面

在系统的状态监测模块监测到异常数据时以红色告警提示,根据告警数据所对应的故障类型,点击"查询"按钮跳转至故障诊断模块,实现故障定位、故障原因推理解释等功能(图 6-15)。在故障诊断模块里我们可以选择设备和故障类型,根据知识库、诊断规则推理出故障原因并对推理过程做出清晰的解释,对每步的推理给出相应的传感器相关参数及告警情况,同时给出故障的影响和处理建议。以立磨振动大告警为例,故障诊断模块的诊断过程如下。

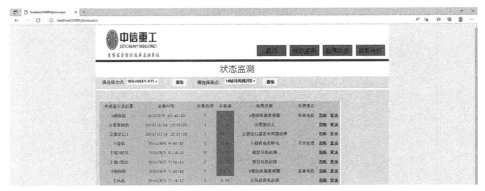

图 6-15　状态监测模块的告警查询功能

1)根据告警提示选择故障的设备及故障类型。在这里选择的故障类型是"立磨振动大"(图 6-16)。

图 6-16　故障诊断模块

2)根据选择的故障类型,匹配专家知识库,找到与故障类型相匹配的所有规则;对匹配的规则前项所对应的传感器的采集值进行告警判定,找出出现告警的规则前项,准确诊断所选故障类型的故障原因。因为这里选择的故障类型是"立磨振动大",所以通过与专家知识库的匹配,找到了与立磨振动大相匹配的所有规则。根据规则可知立磨振动大可能出现的原因有减速器故障、联轴器故障、电机故障等 9 种(表 6-9);然后根据测点数据类型,通过与设定的告警阈值比较或利用最小二乘法拟合斜率的方法,对所有可能出现的原因所对应的采集值进行告警判定,找出出现告警的规则前项。根据判定结果可知,出现告警的规则前项有电机故障和热风供应异常(表 6-10)。从而判定电机故障和热风供应异常是立磨振动的主要原因,同时给出故障的影响及处理故障的建议。据此,可安排检修工人对电机和热风供应情况进行排查检修。

表 6-9　故障匹配规则表

规则前项	规则结论
减速器故障	
联轴器故障	
电机故障	
热风供应异常	
油缸故障	立磨振动大
密封圈故障	
阀故障	
蓄能器故障	
原料投放不均匀	

表 6-10　告警判定后故障匹配规则表

规则前项	规则结论
电机故障	
热风供应异常	立磨振动大

3)根据诊断规则推理出故障原因,点击"推理开始"按钮,可对故障原因推理的具体过程做进一步解释。比如对诊断出的电机故障的推理如下(图 6-16):电机故障的出现会导致电机电流的异常,可在传感器相关参数里查看电机电流出现异常的具体情况;而电机电流的异常会引发选粉机驱动故障,同样可通过传感器相关参数里查看选粉机驱动异常对应的具体参数;最后,选粉机驱动的异常直接导致立磨振动大的告警。由此,对每步的推理给出相应的传感器相关参数及告警情况。

6.4　本章小结

　　本章讲述了机械装备智能维护的关键技术,包括数据库及智能维护系统开发等核心内容,以大型立磨的状态监测和故障诊断为例,构建了智能维护 E-R 关系模型,基于 SQL Server,构建了立磨智能维护专家知识库,基于C#编程语言、SQL Server 数据库在 Visual Studio 2012 环境下开发了大型立磨智能维护系统,并采用基于 B/S 的结构。系统的状态监测模块可以实时监测大型立磨的运行状态,实现对异常状态及时告警;故障诊断模块可以对告警的故障类型进行诊断分析,并给出处理建议;测点趋势分析模块可以查看测点的历史数据,为设备的故障预测提供参考。

参考文献

陈沁瑜,2011. SAR 雷达高速数据采集与处理系统的实现[D]. 成都:电子科技大学.

杜文辽,2013. 状态监控与智能诊断关键技术研究及其在汽车起重机主泵中的应用[D]. 上海:上海交通大学.

杜文辽,钱春华,李利军,等,2017. 基于测点数据变化趋势告警判定的大型立磨故障诊断专家系统[J]. 矿山机械,2017,45(5):36-41.

谷玉海,2016. 大型风电机组齿轮箱早期故障诊断技术与系统研究[D]. 北京:机械科学研究总院.

何创新,2010. 大型履带起重机远程精益监测与免疫智能诊断方法研究[D]. 上海:上海交通大学.

何正嘉,陈进,王太勇,等,2010. 机械故障诊断理论及应用[M]. 北京:高等教育出版社.

胡桥,何正嘉,张周锁,等,2006. 基于提升小波包变换和集成支持矢量机的早期故障智能诊断[J]. 机械工程学报,42(8):16-22.

孙旺,2012. 汽车起重机关键部件智能故障诊断系统开发[D]. 上海:上海交通大学.

LEI Y, HE Z, ZI Y, et al., 2007. Fault diagnosis of rotating machinery based on multiple ANFIS combination with Gas [J]. Mechanical Systems and Signal Processing,21(5):2280-2294.

VENKATASUBRAMANIAN V, CHAN K, 1989. Neural network methodology for process fault diagnosis [J]. AIChE Journal,35(12):1993-2002.

WIDODO A, YANG B S, 2007. Support vector machine in machine condition monitoring and fault diagnosis [J]. Mechanical Systems and Signal Processing,21(6):2560-2574.

第7章 MRO 服务生命周期建模原理与集成技术

MRO(maintenance，repair and overhaul)是产品在使用和维护阶段所进行的各种维护、维修、大修等制造服务活动的总称，是产品全生命周期的重要组成部分(程曜安 等,2010)。MRO 的业务与数据管理是制造服务生命周期信息集成的主体，MRO 决策支持方法是将现代管理理念、新一代信息技术和人工智能方法相结合，管理产品全生命周期中 MRO 数据信息,支持维修过程管理及优化,为业务决策提供技术支持。

近年来,产品全生命周期管理的理念不断深入人心,制造企业也越来越重视产品的全生命周期管理,包括产品的设计、制造、销售、使用、回收等阶段,与之对应的信息化平台也得到越来越广泛的应用,包括产品数据管理(PDM)、制造执行系统(manufacturing execution system,MES)、企业资源计划(ERP)以及 MRO 等(李浩 等,2010,2018)。其中 PDM、MES、ERP 是对产品设计和生产阶段的信息进行管理,三者的发展以及相互之间的集成技术已较为成熟。MRO 主要是对产品使用阶段的信息进行管理,包括在产品开箱之后的安装、调试、培训以及用户在使用过程中发生的维护、维修、报废回收等服务业务(张欢,2012)。产品的使用阶段在其整个全生命周期中占有较大的比重,特别是对于复杂装备来说,其具有结构复杂、使用周期长、工作条件特殊、投资大、运行连续等特点,一旦出现故障并导致停机,将影响客户的正常生产,造成巨大的损失,不但会增加制造企业的维修费用,还会使企业声誉受损。因此,一些复杂装备制造企业将 MRO 作为企业售后服务信息平台,用以实现对维修服务的快速响应、精准维修以及个性化服务,最终实现降低维修成本、提高顾客满意度的目标。

目前,中国制造企业之间的竞争更加激烈,越来越多的企业意识到信息管理在制造企业中的重要性。物料清单(BOM)是用数据格式来描述产品结构的文件,即定义产品结构的技术文件,又称为产品结构表或产品结构树,它反映了一个产品所有零部组件的构成层次关系。BOM 是企业内部各部门沟通的纽带,也是编制计划、过程跟踪、采购、成本计算、质量追踪、服务管理的依据（吴晓锋 等,2016）。在我国,随着 ERP 和 PDM 的广泛使用,产品在设计和制造阶段的数据,即设计阶段的设计 BOM(engineering bill of material,EBOM)、制造阶段的制造 BOM(manufacturing bill of material,MBOM),均得到有效管理。

大型复杂产品一般具有结构复杂、生命周期长、维修环节多、多工种专业交叉作业等特点,使用阶段的 MRO 服务业务成为其全生命周期中一项重要的环节;同时,大型复杂产品的 MRO 服务过程是一个动态演化的过程,具有很强的时变性,这一点与设计或制造过程不同（曹浩,2016;ZHU et al.,2012）。因此需要建立一种与维护、维修有关的服务 BOM(service bill of material,SBOM)结构,以实现对产品维修信息的正向跟踪和逆向追溯。近年来,针对 MRO 服务过程中数据管理模型的研究如下。

任良全等(2010)从维修资料、维修知识和维修历史等多个信息资源组织和管理的角度对多种不同信息资源进行分类,分析比较了不同类型维修信息的特点,根据这些特点设计出由中性 BOM、位置 BOM 和实例 BOM 等单树式结构组成的复合式维修 BOM 结构。与单树式维修 BOM 结构相比,这种复合式结构在操作简便性、提高复杂装备信息资源组织有效性和保证数据一致性等方面具有很大优势。依据复杂装备维护因素中的结构因素信息,王辑添等(2011)提出 SBOM 网络结构,并结合装备维护的信息需求,给出了 SBOM 参数信息集成建模方法及对应的参数信息优化方法。针对复杂装备 MRO 服务过程涉及数据多、业务对象复杂、专业化程度高,从而导致 MRO 整体服务水平低的问题,陈飞(2012)提出了包括目标层、功能层、技术层和数据层四个层次的基于 SBOM 的复杂装备 MRO 服务管理系统体系,通过对服务状态项组织和服务状态组成元素的研究,实现了基于 SBOM 的复杂装备 MRO 服务数据组织模型的合理构建以及服务状态演化与反馈的有效控制。李浩等(2010,2018)为了消除维修服务的信息孤岛,详细描述了 MRO 系统与产品数据结构、库存管理、财务管理、生产管理、供应/采购管理、客户/销售管理、产品回收等系统模块的集成,并对涉及设备 MRO 服务中的多个子系统模块进行了分析,提出了设备 MRO 系统的集成模型,建立了面向全生命周期的复杂装备 MRO 支持系统;随后,对 MRO 系统与 ERP 系统之间的业务过程和信息交互过程进行了分析,建立了二者的业务集成框架模型,分析了 ERP 与 MRO 系统的数据结构转换过程,提出了二者的数据集成模型。在此基础上,刘增明(2017)针对复杂装备 MRO 服务中的业务联系不足、数据不一致等问题,结合物联网技术,将闭环管理思想应用于复杂装备 MRO 中,提出了物联网环境下的复杂装备闭环 MRO 服务原理与框架,建立了相应的业务和数据模型。李玲等(2016)

分析了 MRO 服务的特点和相应的维护需求,构建了面向设备维护的复合维修 BOM;在此基础上,针对设备 MRO 服务的数据管理和组织方式,设计了一种基于复合维修 BOM 的设备维护与运行状态数据管理框架,并提出基于有限状态机的维护与运行状态演化模型。

基于当前研究进展分析,目前大部分针对 BOM 的研究与应用仍处在设计与制造阶段;即使针对维修阶段的 BOM 研究,产品服务阶段的数据仍无法与设计制造阶段的数据进行有效集成。因此,需要在产品使用维修阶段,将产品信息、制造信息、服务需求、维护技术文档等与 MRO 服务业务深度融合,支持对 MRO 服务业务进行全面、高效的数据管理(胡浩 等,2010)。

7.1　MRO 服务生命周期业务集成

7.1.1　MRO 的全生命周期管理

MRO 具体可分为面向产品的 MRO 系统和面向设备的 MRO 系统。MRO 在产品全生命周期和设备全生命周期中的作用如图 7-1 所示。图中横向是从产品的需求、设计、制造以及回收利用这几方面来描述产品的全生命周期,其业务的主体是制造企业;纵向是从设备的购置规划、设备准备、采购以及报废这几个方面来描述设备的全生命周期,其业务的主体是设备的拥有企业。二者起点不同,过程也有差异,但是在纵横交叉的圆环中,可以看出二者的共性。不管是横向或是纵向,圆环所处的时间段是设备的使用运行阶段,包含设备运抵采购企业之后的安装、调试、生产以及管理的全过程。

7.1.2　MRO 生命周期的核心业务

MRO 生命周期的核心业务是对设备的维护和维修,目前维修方式主要有以下三种:①定期维修,指维修人员按照计划对设备进行维修;②事后维修,指设备出现故障以后进行维修;③状态维修,指对设备进行实时数据监控,以对设备的状态进行判断和预测。其中,事后维修是一种被动的维修方式,定期维修虽然是一种主动的维修方式,但容易浪费维修资源,而状态维修是一种主动并且节省成本的维修方式。

大型复杂装备具有结构复杂、使用周期长、涉及人员多的特点,因此,MRO 业务应是一个持续改进、逐步迭代的过程。不同类型设备和不同行业的 MRO 业务,都包含一些共性的业务环节,例如维修计划、维修执行、维修反馈及维修改进等。Deming

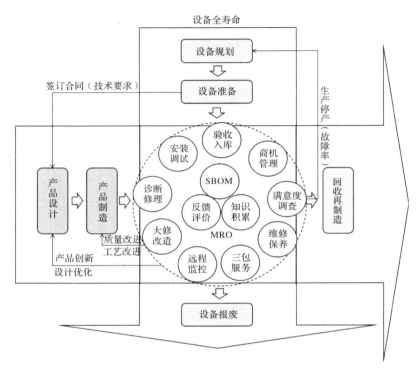

图 7-1　MRO 在产品全生命周期和设备全生命周期中的作用

等(1982)提出的经典 PDCA(plan-do-check-act,即计划、执行、检查、处理)循环,可以使任何一项活动有效地进行一种合乎逻辑的工作程序,其具有持续改进的能力,在质量管理中应用较为广泛。PDCA 循环有利于分析这些共性环节的运作方式,以实现业务过程持续改进的目标。对于 MRO,具体来说,维修计划环节对应 PDCA 循环中的"P",包括维修方针的确定和对维修活动的计划;维修执行环节对应 PDCA 循环中的"D",即根据维修计划中的作业卡来执行具体的维护维修活动;维修反馈环节对应 PDCA 循环中的"C",即对维修执行的结果进行分析并反馈结果,这也是积累维修知识的过程;而 PDCA 循环中的"A"是 MRO 中的维修改进环节。这些都反映了维修计划、维修执行、维修反馈以及维修改进等可以通过循环,不断改进 MRO 的业务,另外这些环节的内部也存在业务循环改进,MRO 业务通过多层次的循环改进不断提升维护、维修和大修的质量。在全生命周期知识需求的驱动下,形成了具备持续改进功能的 MRO 核心业务过程(图 7-2)。

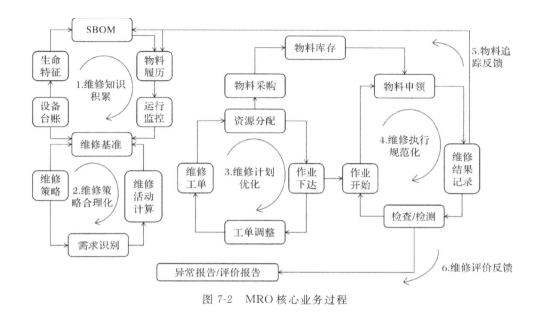

图 7-2　MRO 核心业务过程

7.2　MRO 服务生命周期核心业务模型

7.2.1　服务需求管理模型

传统的服务需求来源较为单一。在使用复杂产品的过程中,如果产品发生故障,客户一般采用网络或电话的方式向销售人员或售后服务人员反映,这样企业就会比较被动,很难实现即时服务的目标。现代制造服务的有效实施要求企业的 MRO 业务需求来源广泛,除了来源于售后服务、呼叫中心以及营销部门的需求汇总外,还需要制造企业通过远程状态监测技术和 MRO 知识管理技术来对设备故障进行预测。并且,随着产品维修服务数据的增加,会有越来越多的需求是制造企业通过远程监测和故障诊断而来的。其中 MRO 知识管理技术包括对物料维修属性的分析以及对维修服务历史记录的归纳总结,这些知识可以有效地帮助服务人员对设备以及设备关键物料的运行状态进行判断。此外,需求的内容也是多样的,包括对产品的安装调试、维护、维修、三包服务等。通过对 MRO 业务需求进行管理,制造企业采集、筛选、归类客户的服务需求,并且对服务需求的信息加以完善,形成一个完整的服务需求单,放入服务需求池,交由审核人员进行审核,通过审核的服务是服务人员编制服务计划和服务工作令的依据。服务需求管理模型如图 7-3 所示。

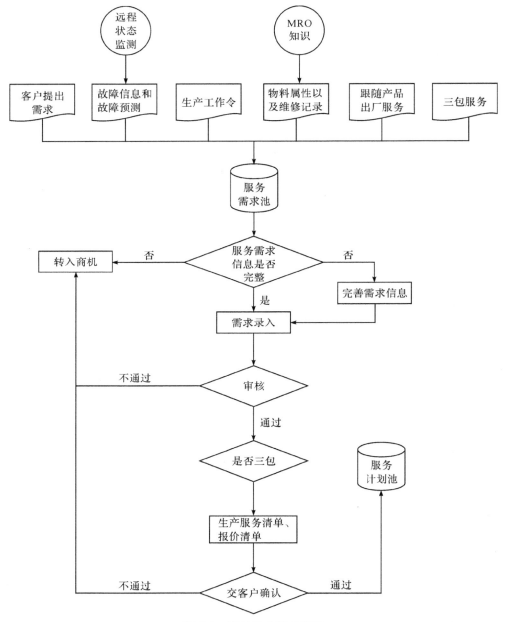

图 7-3 服务需求管理模型

大型复杂产品制造服务企业服务人员可以通过多种方式获取客户的需求,主要有主动获取和被动获取两种途径。服务需求获取方式包括:①客户通过网站、电话与服务人员或营销人员联系,提交服务需求;②客户对维修服务不满意,再次提出服务需求;③服务人员跟随产品出厂,提供安装、调试、培训工作令;④由 ERP 提供的服务工作令;⑤三包服务产生的服务工作令;⑥通过远程监测技术采集设备运行状态数据,通过对数据分析产生的维修服务需求;⑦根据 SBOM 中物料的寿命以及服务历史记录,对关键物料的运行状态进行预测,产生服务需求(张友兵等,2012)[39]。

服务人员在收到服务需求时,首先需要查看该需求的完整性,包括客户信息、产品及物料状态信息、服务要求信息等,如果服务需求不完整,服务人员需要查询 SBOM 或者其他信息模块,把缺失的信息补充完整。

服务人员把服务信息补充完整后,需要在 MRO 系统中填写服务需求单,并且交由服务审核人员进行审核。如果审核没有通过,则服务人员需要对需求信息进行确认与修改,将修改后的服务需求单重新交由审核人员进行审核,如果判断该需求单没有达到执行的条件,则把该需求单转入商机管理模块。

如果审核通过,需要判断该服务需求是否属于三包服务的范围。如果该服务需求属于三包服务的范围,则启动产品的三包服务流程,将该服务需求转入服务计划池;如果该服务需求不属于三包服务范围,那么将该服务需求放入服务需求池、生产服务清单以及报价清单,经由客户确认后再转入服务计划池,按照服务计划池中的实际计划执行所需服务。

7.2.2　服务计划管理模型

服务计划管理模型是对 MRO 业务过程进行安排人员、准备维修器具与备品备件、制定维修策略等一系列的管理活动。传统制造企业的服务计划一般采用粗放式的服务方式,接到维修服务需求后,就查找空闲的人员和资源进行维修活动,没有制订详细的维修服务计划,这样表面上能够实现快速响应服务的需求,但是服务人员在到达维修现场之前未分析故障信息和详细服务需求,容易出现二次维修的现象,导致资源浪费。现代制造企业要求服务人员在接到维修需求时,利用 MRO 系统知识,对维修需求进行详细分析,找出服务需求点,有针对性地安排合适的服务人员、维修器具、备品备件、技术资料文档等 MRO 业务,这样既能提高资源的利用率,又可以减少二次维修给客户带来的经济损失。服务计划管理模型如图 7-4 所示。

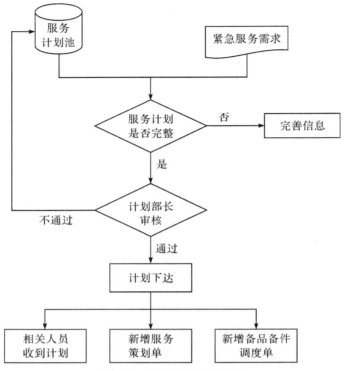

图 7-4　服务计划管理模型

　　服务计划的来源主要有两个方面:服务计划池和紧急服务需求。服务计划池中的计划单都来源于服务需求管理模型的服务需求池,服务需求池中的服务需求来源较多,不同的服务需求来源要求服务人员制订不同的服务计划。另外,因为大型设备出现故障可能会导致整个生产线瘫痪,所以制造企业经常会遇到紧急服务需求,在这种情况下,可以跳过服务需求的流程,直接进入服务计划流程,交由服务人员对客户故障描述信息进行审核,对信息不完整的服务计划单由服务人员查找相关信息进行补充完整。对于信息完整的服务计划单,交由计划部长审核;对于审核不通过的服务计划单,将转到服务计划池中,由服务人员进行修改后再次提交。对于审核通过的服务计划单,则执行计划下达命令,计划下达之后,相关的维修服务人员会收到维修命令。另外维修人员还会收到维修策划单和新增备品备件调度单,维修人员据此准备维修器具、备品备件,在计划的时间内到达维修地点,进行维修服务活动。

7.2.3　服务执行管理模型

服务执行管理模型是对维修服务人员进行 MRO 业务的管理。传统的服务执行模式同样采用粗放式,维修人员接到维修计划后,根据自己的经验来准备维修资源,但是经常会判断失误,导致多次维修,造成人员和资源浪费。现代制造企业要求服务人员充分利用 MRO 系统知识库,精准地判断出故障原因,从而确定哪些物料需要进行维修、更换,实现精准维修、快速响应的目标,最终提高客户满意度。服务执行管理模型如图 7-5 所示。

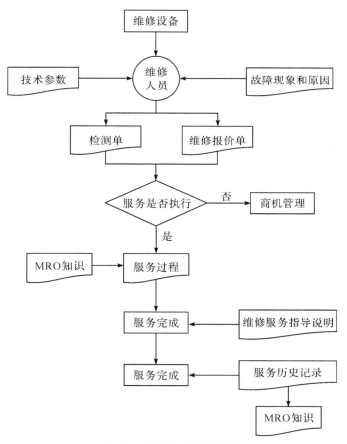

图 7-5　服务执行管理模型

维修服务人员在接到维修计划时,先通过远程监测设备对设备的运行状态进行检测,同时根据 MRO 系统知识库中与物料维修特性有关的知识来判断故障现象和故障原理,并充分了解有关物料的技术参数,确定待修物料的需求,准备相应的维修器具、备品备件和与物料有关的技术文档。当维修人员按照服务计划单中计划的时间到达维修地点后,维修人员根据维修策划单对怀疑部位进行检测,如果确定是该物料导致设备出现故障,则根据该物料的技术参数来确定维修需求,并且生成检测单和维修报价单。如果客户不同意进行维修服务,则将该服务计划转为商机管理;如果客户同意进行维修服务,维修服务人员发现故障部件后通过核对技术参数来确定待修物料的维修需求,根据维修需求生成相应的维修任务,在确认无误后进行物料维修。在进行维修或者更换的过程中,MRO 系统知识库中有关该物料维修策略或更换方法的描述可以帮助维修人员快速完成维修或更换任务,尽量减少客户等待时间。另一方面,对于使用寿命快要到期的物料,可以建议提前进行维护或更换,以减少客户的损失。

当维修人员完成维修工作后,需要将该设备的故障信息和维修信息进行记录,由服务部门相关人员对本次服务工作进行分类总结,将共性信息(被维修零部件的特性、状态等)记录到中性 SBOM 中,并将这些信息反馈至 ERP,供该设备的设计和制造人员参考,提高产品的设计和制造水平。另外,服务人员需要将被维修设备的个性信息(该物料的故障现象、故障原因、维修策略等)关联到该设备的实例 SBOM 中,以便为下次维修服务工作提供参考。

7.3 SBOM 建模过程

7.3.1 基于 SBOM 的复杂产品 MRO 信息集成

根据产品所处时期,可以将产品的 SBOM 分为中性 SBOM 和实例 SBOM。其中,中性 SBOM 管理产品的维修规程、维修需求等知识;实例 SBOM 管理产品的维修历史、客户信息等(程曜安 等,2010;张欢,2012)。

对 SBOM 结构及其关联知识的管理,可为 MRO 业务提供支持:①对 SBOM 结构的管理,目的是方便服务部门人员快速查询到有关的知识;②对 SBOM 结构所关联的 MRO 过程知识的管理,是为了给维护、维修服务提供支持。为了对 SBOM 结构及其关联知识进行有效管理,首先需要对 SBOM 结构进行建模,SBOM 结构建模的关键在于搭建合理有效的产品层级关系以及 SBOM 节点属性的设置,而对关联知识的管理决定了 MRO 业务服务的效率和质量(EYNARD et al.,2004;任佳妮 等,2013)。基于 SBOM 的 MRO 业务集成模型如图 7-6 所示。

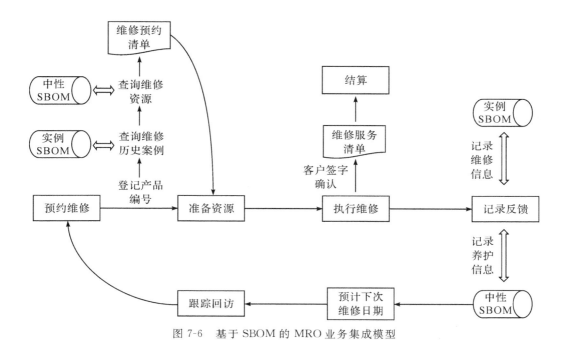

图 7-6　基于 SBOM 的 MRO 业务集成模型

　　针对高端复杂装备的维修工作,其维修流程可以简化为预约维修、准备资源、执行维修、记录反馈等阶段。客户提出维修服务需求后,企业服务部门人员根据客户描述的故障现象,查询实例 SBOM 数据库,初步判定故障原因及所需备件。如果历史维修案例过少或由于其他原因无法做出判断,则需要查询中性 SBOM 数据库。中性 SBOM 关联从设计阶段到制造阶段有关产品的 MRO 共性知识。服务部门人员根据客户对故障的描述,结合历史维修案例和产品的共性知识,生成维修预约清单并准备维修所需的资源,包括维修人员、维修工具、可能需要的备品备件等;然后,维修人员对产品进行故障排检。在此过程中,中性 SBOM 的排检过程及养护规则等知识可为维修人员提供维修支持。另外,维修人员根据产品 SBOM 关联的工艺要价信息,可为客户提供维修报价。上述步骤完成后,维修人员执行对产品的维护或维修工作。维修人员在完成维护或维修工作之后,需要将有关故障及维修的信息反馈给服务部门人员,把这些信息关联到实例 SBOM 中,同时将有关排检、养护等共性知识反馈给服务部门及设计部门,并将这些信息关联到中性 SBOM 中。这样在设备或系统以后的运行中,相关的服务部门人员就可以根据已有的维护、维修记录及养护等知识为客户提供养护提醒服务,以此增加客户的满意度。

　　另一方面,对产品制造商来说,随着产品维护、维修记录数据的不断丰富,制造商可以对大量维修数据进行分析,例如采用复杂产品故障模式识别方法等,实现对产品的全生命周期管理。制造商还可以根据对大量数据的分析结果,对维修率较高的零部件进行改进,从而提高产品的整体质量。最后,对所有维修案例进行信息化管理,形成知识库,可在以后的维修服务中为维修人员提供参考。

　　SBOM 是根据维修服务的要求建立的,它是在工艺 BOM(process bill of material,PBOM)的基础上建立起来的,除了包括 PBOM 中的基础信息和制造装配流程之外,还应包括排检规程、维修规程、养护说明,维修记录等内容,并以树状结构展示给维修服务人员。SBOM 与 EBOM 或 MBOM 的区别在于项目节点和关联知识不同。SBOM 根据关联知识的特点可以分为中性 SBOM 和实例 SBOM。中性 SBOM 是指虚拟的单树式 BOM 结构,其 BOM 节点关联多件产品的共性知识(属性),并对这些知识进行管理(吴晓锋 等,2016)。实例 SBOM 是中性 SBOM 在现实中的客观反映,其 BOM 节点关联具体单件产品的维修数据。每一件已经出厂的产品都对应一个实例 SBOM,其可以是自行手工搭建的,也可以从中性 SBOM 转化而来(图 7-7)。

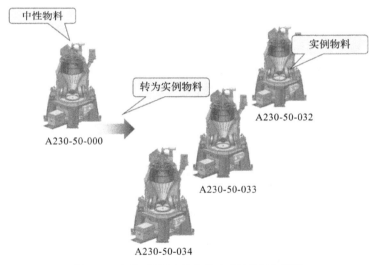

图 7-7　中性 SBOM 转化为实例 SBOM 模型

7.3.2　SBOM 集成建模方法

1. SBOM 演化过程

大型复杂产品的 SBOM 结构在产品全生命周期中处于动态变化状态,与设计和制造阶段的 BOM 管理特征不同。因此，需要从产品全生命周期的角度研究产品 BOM 结构的演化过程。首先，在产品的设计与制造阶段，建立产品零部件的中性 SBOM，由零部件组装成功能系统，形成功能系统的中性 SBOM；然后，组成完整的产品，形成产品中性 SBOM；最后，产品交付给客户使用，根据使用过程中产生的 MRO 形成产品的实例 SBOM。在中性 SBOM 转化为实例 SBOM 的过程中，由于每个产品都是根据设计来生产的，其结构与设计一致，因此，一个实例 SBOM 可以由中性 SBOM 通过实例化产生。

每台复杂产品售出后，均产生一个独一无二的实例 SBOM(V_1)。用户在使用过程中，每次维修或者大修，可能更换的新零件厂家、材料等不同，产生一个新的实例 SBOM(V_2)；经过多次的维修后，该用户的实例 SBOM 演化为 V_n 版本。经过多次大修或者更新换代后 V_n 版本的实例结构与最初的 V_1 版本存在较大不同，甚至结构有较大改进。这就是 SBOM 的演化过程。

2. SBOM 演化过程中关联知识分析

SBOM 演化过程中的关联知识是复杂产品在使用阶段中进行安装、调试、维护和维修过程中所需要的技术文档和信息，可分为中性 SBOM 信息模型和实例 SBOM 信息模型。

中性 SBOM 反映的是产品的共性知识，中性 SBOM 信息模型不仅要反映产品在设计和制造阶段所添加的基本属性，还要包含技术参数、功能说明、故障现象和原因、养护说明、使用说明、维修指导、回收说明等维修数据。这些数据主要由设计和生产人员决定。所谓基本属性，是指用于说明物料的基本信息，包括物料名称、编码、唯一标识、物料等级（总成级、配件级、零件级）、物料特征（独立配件、从属配件）、物料类型（按性质和维修类别划分）、是否为易损件、是否为专用件等。技术参数是判定该物料是否需要进行维护、维修的参考数据，是产品故障检测和维修后审核的判定标准。功能说明用于描述该物料的功能，对维修人员进行维修工作具有参考价值。故障现象和原因是指该物料损坏导致的故障现象以及引发该故障的原因，是服务人员判定维修故障部位的依据。养护说明是指在使用阶段针对该物料的养护相关知识的解释，包括养护周期、养护方法、润滑需求等。使用说明包括安装说明以及调试说明等，是服务人员进行安装和调试的依据。维修指导包括排检规程、维修规程等，是维修人员进行排检和维修的依据。回收说明包括预期寿命以及材料回收说明等，是该物料报废或者寿命到期后回收的依据。具体属性可由企业根据具体的需求来建立。将这些属性关联到相应的项目（item）节点上，并通过电子文档、图档以及其他文件形式在中性 SBOM 结构树上体现出来。

与中性 SBOM 不同,实例 SBOM 模型不仅要反映产品在设计和制造阶段所添加的基本属性,还要包括故障信息、维修记录、客户信息等。故障信息包括故障描述、现场故障记录、故障原因、故障后果等维修数据。这些数据主要由维修服务人员决定。故障描述是产品出现故障后,客户通过电话等方式向服务部门人员进行的描述,也是服务部门准备维修服务资源的依据。现场故障记录是维修服务人员到达现场后,对产品进行检查后记录的故障现象。故障原因是维修服务人员经过排检后,对造成故障的原因进行的描述。维修记录是记录与维修过程相关的信息,包括维修人员、维修所需资源、维修部位、维修方法、更换零部件等信息。将这些属性关联到相应的 item 节点上,并通过电子文档、图档以及其他文件形式在实例 SBOM 结构树上体现出来。例如,顾客在使用大型立磨的过程中,立磨的选粉机发生故障,此时服务部门人员需要在实例 SBOM 中建立一个 item 节点,该节点关联选粉机的所有知识,包括从中性 SBOM 中集成过来的基本信息以及与物料维修、物料故障相关的信息,最后还要补充对本次维修服务记录进行整理后形成的维修知识。

表 7-1 和表 7-2 分别为中性 SBOM 和实例 SBOM 演化过程关联知识模型。

表 7-1　中性 SBOM 演化过程关联知识模型

参数	零部件属性		
信息描述	总体信息:代号、名称、类型、材料、形状、尺寸 产品结构:层级关系、数量关系 使用说明 维护说明 ⋮	零件编号 零件批次 生产企业 生产日期 使用寿命 标准价格:进价、售价 ⋮	是否为易损件:是、否 技术参数 功能说明 故障现象 维护周期 维护方法 ⋮
来源	来源于 EBOM	来源于 MBOM	中性 SBOM 中添加信息

表 7-2　实例 SBOM 演化过程关联知识模型

参数	零部件属性		
信息描述	总体信息:代号、名称、类型、材料、形状、尺寸 产品结构:层级关系、数量关系 使用说明 维护说明	零件编号 零件批次 生产企业 生产日期 使用寿命 标准价格:进价、售价 ⋮	状态:使用中、待修、备件 故障类别 故障描述 维修人员 维修方案 维修成本 ⋮
来源	来源于 EBOM	来源于 MBOM	实例 SBOM 中添加信息

3. SBOM 结构建模

复杂产品结构复杂,涉及零部件较多。为了更全面地表达其 SBOM 结构,首先需要确定其 item 节点。中性 SBOM 的 item 节点的划分与实例 SBOM 不同,中性 SBOM 的底层节点根据实际需求而定,不一定是结构上不可再分的零件,也可能是一个组件或部件。另外,由于其关联的知识侧重于产品的维护、维修以及排检等,所以在划分 item 节点时应多考虑易损坏或者专用的零部组件,对于不易损坏或者通用的零部组件,在制作中性 SBOM 时可将其忽略。例如,在大型立磨中,磨辊为易损件,在中性 SBOM 中要将磨辊作为一个 item 节点,并关联上安装、维护、维修等知识。而立磨中的支架不易损坏,因此在中性 SBOM 中可以忽略对其的描述。搭建中性 SBOM 可采用自上而下、层层搭建的方式,首先确定最高层物料,然后根据确定的 item 节点选取其下一层的物料,接着从其下一层的第一个子件开始选取第三层物料,以此类推,直至将所有的 item 节点关联到中性 SBOM 结构树上。建立好中性 SBOM 树之后,还需将产品的共性维修属性及维修知识关联到所有的 item 节点上。

实例 SBOM 是在使用阶段形成的动态的 SBOM 结构,它是针对每一个具体产品建立的专用 SBOM 结构。实例 SBOM 有两种搭建方式,一是手工搭建,二是将中性 SBOM 实例化后自动生成。对于后一种方式,其初始 item 节点与中性 SBOM 相同,区别在于其关联的属性及知识是在产品使用维修过程中逐步添加的。这种搭建方式的优点是搭建过程较简单,缺点是数据冗余过多。对于手工搭建,其 item 节点的划分与中性 SBOM 有很大区别。它是在用户使用过程中,根据具体的维护、维修情况逐渐增加的,具体过程如图 7-8 所示。例如,在用户使用大型立磨的过程中,选粉机出现故障,服务人员便需要将选粉机或者选粉机中的某些零部件作为一个 item 节点,并关联上选粉机的故障及维修信息。手工搭建过程和其 item 节点的确定是同步的,也是在产品使用过程中逐渐完善的,可采用自下而上的方式搭建。产品某个零部件出现故障时,服务部门人员将该零部件或其上/下一层级零部件作为 item 节点关联到实例 SBOM,并将相关的故障及维修记录关联到该 item 节点上。这种搭建方式的缺点是会加大服务部门人员工作量,优点是会减少数据冗余,方便查询数据。

根据中性 SBOM 和实例 SBOM 的搭建方法,以大型立磨为例,建立其 SBOM 结构模型,如图 7-9 所示。

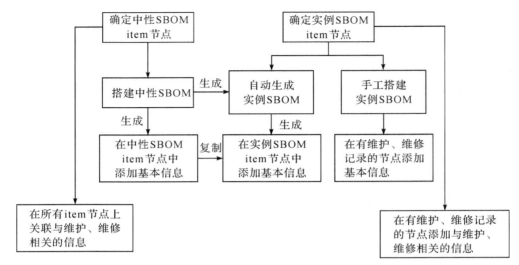

图 7-8　中性 SBOM 结构和实例 SBOM 结构搭建过程

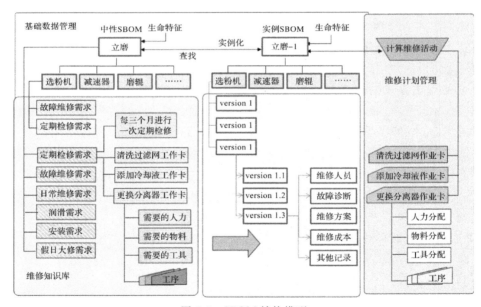

图 7-9　SBOM 结构模型

　　根据前面的介绍,在 SBOM 中,中性 SBOM 是在设计和制造阶段形成的 BOM 结构,对于同一型号、同一规格的产品,具有相同的中性 SBOM。中性 SBOM 结构包括中性 SBOM 结构树和相关属性及知识两部分。与中性 SBOM 不同,实例 SBOM 是在使用和维修阶段形成的 BOM 结构,每一个产品都有一个独立的实例 SBOM 结构,实例 SBOM 结构包括实例 SBOM 结构树和历史记录两部分。随着产品的使用、维护与维修,实例 SBOM 的结构和所关联的知识会发生改变,比如更换了某个部件,这些变化会反映到实例 SBOM 中。服务部门人员可以根据大量的维修知识,对其有共性的维修知识进行归纳总结,关联到中性 SBOM 中。也就是说,SBOM 在产品的全生命周期中处于不断完善的过程。

另外,具体的产品可能在不同时期出现不同的故障,也可能对同一故障进行多次维修,为了使得记录尽量详细并且方便查询,可以对其进行版本控制。对于某一时期出现故障的多次维修,可记录为 version $n.1$, version $n.2$, $\cdots$, version $n.m$。若维修人员一次维修即可完成维修任务,此时将故障信息和维修信息关联到大版本(version n)中;若维修人员需要进行多次维修,则将维修信息和故障信息关联到小版本(version $n.m$)中。

7.4　MRO 与 ERP 集成方法

7.4.1　ERP 与 MRO 的信息交互

ERP 作为企业资源管理系统,在企业资源调度方面起着重要作用。ERP 系统的核心是 MBOM,企业几乎所有资源调度都要围绕 MBOM 来展开。MBOM 定义了产品或产品某些零件在生产过程中的每道工序以及每道工序所需要的物料。在 ERP 系统中,需要定义车间级的零件和整个生产组装过程,这些信息通过规划视图来管理生产和装配,规划视图定义了零件和零件在车间的装配过程,所以 MBOM 是面向产品生产过程的(张隽 等,2009;陈猛 等,2006)。

与 ERP 相似,对于 MRO 系统而言,MBOM 是核心,但是它主要面向的是产品的维护和维修,并不关注产品制造过程中的每道加工工序,也不需要关注那些起辅助性作用的物料;相反,MRO 决策支持系统关注的重点在于容易出现故障并且可能造成客户损失的物料,所以 SBOM 是面向产品使用的。它的结构和所关联的知识取决于产品设计人员、制造人员以及维修服务人员,而且这些知识不是固定不变的,而是随着产品在全生命周期中的不同阶段而不断进行调整和补充的。

对于大型复杂产品来说,中性 SBOM 是描述某一类型或某一型号产品以及该产品核心零部组件功能、特性的文件,中性 SBOM 的结构由它的 item 节点所确定。item 节点一般是指需要企业重点关注的某些物料。这些物料一般具有易损坏、作用大、损坏后果严重等特性,中性 SBOM 结构的确定也是企业服务人员快速查询物料信息的基础。确定中性 SBOM 的 item 节点之后,需要在每个节点上关联该物料的知识(或称属性),一个完整的中性 SBOM 结构树不仅需要包括在研发、设计以及制造阶段该型号产品所有关键物料的基本属性(如名称、编号、物料特征等),还需要关联与该物料维修活动有关的知识(如物料是否易损、物料拆解规程、物料损坏后的现象、一般发生故障原因等)。这些知识一般从产品的设计阶段就开始形成,在产品生命周期过程中逐渐完善,最后由企业服务部门人员对这些知识进行整合归纳,形成完整的中性 SBOM。而实例 SBOM 是针对某一具体产品而言的,是中性 SBOM 在现实中的客观反映,其 item 节点的确定与中性 SBOM 不同,它是在产品使用的过程中,根据该产品的实际故障情况逐步进行补充确定的,其 item 节点关联的是具体单件产品的维修数据。

从以上分析中可以看出,MBOM 与 SBOM 的信息高效传递是实现 MRO 与 ERP 系统集成的关键。除了 BOM 中所包含的信息之外,还需要考虑库存信息、销售信息、备品备件信息、商机信息等。ERP 与 MRO 的信息交互如图 7-10 所示。

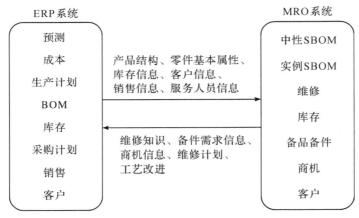

图 7-10 ERP 与 MRO 的信息交互

7.4.2 ERP 与 MRO 的信息传递

一个产品全生命周期的形成要经过工程设计、工艺设计、生产制造、销售、使用、报废等过程。ERP 系统主要作用于生产制造和销售阶段,其管理的信息包括生产 BOM、设备、库存、销售、采购、客户、人力资源等。MRO 系统主要作用于使用和报废阶段,其管理的信息包括 SBOM(中性 SBOM 和实例 SBOM)、三包服务、商机、备品备件、维修服务人员等。ERP 和 MRO 的信息传递如图 7-11 所示。

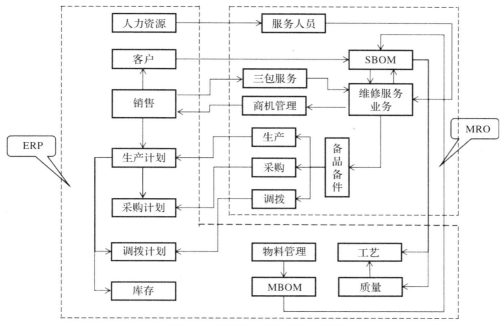

图 7-11　ERP 与 MRO 的信息传递

　　在 MRO 系统中,SBOM 几乎关联所有与维修服务相关的知识,所以 SBOM 与 MBOM 的有效集成,是 MRO 与 ERP 能否成功集成的关键(任佳妮　等,2013)。 SBOM 中所关联的物料基础信息,除了来自 ERP 的 MBOM,还需要部分销售信息和客户信息,再结合实际维修服务业务过程中产生的维修服务知识,形成完整的 SBOM。对 SBOM 所关联知识进行整合并反馈到 ERP 中,对产品的工艺和质量进行改进。除了 BOM 集成外,还需要将 ERP 销售订单的部分信息传递到 MRO 的三包管理中,包括产品、客户以及销售的基本信息(如产品名称、产品型号、图号、客户名称、客户代码、订单编号、合同号、出厂日期、使用地点等),以便维修服务人员及时执行三包服务。另外,在维修服务过程所产生的商机,需要及时反馈给 ERP 系统,以便销售人员及时跟进。对于备品备件管理,主要有备品备件生产、采购以及调拨等业务,服务部门人员首先根据实际需求在 MRO 中建立相应的表单,并将表单的信息传递给 ERP,由相应的管理人员进行审批并执行。对于服务人员的管理,可以将服务部门人员信息从 ERP 传递到 MRO 中,不仅便于企业在进行 MRO 业务时可以合理安排维修服务人员,还能减少数据的重复录入。

7.4.3　MBOM 与 SBOM 数据结构转换

SBOM 是 MRO 系统信息载体,ERP 是 MRO 系统信息载体,SBOM 是由 MBOM 转换而来的。所以,研究 MBOM 和 SBOM 之间的转换是对 MRO 与 ERP 进行集成的核心。

对 ERP 中产品 BOM 的 item 节点进行筛选,形成 SBOM 的树状结构,然后将该结构树中所有的 item 节点关联的基础属性关联过来,再加上订单以及客户的信息,形成基础 SBOM。在用户使用具体产品的过程中,将实际发生的维护、维修等服务行为逐渐关联到基础 SBOM 中,逐渐扩充 SBOM 中的维修知识。BOM 的集成也是 ERP 与 MRO 集成的核心。

MBOM 来源于 EBOM,MBOM 在 EBOM 的基础上增加了制造过程中的有关工序、物料等信息,其一般具有较为完善的 BOM 结构以及物料基础信息,所以以 MBOM 为基础来实现中性 SBOM 结构的搭建是较为合理的。MBOM 一般包括产品几乎所有的物料,而中性 SBOM 只关注易损、关键的物料,二者物料范围不同,物料节点的展开层级也不同。MBOM 关联物料的基础属性、设计图档、技术文档、工序信息、工艺信息等,中性 SBOM 需要将物料基础信息以及与维护、维修有关的信息导入中性 SBOM,再根据物料的特性,手动加上该物料的维修信息,最终形成完整的中性 SBOM。

MBOM 转换为中性 SBOM 的过程如图 7-12 所示。传递的信息主要包括 BOM 中的 item 节点以及属性。MBOM 和中性 SBOM 由于针对产品生命周期中不同的阶段,其 BOM 结构也不同,MBOM 主要用于生产制造,其 item 节点的设置主要由产品的加工工序决定,包括每道工序需要的物料以及加工工艺。MBOM 几乎不考虑零件、部件或组件的维修策略和维护策略。而中性 SBOM 与之不同,其主要作用于产品的使用阶段,用户或者服务人员需要了解产品各个零件、部件、组件的维护和维修策略,特别是对于需要定期维护、易损坏的以及损坏后对设备有较大影响的零部组件,中性 SBOM 主要根据这几点来确定其 item 节点。MBOM 的属性信息除了包括物料的基本信息,还包括工艺路线、工时定额、材料定额以及机床、刀具、夹具、模具和量具等工装方面的信息;而在中性 SBOM 中,只需要保留物料的基本信息以及与维修维护有关的工艺、装配等信息,这样可以尽可能地节省人力并保证数据的一致性。其他的属性可以手动输入或者从 PDM、MES 等系统导入。

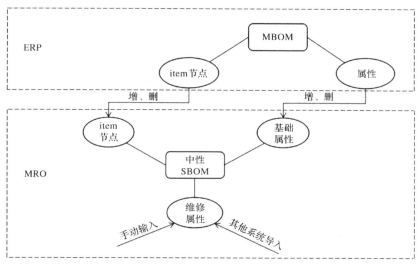

图 7-12　MBOM 转换为中性 SBOM 过程

MBOM 转换为中性 SBOM 的过程如下。

1) 采用自上而下的方式, 从 MBOM 中将中性 SBOM 关注的物料添加到中性 SBOM 中, 从最高层级的物料开始添加, 遍历该产品所有的 item 节点, 直到添加完最小单元的 item 节点为止。

2) 根据产品的结构特征, 对于 MBOM 中没有考虑到的相同物料不同位置的情况, 对这些物料加以区分, 并对 item 节点层级关系进行调整。

3) 对于 MBOM 中物料的基础属性以及与维修维护相关的信息, 通过直接导入或者粘贴的方式关联到中性 SBOM 对应的 item 节点。

4) 根据物料特征分析, 将维护手册、养护规则、检修规程等信息关联到中性 SBOM 对应的 item 节点。

5) 根据企业的实际需求, 设定不同人员对中性 SBOM 的访问和修改权限。

7.4.4　MRO 与 ERP 数据集成模型

实现 MRO 系统与 ERP 系统的有效集成, 要从业务层和数据层进行分析。另外, SBOM 和 MBOM 分别作为 MRO 和 ERP 的信息载体, 二者能否有效集成对 MRO 和 ERP 集成效果有着重要影响。SBOM 与 MBOM 数据集成模型如图 7-13 所示。

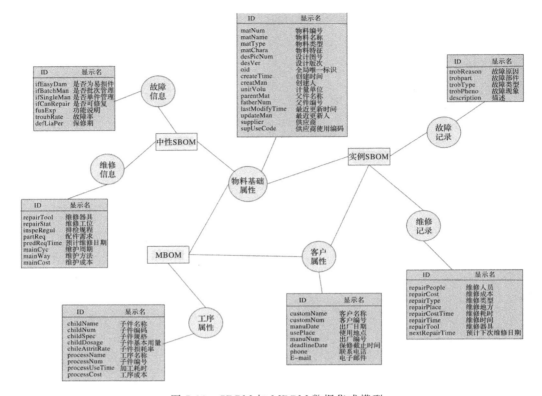

图 7-13　SBOM 与 MBOM 数据集成模型

　　对于大型复杂设备来说,其在制造和使用阶段所涉及的物料属性信息主要可以分为物料基础属性、工序属性、客户属性、故障信息、维修信息、故障记录、维修记录。

　　物料基础属性是在产品设计阶段形成的,贯穿产品整个生命周期,主要为了便于企业各个部门对该物料进行统一管理。可以认为物料基础属性是物料管理属性。具体包括物料名称、物料编号、物料类型、设计图号、全局唯一标识、计量单位等。

　　工序属性是物料在制造阶段形成的,用来描述物料在生产加工阶段有关技术参数,是制造人员进行物料生产的依据。主要包括加工工序和所需原材料等,比如子件名称、子件编码、子件基本用量、子件损耗率、工序名称、工序编号等。

　　客户属性产生于产品订单形成阶段,便于服务人员进行后续的三包服务等MRO 业务。主要包括客户名称、客户编号、出厂日期、使用地点、联系电话等。

　　故障信息是在服务阶段形成的,用来描述与物料故障有关的共性知识,比如是否为易损件、是否批次管理、是否可修复、故障率、保修期等。这些信息主要来源于设计人员和制造人员对物料特性的描述，并由服务部门归纳总结得到，可为服务人员判断设备故障提供参考。

维修信息是用来描述与物料维修有关的共性知识，比如维修器具、维修工位、维修规程、备件需求、预计维修日期、维护方法等。这些信息来源与故障信息相似，由设计人员和制造人员对物料特性进行描述，由服务人员进行整合成知识，可为维修服务人员制订服务计划和服务策略提供参考。

故障记录是在维修服务人员进行维修服务活动后，对设备真实故障的描述，包括故障原因、故障现象、故障类型、故障后果。这些故障记录信息由服务人员归纳后，反馈到设计和制造部门，用于改善后续产品的设计和制造水平，同时这些知识对于下一次的维修服务具有很大的参考价值。

维修记录与故障记录类似，是维修服务人员在完成维修服务任务后，对本次维修服务所调用资源的描述，包括维修人员、维修成本、维修类型、维修器具、维修地点、维修耗时、备品备件等。这些信息同样被整理成维修知识后，反馈到设计和制造部门，并且为后续的 MRO 业务提供参考。

在这些物料属性信息中，有一部分对于 MBOM 和 SBOM 而言是交叉重叠的，比如物料基础属性以及客户属性。

7.5　本章小结

本章分析了当前研究现状，分析了 MRO 在产品全生命周期和设备全生命周期中的作用，给出了 MRO 服务生命周期业务集成过程，包括 MRO 的全生命周期管理和 MRO 生命周期的核心业务；然后，阐述了 MRO 服务生命周期的核心业务模型；最后，给出了 SBOM 的建模过程，详细阐述了 MRO 与 ERP 的集成过程与方法。

参考文献

曹浩，2016. 基于 PLM 系统的设计 BOM 应用[J]. 汽车实用技术(6):183-185.

陈飞，2012. 基于维修 BOM 的复杂装备 MRO 服务管理系统的研究[D]. 杭州：浙江大学.

陈猛，马路，刘林海，2006. 企业级信息集成关键技术研究[J]. 制造业自动化，28(5):30-33.

程曜安，张力，刘英博，等，2010. 大型复杂装备 MRO 系统解决方案[J]. 计算机集成制造系统，16(10):2026-2037.

胡浩,祁国宁,纪杨建,等,2010.基于产品生命周期维修的产品结构模型[J].浙江大学学报(工学版),44(11):2108-2112.

李浩,纪杨建,顾新建,2010.面向全生命周期的复杂装备 MRO 集成模型[J].计算机集成制造系统(10):2067-2072.

李浩,刘根,李奇峰,等,2018.ERP 与 MRO 系统集成过程建模与应用研究[J].河北工业科技,35(6):426-434.

李玲,刘敏,吴鸣,2016.基于复合维修物料清单的设备运行状态管理模型[J].计算机集成制造系统,22(6):1529-1540.

刘增明,2017.物联网环境下的复杂装备闭环 MRO 服务研究与应用[D].杭州:浙江大学.

任良全,张君,张力,等,2010.面向信息资源管理的维修 BOM 结构设计与分析[J].计算机集成制造系统,16(7):1545-1551.

任佳妮,周立秋,2013.大型装备 MRO 知识管理系统研究[J].现代情报,5(5):56-59.

王辑添,司书宾,2011.复杂装备维护 BOM 集成建模方法研究[J].中国制造业信息化,40(23):50-54.

吴晓锋,胡思嘉,刘志军,2016.BOM 在数字化设计制造集成中的应用研究[J].信息技术标准化(4):47-51.

张欢,2012.面向服务架构的修造企业 MRO 决策支持系统研究[D].合肥:合肥工业大学.

张隽,孙立,2009.MRO 企业如何实现精益管理[J].航空维修与工程(3):20-21.

张友兵,陈育荣,杨亚会,等,2012.面向汽车整车制造过程的多视图 BOM 数据管理信息系统研究[J].中国机械工程,23(9):1065-1069.

DEMING W E,EDWARDS D W,1982. Quality,Productivity,and Competitive Position [M]. Cambridge,MA:MIT Press.

EYNARD B,GALLET T,Nowak P,et al.,2004. UML based specifications of PDM product structure and workflow [J]. Computers in Industry,55(3):301-316.

ZHU H,GAO J,LI D,et al.,2012. A web-based product service system for aerospace maintenance,repair and overhaul services [J]. Computers in Industry,63(4):338-348.

第8章 MRO 服务生命周期数据管理与动态数据模型

    MRO 服务生命周期数据管理与动态数据管理主要依靠 SBOM 来完成，SBOM 也被称为维修 BOM，是针对产品维修阶段而设计的产品清单信息，也可以认为是产品在 MRO 业务过程中零部件的维修信息、状态信息、结构信息的描述文件。它可以为产品的维修服务提供准确的信息。对 SBOM 的分析可以说是从数据层面对 MRO 进行分析。

    胡浩(2011)对寿命较长的机械设备改造进行了研究，由于设备改造会改变设备结构，因此使用阶段的 SBOM 也会随时间动态变化。为了描述设备改造对设备 SBOM 造成的改变，他提出了 BOM 动态生成技术理论，该技术实现了设备改造对产品 SBOM 更改的自动控制，并且可以生成新的 SBOM。此外，对于大多数企业采用文档记录产品在使用阶段所产生的各种维护、维修数据这一情况，胡浩等(2011)提出维修状态 BOM 的概念，他们把产品管理的维修模块定义成三种维修状态项，把每次维修服务活动造成的维修服务状态项组的改变定义为维修状态，维修状态 BOM 就是以维修状态项的组织和维修状态演化来记录产品维修历史，从而解决产品维修历史缺少系统管理的问题。

    王辑添等(2011)对大型复杂产品 SBOM 的结构进行分析，根据产品树状结构，构建了大型复杂产品 SBOM 模型，并定义了 SBOM 的四种属性信息，即产品结构树信息、产品维护历史信息、产品资源保障信息以及产品维护资料信息。他们提出了一套 SBOM 树状结构和属性信息集成建模理论，并且采用构件实例 SBOM 的方法，验证了该模型的有效性。

    Muh 等(2008)针对大型复杂产品在维修服务过程中所需要的备品备件一般有不同的价格、质量、失效率以及供应商的现象，提出了一种 SBOM 的配置方法，用于降低备品备件的采购成本。该方法可以通过选择不同备品备件的供应商来降低产品的维护维修成本和服务操作成本。

倪现存等(2008)认为飞机等大型设备的维修主要资源是备品备件,备品备件直接影响设备的维修速度和维修质量,因此提出一种基于 PDM 的 SBOM 管理模型,将飞机等大型设备的维修服务信息与设计、制造阶段的相关信息进行集成,实现大型设备全生命周期中各阶段的信息共享,并且给出了 SBOM 在各个阶段的转换过程,采用 BOM 遍历算法最终得到 SBOM。

思爱普(SAP)公司的企业资产管理(enterprise asset management,EAM)设备维修系统采用基于物料主数据的 SBOM,但是它只包含了维修服务管理需求中定义的相关备品备件项。SAP EAM 中的 SBOM 可以为维修工单、维修请求和预防性维修的备品备件调度提供支持,以达到提高维修服务质量和效率、优化决策的目标(汪昌任,2010)。

虽然这些 SBOM 可以为 MRO 业务提供支持,但是仅仅将 SBOM 作为信息的一个载体,没有根据产品状态对 SBOM 进行更加详细的划分,信息较为混乱,使用效率会降低。除此之外,以往对 SBOM 的研究仅仅局限于产品的使用阶段,没有对上游设计和制造阶段进行信息反馈,也没有形成信息闭环,不利于企业设计、制造以及服务的持续改进。

8.1 MRO 服务生命周期数据管理

8.1.1 SBOM 设计原理

BOM 是企业内部各部门沟通的纽带,涉及设计、工艺、制造、销售、采购、财务、服务等部门。通过 BOM 可以查询一个物料在产品中所处的位置以及需求量等信息。BOM 也是编制计划、过程跟踪、采购、成本计算的依据(仲华惟 等,2009)。企业主要使用的 BOM 有 EBOM、PBOM 和 MBOM。EBOM一般由设计人员创建并使用,通常用来描述产品的结构、数量关系以及装配关系(吴晓锋 等,2016)。EBOM 常见的文本表现形式包括产品明细表、图样目录、材料定额明细表等。其对应的电子视图一般是结构树的形式,树上的各个节点关联属性或图形信息,主要在 PDM 软件中作为产品管理和图档管理的基础数据出现。PBOM 主要由工艺设计人员使用,用来管理零部件的加工工艺信息。PBOM 中的信息支撑整个系统进行生产作业计划的制订、生产积累提前期的计算、生产系统和监控以及成本核算等(李浩 等,2017)。MBOM 主要由生产人员使用,通过系统的递归查询和汇总计算,得到产品和所有加工物料的装配关系及装配数量,管理产品所有加

工零件之间的对应关系。MBOM 常见操作为寻找最底层的制造零件(柳博 等,
2004)。SBOM 静态结构如图 8-1 所示。

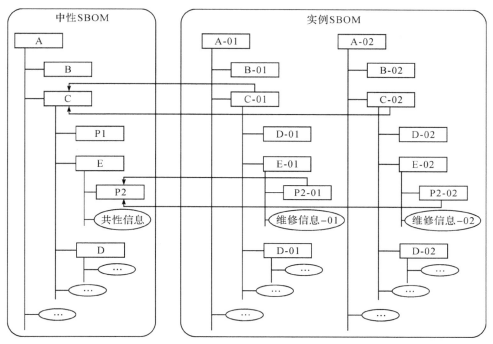

图 8-1　SBOM 静态结构

8.1.2　SBOM 与 MRO 的关系分析

大型复杂装备结构复杂,涉及的零部件较多,不同的零部件有着不同的属性
特征,比如价格、寿命、可靠性等,采用传统的管理模式,很难对多种物料进行统一
管理。而且在产品使用的过程中,随着维护和维修次数的增加,产品结构也会发
生改变,这无疑会增加企业对设备服务生命周期内 MRO 业务的管理。

另外,大型复杂产品使用生命周期较长,平均寿命在 20～25 年,在这么长时
间内,企业 MRO 业务过程中会产生大量的维修服务数据,这些数据对于服务人员
深入了解各个零部件的特性,提升服务质量和服务效率具有很大的支撑作用。

制造企业要想对物料的维修故障特性以及 MRO 业务过程中产生的维修故障
记录进行高效管理,需要像设计阶段和制造阶段一样,建立一个结构树,作为
MRO 系统信息的载体。这个信息载体可以关联所有与物料维修以及故障有关的

数据信息,并对这些信息进行统一管理。建立 SBOM 的目的就是为了响应企业的这种需求。SBOM 与 EBOM 以及 MBOM 类似,同样采用单树式结构,将产品整个生命周期内所有与维修、故障有关的信息关联到 SBOM 结构树对应的 item 节点上,便于企业进行查询和管理。图 8-2 展示了 SBOM 驱动下的 MRO 服务生命周期管理。

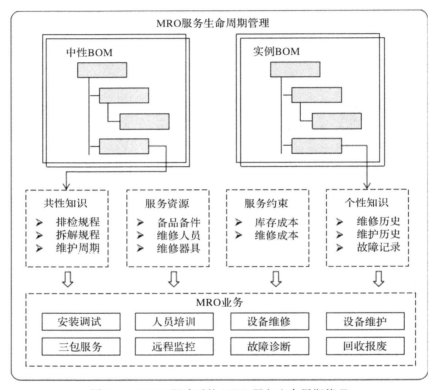

图 8-2　SBOM 驱动下的 MRO 服务生命周期管理

从产品结构的关联角度分析,SBOM 主要包括三类知识:共性知识、个性知识、其他知识。共性知识是同型号产品可以共享的知识,比如某一型号设备的排检规程、拆解规程、维护周期等;个性知识是具体单台设备所关联的知识,比如维修历史、维护历史、故障记录等;其他知识是不与产品的结构之间关联的,但在制订服务计划、服务策略时起支持作用的知识,比如备品备件、维修人员、维修器具等。SBOM 关联的这些知识可以帮助服务人员进行 MRO 决策,包括制订服务计划、需求计划、服务策略等,以达到制造服务企业快速响应需求、提高服务质量、减少资源浪费的目的。

8.1.3　复杂产品 SBOM 的特点

在产品的全生命周期中,SBOM 作用于产品全生命周期的使用阶段。复杂产品具有使用周期长、结构复杂等特点,导致产品在使用过程中,会产生较多的维护、维修信息,此时 SBOM 作为产品物料信息的载体,不仅描述产品中物料结构,还关联各个物料所有与使用维修相关的信息,这对维修服务人员进行 MRO 业务有着关键作用。复杂产品 SBOM 的特点如下。

1)管理粒度为单个具体产品。企业生产的复杂产品在销售出去之前,其SBOM 的状态为中性 SBOM。由于同一型号的产品具有完全相同的物料信息,因此中性 SBOM 可以对该型号所有的产品进行管理。产品被销售出去后,不同产品有着不同的客户信息,并且在使用过程中,产品的某些零件会被维修或者更换,每一次的维护、维修都会产生服务记录。随着服务数据的增加,实例产品之间的差异会越来越大,针对不同产品也需要制订不同的维护、维修方案,每个实例产品都需要建立相应的 SBOM。此时的 SBOM 状态为实例 SBOM,其管理对象是单个的具体的产品,不同的实例 SBOM 结构和关联的属性知识也不同。这也是 SBOM与 EBOM、MBOM 的区别所在。

2)节点的定制型。SBOM 主要针对产品的使用阶段,其目标是提高维修服务响应速度,提高维修效率和质量,这与 EBOM 和 MBOM 是有区别的。SBOM 只关注与维修服务相关的物料,其节点由物料的维修属性来决定。对于中性SBOM,主要关注该产品中易损的或者损坏后果比较严重的物料。对于实例SBOM,主要关注在使用过程中发生维护、维修活动的物料。如果某个零部件没有进行过维护、维修活动,则不需要在实例 SBOM 中建立该物料的节点。

3)考虑物料的位置信息。由于复杂产品结构复杂、零部件种类和数量多、零部件的重复度高,所以经常会出现两个或者多个相同的零部件被安装在产品不同位置的情况。尽管这些物料具有相同的属性信息,但是在使用过程中,由于位置不同,物料磨损程度也不尽相同,随着使用时间的增加,这些物料的差异也会越来越大。所以在 SBOM 中,需要区分不同位置的相同物料,以实现精准维修。

4)MRO 数据量大。SBOM 作为 MRO 系统的核心,是进行 MRO 业务的基础。SBOM 中存放着大量与产品维修服务相关的数据,包括物料基础信息、物料维修信息、物料维修记录、远程监控数据、故障诊断信息、维修知识等。这些信息的来源较多,把这些信息都关联到 SBOM 中,一方面有利于进行 MRO 业务,另一方面,由于数据太多,难免会有重复,造成数据冗余,这就要求服务人员要定期对SBOM 结构以及关联知识进行优化,减少数据冗余。

5）与 MBOM 形成闭环。MRO 业务过程与产品的制造阶段是一个闭环信息系统，SBOM 和 MBOM 作为使用阶段和制造阶段的核心数据载体，同样需要形成闭环信息系统。SBOM 需要从 MBOM 中接收 BOM 的基础信息以及制造阶段产生的与维护、维修相关的信息。经过一段时间的 MRO 业务后，SBOM 中的数据发生变化，此时需要将与产品工艺、质量有关的信息反馈到 ERP 系统的 MBOM 中，以实现信息共享。

6）SBOM 的动态性。复杂产品的使用生命周期较长，产生的 MRO 业务也较多，每次进行 MRO 业务后，都会或多或少产生一些维修服务记录，比如对零部件进行修复、更换等。这些服务记录会导致 SBOM 的结构发生变化，同时也会导致维修知识不断积累和迭代，每一次维修都会产生一个新的维修版本。所以，SBOM 会随着 MRO 业务的进行而动态演化，这一点在第 8.2.1 节和第 8.2.2 节会有详细分析。

8.1.4　SBOM 结构搭建过程

根据中性 SBOM 的 item 节点的确定原则，可以通过对 MBOM 的 item 节点进行增加和删除来实现中性 SBOM 结构的搭建。再通过对中性 SBOM 的 item 节点的增加和删除来实现实例 SBOM 结构的搭建，最终完成整个 SBOM 结构的建立（详见第 7.4.3 节）。

8.2　MRO 服务生命周期动态数据模型

8.2.1　基于全生命周期的 SBOM 动态演化模型

SBOM 的演化过程已在第 7.3.2 节阐述，这里仅以大型立磨为例，说明其基于全生命周期的 SBOM 动态演化过程（图 8-3）。

该型号立磨是中信重工的主要产品之一，是一种用于将大颗粒矿渣等物料粉磨至细微颗粒的粉磨设备，主要对建材、化工、钢铁等行业产生的废渣进行粉磨，实现废渣的再利用（DONNELLY，2013）。立磨装备属于一种复杂装备，具有产品结构和原理复杂、生产环境恶劣、运行时间长、MRO 服务主体多的特点。该型号大型立磨产品结构树如图 8-4 所示。

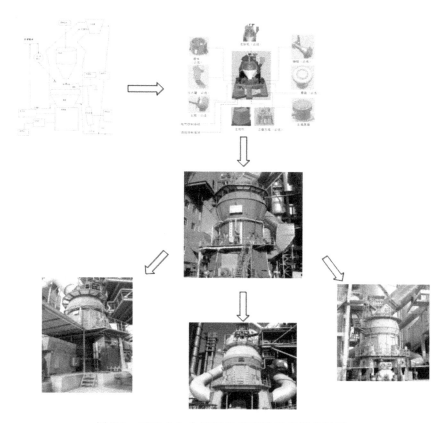

图 8-3 基于全生命周期的 SBOM 动态演化过程

SBOM 的演化起点是 EBOM，EBOM 侧重从设计的角度去分析产品的结构组成。EBOM 关联的信息包括该产品所有的零部件以及原材料，这些信息以 BOM 结构树以及设计图纸、技术文档的形式表示出来，但是 EBOM 没有关联产品的加工工序、物料数量以及一些辅助性物料。MBOM 是在 EBOM 的基础上演化而来的，添加了加工工序、零部件消耗数量、辅助材料等信息，用于说明父件的成型工序，有利于实现对物料的精益管理。SBOM 是在 MBOM 的基础上，通过对制造 BOM 结构以及关联知识进行更改，再关联上在 MRO 过程中产生的维修服务知识而形成的。以大型立磨为例，在设计阶段，其 EBOM 结构是结构树的形式，该结构树包括了实例立磨功能的所有关键物料，并且每个物料都有相应的设计图纸、技术文档。在制造阶段，MBOM 在 EBOM 的基础上添加了加工工序等，比如支座和螺杆通过焊接的工序形成父件撑杆部件，并且 MBOM 中包括产品的使用说明书、三包证明等辅助性材料。在产品的使用阶段，SBOM 是基于 MBOM 建立的，比如

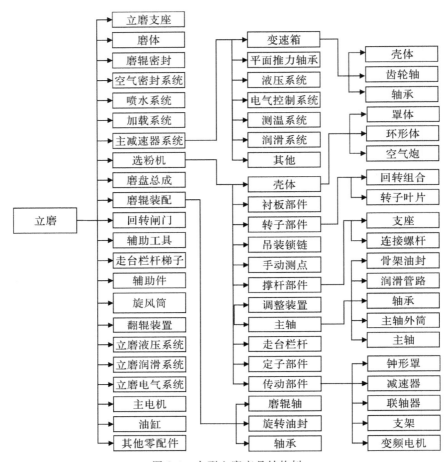

图 8-4　大型立磨产品结构树

梯子对于立磨实现其基本功能并不起太大作用,只是辅助性工具,在建立 SBOM 时,可以将其忽略。磨辊作为关键性物料,因易磨损,需要定期进行维修,所以需要将磨辊添加到 SBOM 结构中,作为 SBOM 的一个 item 节点,并且从 MBOM 中导入磨辊的基础属性信息,在中性 SBOM 节点添加磨辊的维护、保养信息,在实例 SBOM 阶段加入磨辊的维护、维修历史记录,并将这些知识反馈到设计和制造阶段,形成信息闭环。从产品的全生命周期来看,SBOM 处于动态的演化过程中。

8.2.2　基于服务生命周期的 SBOM 动态演化模型

基于服务生命周期的 SBOM 动态演化模型如图 7-9 所示。与基于产品全生命周期的 SBOM 动态演化不同,基于服务生命周期的 SBOM 动态演化主要是针对实例 SBOM 而言的,因为在 MRO 业务过程中,产品的维修维护数据主要改变的是实例 SBOM,中性 SBOM 与 MBOM 联系较为紧密。同样以大型立磨为例,在产品的使用过程中,会产生大量的维修服务数据,比如用户选粉机出现故障,服务部门人员选派维修人员进行现场维修。若一次性完成了维修,此次在实例 SBOM 中的维修记录版本为 version n;若没有一次性完成维修,则此次维修记录版本为 version $n.1$,若再次针对该故障进行维修,则第二次维修记录版本为 version $n.2$,直至将本次故障完全维修,则针对本次故障维修版本记录为 version $n.m$。每次维修记录的内容由实际维修情况而定,比如维修人员、维修方案、故障诊断、维修成本等,这样记录有利于下次维修。另外,服务部门可以根据对实际维修情况的分析,总结出立磨某些物料的共性特征或者故障规律。比如选粉机的定期维修需求,包括每三个月一次检修、清洗过滤网、添加冷却液以及这些 MRO 业务所需要的人力、物料、工具等信息。可以将这些知识管理到中性 SBOM 中,为以后的MRO 业务提供支持。通过不断进行 MRO 业务,不断丰富 SBOM 知识库,并将这些信息再次用到 MRO 业务过程中,这就形成了服务生命周期内的信息闭环,同时也是 SBOM 动态演化的过程。

8.2.3　数据驱动下的 MRO 业务模型

企业服务部门人员通过对 SBOM 的 item 节点以及各个节点所关联的属性信息进行管理,可以为大型复杂产品的 MRO 业务过程提供相应的技术支持(WANG et al.,2012)。

在客户同意对设备进行维护、维修后,服务部门人员可以根据客户提供的故障信息、中性 SBOM 中对物料维修属性的描述以及实例 SBOM 对物料维修历史的记录等相关知识,判断哪些零部件可能损坏、哪些零部件使用寿命到期、哪些零部件会影响设备的工作效率等,最终列出故障分析单和待维修维护物料清单。服务部门还可以根据实例 SBOM 中物料维修历史记录,挑选出最适合的人员来执行本次维修服务。

维修执行人员接到通知后,根据故障分析单和待维修维护物料清单来准备设备维修所需要的所有资源,包括维修所需要的工具、更换原物料所需的备品备件、相关的技术文档资料等。当维修执行人员到达维修点后,根据故障分析单所描述的故障信息以及中性 SBOM 中的排检规程对设备进行故障检测,快速对设备故障进行判断。维修人员确定故障原因后,可以根据中性 SBOM 中对该物料特征的描述,决定是进行维修还是更换,并给出报价。

以 SBOM 为指导来完成对大型复杂设备的维修和维护工作,可以实现维修服务提前预测、快速响应、精准维修，对提升客户满意度有着至关重要的作用。另外，通过 SBOM 中有关故障和维修的知识来准备维修服务资源，可以减少资源浪费和库存，降低维修成本，提高企业的经济效益。

8.3　系统设计与开发案例

8.3.1　系统体系框架

本案例在某高校开发的 MRO 基础应用平台上进行二次开发。该基础平台是一套用于开发分布式信息管理系统的基础框架，提供了一系列建模手段和可扩展接口，使应用开发人员、系统实施人员和企业用户得以在同一个体系下以模型定制为主进行应用系统开发，并且能够通过调整模型，不断对信息系统进行扩展和完善。基于平台的应用软件体系框架如图 8-5 所示。

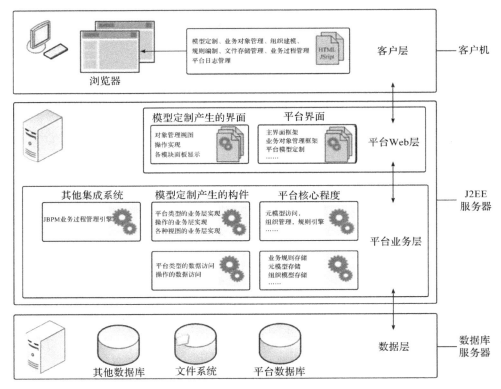

图 8-5　基于平台的应用软件体系框架

　　平台的软件体系框架遵循 J2EE 标准,从上到下分成客户机、J2EE 服务器和数据库服务器三个部分。客户机部分用于在用户的浏览器上运行客户层界面展现的代码,主要包含从服务器发送过来的 JavaScript 脚本和用于加载脚本的HTML 页面。这些脚本将通过客户端浏览器完成平台界面的展示,而浏览器则通过提交异步请求产生对 J2EE 服务器的调用。

　　J2EE 服务器基于 Jboss 5.1.2 中间件开发,提供 Web 信息发布和后台业务逻辑功能,其进一步细分为 Web 容器和 EJB 容器。按照 J2EE 标准,Web 容器中部署代表平台的.war 文件,在平台应用的.war 文件中包含客户机浏览器将要使用的 JavaScript 文件,以及用于相应浏览器产生异步通信的 Serverlet 程序。其中 JavaScript 部分采用 Google Web Toolkit(GWT)编译器编译产生,而 Serverlet 程序与 EJB 容器中的 Java Bean 通信实现对后台业务逻辑的调用。同样,在 J2EE 服务器的 EJB 容器中将部署符合 J2EE 标准的 Java Bean,这些 Java Bean 被封装为.jar 的形式,部署在 Jboss 服务器的主文件夹中。通过对 Java Bean 的调用,实现服务器端的业务逻辑以及数据库访问。最后,在应用服务器之下,基于 Oracle10g 数据库管理系统的平台数据库,实现与其他系统的集成,平台的应用服务器层还可以访问其他数据库管理系统以及文件系统中的数据(周宏生,2005)。

8.3.2　系统功能需求分析

　　由对 MRO 平台的分析可以看出,对平台的开发要遵循轻便、高效的原则,要避免新开发的模块功能对平台原功能产生影响,数据类型要与原平台保持一致。具体应满足以下功能需求:

　　①通过系统实现维修服务流程审批的快速送达和提醒;

　　②减少服务信息流转审批环节,使服务需求、工作令、工单等及时送达指定人员;

　　③记录产品或物料使用寿命和保养期,及时提醒客户进行维护或更换零部件;

　　④加强服务管理信息化、流程化,实现信息的共享、查询、分类、汇总、考核和分析;

　　⑤保证系统之间数据传递的安全,能够独立部署服务,避免对其他系统底层数据库造成影响;

　　⑥记录存储每条数据,提供完整的(批量或单一条件)调用接口;

　　⑦对数据可查可改,内容和状态随时与母数据库保持一致;

⑧轻便的接口调用协议,不产生过多接口调用配置文件;

⑨保证系统长期、安全、可靠、稳定、高效运行;

⑩通用的数据传输类型。

8.3.3 系统框架设计

在制造企业 MRO 系统架构中,运用当今主流的分层思想来实现对复杂产品 MRO 系统框架的搭建。MRO 系统一般采用三层结构体系,该体系可实现各层之间的解耦,有效降低层与层之间的依赖,有利于平台的扩展、维护与集成(柴晓路等,2003)。系统的设计原则主要有以下几点。

①实用性原则:尽可能地满足用户实际工作要求,使用户易于操作。

②经济适用原则:设计方案应考虑整个系统所投入的人力和财力是否合理,最大可能地集成遗留系统,以节约成本。

③可靠性原则:系统应具有处理海量数据的能力,能快速地并行处理用户信息,应具有信息隔离和信息保密措施。

④业务驱动原则:服务位于业务和技术中间,要充分理解业务需求和服务之间的动态关系及其底层技术之间的关系。

⑤迭代开发原则:服务生命周期管理应具有维护服务版本的升级。

复杂产品制造企业 MRO 系统结构框架包括基础平台、业务组件和企业应用(图 8-6)。最底层为 MRO 基础平台,其中界面主体框架、对象管理框架、权限规则引擎、过程引擎、查询引擎、报表引擎是系统功能实现的基础,用户可以通过建模或者二次开发的方法对以上模块进行扩展,二次开发的方法有 Java 编程开发、脚本开发、存储过程开发,不同模块提供了可编程扩展的接口。中间层为业务组件,也是 MRO 的核心,包括维修服务部门整个维修服务流程:维修需求管理→维修计划管理→维修执行→反馈记录。业务组件通过基础数据管理、BOM 管理及维修资料管理对整个维修服务流程进行管控,另外,可以与 ERP 等系统进行集成,实现数据共享。最上层为 MRO 系统使用的范围,包括挖掘装备、工程机械、建材装备、采矿装备等大型复杂产品。

8.3.4 系统模块功能设计

所谓系统模块功能设计,就是根据实际对象的运行环境、管理要求及研发工作的便利程度,在原基础平台上增加 SBOM 模块、备品备件流程管理模块、需求管理模块、商机管理模块等互相对立的模块。这些模块包含若干个子模块,每个子

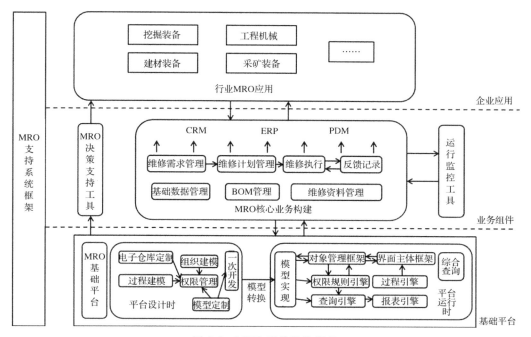

图 8-6　MRO 系统结构框架

模块可以实现特定的功能。结构化开发方法一般采用自上而下的开发策略,先将需要实现的功能设计成多个满足功能需求的模块,再在各子模块内进行功能划分和层次划分,直至满足开发系统的需求为止(罗伟其 等,2001)。

1. SBOM 模块

该模块包括中性 SBOM 和实例 SBOM 两个子模块,分别负责中性 SBOM 和实例 SBOM 的结构的搭建以及对 BOM 关联知识的管理。通过在中性 SBOM 中关联维修服务所需要的零部件特性、维修规程、工艺报价等相关知识,为大型复杂产品的维修服务提供技术支持。通过对大型复杂产品实例 SBOM 的故障记录、维修记录等信息进行整合分析,实现该产品在服务生命周期以及产品全生命周期内的健康管理。

(1)中性 SBOM 子模块

中性 SBOM 是维修准备的依据,对于缺少维修案例和维修历史数据的产品,显得尤为重要。中性 SBOM 的建立,要使服务人员能够根据用户反映的故障,快速定位到产品的子系统,找出可能引发故障的原因。根据其对应的知识,预测出进行维修所需要的时间以及资源,以便做出维修计划,并避免维修预测失误造成的时间和资源的损失。

中性 SBOM 一般包括基本属性、维修信息、维修需求。基本信息包括物料编号、物料名称、物料等级、物料特征、物料类型等。维修信息是判断故障部位所需的知识,包括技术参数、功能需求、故障现象等。维修需求是服务人员制订维修计划所需要的知识,包括维修人员、维修器具、维修工位、配件需求、预计维修日期、提前预警时间、养护规则等。其中养护规则可以在建立中性 SBOM 时确定,如无法确定,可以根据实际维修情况后续补充。中性 SBOM 树可以由基础物料管理关联过来,相同的属性也可以关联过来,也可以创建或编辑中性 SBOM 树和属性。

（2）实例 SBOM 子模块

实例 SBOM 是维修知识库,实例 SBOM 的建立是一个不断补充完善的过程。维修服务人员在收到维修申请后,应根据产品型号查找实例 SBOM 中相同或类似型号的产品,这样可以快速确定故障内容,准确地制订维修计划,从而缩短维修时间,降低返修率,提高企业效益。

实例 SBOM 一般包括基本信息、故障信息、维修信息几类。基本信息包括物料编号、物料名称、物料等级、物料特征、物料类型等。故障信息是维修人员在维修过程中记录的内容,包括故障类型、故障原因、故障后果等。维修信息是维修人员维修设备的信息,包括维修人员、维修日期、维修类型、维修耗时、维修成本、预计下次维修日期等。实例 SBOM 树可以由基础物料或者中性物料关联过来,相同的属性也可以关联过来,也可以创建或编辑实例 SBOM 树和属性。

2.备品备件流程管理模块

备品备件信息管理用来对备品备件固定资料信息进行定义,具体包括备品备件编码、备品备件名称、规格型号、创建人、在库数量、所在仓库、库存位号、生产厂家、出厂序列号、条形码、备品备件状态、库存状态、价格等属性信息(简斌 等,2007)。其中,备件状态分为可用、在用、故障、报废;库存状态分为库内(备件中心)、库外(用户处和维修点)。

1)备品备件采购入库流程。备品备件采购入库流程是对备品备件采购入库业务相关流程的描述,主要环节如图 8-7 所示。操作人员先根据物料需求计划及预警信息创建采购申请单,提交之后由管理员审核并批注。若审核未通过,生成未批准采购单,由申请人进行修改并重新提交,或者对此申请单进行作废处理;若审核通过,生成已批准采购单,采购执行完毕后由质检人员进行质检,并由仓库管理人员将产品的信息与已批准采购单的信息进行核对。质检合格、核对无误后生成入库单,入库之后更新备品备件信息库。若质检不合格,进行退换处理。

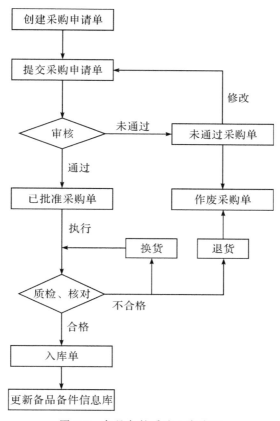

图 8-7　备品备件采购入库流程

2）备品备件维修流程。备品备件维修流程是对备品备件维修相关流程的描述，主要环节如图 8-8 所示。操作人员首先提交维修申请单，由管理人员审核。若审核不通过，生成未通过维修单，由申请人修改并重新提交，或者作废此维修单；若审核通过，生成已通过维修单，然后对备品备件进行维修。若能够修复，则生成已完成维修单，记录并更新备品备件信息库；若无法修复，则进入报废流程。

3）备品备件调拨流程。备品备件调拨流程是对备品备件在不同部门之间进行调度相关流程的描述，主要环节如图 8-9 所示。操作人员首先提交调拨申请单，由管理人员审核。若审核不通过，生成未通过调拨单，由申请人修改并重新提交，或者作废此调拨单；若审核通过，生成已审批调拨单，然后对备品备件进行调拨，完成后生成已完成调拨单，用以记录调拨信息，并更新备品备件信息库。

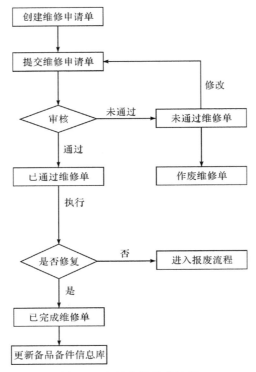

图 8-8 备品备件维修流程

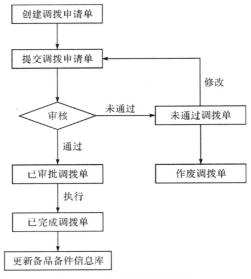

图 8-9 备品备件调拨流程

4）备品备件报废流程。备品备件报废流程是对寿命到期或者无法修复的备品备件进行报废相关流程的描述，主要环节如图 8-10 所示。操作人员首先提交报废申请单，由管理人员审核。若审核不通过，生成未通过报废单，由申请人修改并重新提交，或者作废此报废单；若审核通过，生成已审批报废单，然后对备品备件进行报废，完成后生成已完成报废单，用以记录报废信息，并更新备品备件信息库。

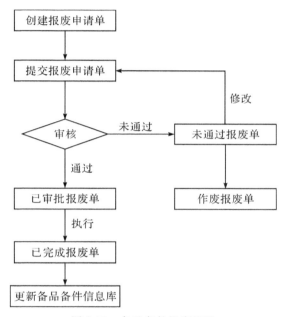

图 8-10　备品备件报废流程

3. 需求管理模块

需求管理模块将来自售后服务、呼叫中心以及营销部门的需求进行汇总，由专门的服务人员整理并提交到部门主管进行审核。该需求如果不符合要求，可驳回或者作废；如果符合要求，可以选择执行，或者转为商机，待以后再执行。

服务需求草稿提交后，由信息专员编制。编制内容包括服务要求内容、服务时间、服务专业部、信息补全部门（主动令、系统默认先带出，可修改）。需求管理业务流程如图 8-11 所示。

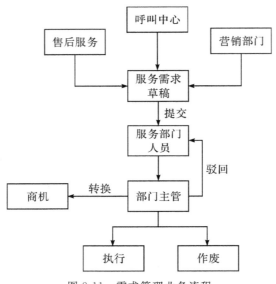

图 8-11　需求管理业务流程

4.商机管理模块

商机管理模块包括商机维护和商机查询。商机维护提供商机录入、修改、删除功能。商机查询提供商机导出 Excel 功能,信息专员可以选择商机导出。商机查询提供按生成时间、预计开始时间、商机类型、客户名称条件查询功能。

8.3.5　数据表设计

根据第 8.3.4 节所设计的系统模块功能,对系统数据库结构进行设计。主要基础数据表结构如表 8-1 至表 8-4 所示。

表 8-1　中性 SBOM

所属信息	序号	属性	来源	数据类型	备注
基本属性	1	物料编号	填写/点选		
	2	物料名称	填写/点选		
	3	物料等级	填写/点选	数字	范围 1～50
	4	物料特征	点选	字符型	专用、非专用
	5	物料类型	点选	字符型	原材料、辅助材料、部件、半成品
	6	设计图号	填写/点选	字符型	来源 PDM
	7	设计版次	填写/点选	字符型	来源 PDM
	8	技术参数	填写		
	9	功能说明	填写		
	10	计量单位	点选	字符型	来源 PDM
	11	单位体积	填写	字符型	来源 PDM
	12	单位重量	填写	字符型	来源 PDM
	13	供应商	点选		
	14	供应商编号	自动生成		
	15	保修期	点选/填写		
	16	父件名称			
	17	父件编号			
故障信息	18	故障现象	填写	字符型	
	19	故障原因	填写		
	20	是否为易损件	填写/点选		
	21	是否为专用件	填写/点选		
	22	备注	填写	字符型	
维修信息	23	负责部门	点选		
	24	主维修人员	填写/点选	字符型	
	25	维修器具	填写	字符型	
	26	维修工位	填写	字符型	
	27	排检规程	填写		
	28	配件需求	填写	字符型	
	29	预计维修日期	点选	日期型	精确到天
	30	维护周期	填写/点选	数字	单位:天
	31	维护方法	填写	字符型	
	32	维护成本	填写		
	33	备注	填写	字符型	

表 8-2　实例 SBOM

所属信息	序号	属性	来源	数据类型	备注
基本属性	1	物料编号	填写/点选		
	2	物料名称	填写/点选		
	3	物料等级	填写/点选	数字	范围1～50
	4	物料特征	点选	字符型	专用、非专用
	5	物料类型	点选	字符型	原材料、辅助材料、部件、半成品
	6	设计图号	填写/点选	字符型	来源PDM
	7	设计版次	填写/点选	字符型	来源PDM
	8	计量单位	点选	字符型	来源PDM
	9	单位体积	点选	字符型	来源PDM
	10	单位重量	填写	字符型	来源PDM
	11	供应商	点选		
	12	供应商编号	自动生成		
	13	保修期	点选/填写		
	14	父件名称			
	15	父件编号			
故障记录	16	故障部位			
	17	故障类型	填写	字符型	
	18	故障现象	填写	字符型	
	19	故障后果	填写	字符型	
	20	备注	填写	字符型	
维修记录	21	维修人员	填写/点选	字符型	
	22	维修日期	点选	日期型	
	23	维修类型	点选	字符型	
	24	维修耗时	填写/点选	数字	单位:小时
	25	预计下次维修日期	点选	日期型	精确到天
	26	维修成本	填写	数字	单位:元
	27	备注	填写	字符型	
客户信息	1	客户名称	填写/点选	字符型	
	2	客户编号	自动	字符型	
	3	出厂日期	点选	日期型	
	4	使用地点	填写		
	5	保修截止时间	填写		
	6	联系电话	填写		
	7	电子邮件	填写		

表 8-3　采购申请单

序号	属性	来源	数据类型	备注
1	采购单号	填写/点选	字符型	
2	审批状态	点选	字符型	待审核、已审核、已完成、已作废
3	创建人	填写/点选	字符型	
4	创建时间	点选	日期型	精确到天
5	采购备件编号	填写/点选	字符型	
6	采购备件名称	填写/点选	字符型	
7	计划到货时间	点选	日期型	精确到天
8	最迟到货时间	点选	日期型	精确到天
9	采购数量	填写/点选	数字	
10	供应商	填写/点选	字符型	
11	采购负责人	填写/点选	字符型	
12	供应商负责人	填写/点选	字符型	
13	备件状态	点选	字符型	正常、故障、报废
14	领单 ID	填写/点选	字符型	
15	采购原因	填写	字符型	
16	备注	填写	字符型	

表 8-4　维修申请单

序号	属性	来源	数据类型	备注
1	维修单号	填写/点选	字符型	
2	审批状态	点选	字符型	待审核、已审核、已完成、已作废
3	创建人	填写/点选	字符型	
4	创建时间	点选	日期型	
5	维修备件编号	填写/点选	字符型	
6	维修备件名称	填写/点选	字符型	
7	规格型号	填写/点选	字符型	
8	序列号	填写/点选	字符型	
9	维修成本	填写/点选	数字	单位:元
10	计划维修时间	点选	日期型	精确到天
11	维修人员	填写/点选	字符型	
12	维修地点	填写	字符型	
13	备件状态	点选	字符型	正常、故障、报废
14	领单 ID	填写/点选	字符型	
15	历史维修记录	填写	字符型	
16	备注	填写	字符型	

8.3.6　系统实现流程

本系统采用 B/S 架构,利用 SSH 框架逐层开发设计整个系统。采用 Oracle 数据库,服务和流程都在 J2EE 平台上运行,方便编程人员编写基于组件的、符合标准规范的多层应用程序。由于服务管理中心的管理与支持,在调用服务时只要服务提供的接口描述不变,不必知道其具体实现技术和位置(王洪祥,2010)。系统是在 MyEclipse 6.5 J2EE 开发平台上进行编码而实现的。系统程序设计编写结构如图 8-12 所示。

图 8-12　系统程序设计编写结构

thss. platform. operations. clt 包内为服务组件的功能实现相关类。服务接口接收来自客户端的申请成功后,将调用相应的服务接口,并将接收到的用户相关信息作为参数传递给服务接口,服务接口调用其 service 类,由 Spring 依赖注入功能获得参数和数据源。由 service. impl 实现接口并将结果传递到 Action 层(陈文伟,2002)。业务逻辑组件完成处理系统的相应功能。组件实体托管于 Spring 框架的 Bean 容器中,通过 Annotation 被自动侦测,自动注入,并管理其事务属性、并发控制等。现以总装计划优化模块和 BOM 管理模块为例,介绍系统的实现(胡启敏 等,2008)。部分功能代码如图 8-13 至图 8-15 所示。

```
package edu.thss.platform.operations.clt.client.operation;
import edu.thss.mro.bom.clt.client.widget.bom.BomTreePanel;
import edu.thss.platform.framework.clt.client.controller.UIManager;
import edu.thss.platform.modeler.clt.client.controller.ModelCache;
import edu.thss.platform.modeler.common.entities.MetaRelation;
import edu.thss.platform.omf.clt.client.entities.events.OprBaseEvent;
import edu.thss.platform.omf.clt.client.operation.AbstractOperation;

public class ZhongxingMat4 extends AbstractOperation {

    /**
     *
     */
    private static final long serialVersionUID = -7215873409897540347L;

    @Override
    public void handle(OprBaseEvent event, Callback callback) {
        // TODO Auto-generated method stub
        BomTreePanel bom = new BomTreePanel();
        bom.setViewName("Multi");
        MetaRelation rel = ModelCache.getInstance()
                .getRelationByName("ZhongxingMat4ToMat4");
        bom.setRelation(rel);
        bom.setRoots("ZhongxingMat4",
                "and obj.partType = '设备台账'");
        bom.initBOMTree();
        bom.setHeading("中性BOM浏览");

        UIManager.getInstance().addToTab(bom);
    }

}
```

图 8-13　中性 SBOM 结构部分代码

```
        listbox.setName("tableName");
//      listbox.addItem("ParamMeasurePoint");
        listbox.addItem("NeutralPart");
        listbox.addItem("PhysicalPart");
        listbox.addItem("ZhongxingMat4");
        listbox.addItem("ShiliMat4");

        label=new Label("导入的表格:");
        fpanel.add(label);
        fpanel.add(listbox);

        fileUpload.setName("uploadFormElement");
        formpanel.setEncoding(FormPanel.ENCODING_MULTIPART);
        formpanel.setMethod(FormPanel.METHOD_POST);
        formpanel.setAction(GWT.getModuleBaseURL()+"batchcreate.do");
        System.out.println(GWT.getModuleBaseURL()+"batchcreate.do");

        panel.add(fpanel);
        panel.add(fileUpload);
        formpanel.setWidget(panel);

        formpanel.addSubmitHandler(new SubmitHandler(){

            @Override
            public void onSubmit(SubmitEvent event) {
                // TODO Auto-generated method stub
                if(fileUpload.getFilename().length()==0){
                    MessageBox.alert("","请选择文件",null);
                    event.cancel();
                }
            }});

        formpanel.addSubmitCompleteHandler(new SubmitCompleteHandler(){
```

图 8-14　实例 SBOM 结构部分代码

代号： SubmitRepairApproveList

备注： 提交维修申请单

脚本内容：

```
        errors.push(id);
    } else {
        items.push(item);
    }
}

if (errors.length > 0) {
    var msg = errors.join(',<br>') + ':<br>' + '只有状态为"已创建"才能执行此操作！<br>'
    _ex.setErrorMessage(msg);
} else if (items.length > 0) {
    datee = new Date();
    for (i = 0;  i < items.length; i++) {
        item = items[i];
        item.setState('待审核')
        item.setLastModifyTime(datee);
        item.setLastModifier(_env.getUserOid());

        _em.merge(item);
    }
}
})();
```

全局唯一标识： BDFD8105F1C291408EE9E615C9D!

图 8-15　流程管理部分代码

8.3.7　系统界面

1. 中性 SBOM 数据批量导入

（1）添加并绑定属性

绑定属性界面如图 8-16 所示。根据企业的实际需求以及产品的特性，新建属性并将该属性绑定到中性 SBOM 中（这些属性不是固定不变的，可以根据实际需求进行修改、增加、删除，但是需要与导入模板对应）。在案例中，按照系统设计中的属性进行绑定。

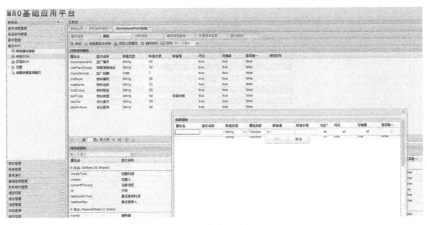

图 8-16　绑定属性界面

（2）建立数据导入模板

数据模板列表和 csv 模板示例分别如图 8-17 和图 8-18 所示。csv 文件示例如图 8-19 所示。建立格式为“.csv”的文件，该文件由表头和数据两部分组成，下面以设备注册的.csv 文件为例进行说明。

图 8-17　数据模板列表

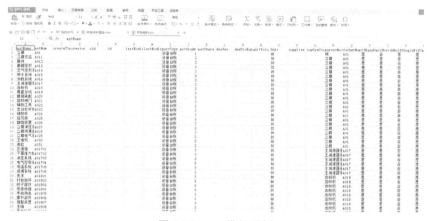

图 8-18　csv 模板示例

deviceNO	deviceSeriesID	deviceName	expiryDate_Date
1.11E+10	77BD885EB46E984B9FA	testName1	2099/1/12

图 8-19　csv 文件示例

表头由需要导入的各个属性组成，以“属性名称_数据类型”为格式。“属性名称”部分对应于 MRO 中表单的属性名称（区分大小写）。“数据类型”对应该属性在 MRO 中定制时的数据类型（区分大小写），如果为 String 类型则省略不写，其他可以为 Integer、Boolean、Long、Date、Double 类型，其中 Date 类型的格式为 YYYY/MM/DD，例如：expiryDate_Date，数据类型为 Date。

将数据从 ERP 或 PDM 中导出，将所导出物料的属性放到对应的属性名称下面,属性的格式要与数据类型一致,数据保存后等待后续导入。

(3)选择导入文件

选择导入文件界面如图 8-20 所示。在 MRO 表单界面中点击"csv 文件解析",在弹出的对话框中选择需要导入数据的表单,在此次测试中我们选择"ZhongxingMat4"这个表单,点击"选择文件"。

图 8-20　选择导入文件界面

在弹出的窗口中选择需要导入的 csv 文件(图 8-21),点击"打开",在 MRO 对话框中点击"上传"按钮,再点击"导入"按钮,此时 csv 文件中的物料信息全部导入 MRO 系统。

图 8-21　导入文件界面

（4）建立父件与子件连接

在对象管理中可以查看已经导入到 MRO 系统中的物料信息，双击"浏览对象"，在弹出的按钮中输入刚才导入数据表单的名称（图 8-22），双击打开。打开之后可以看到刚才导入到 MRO 中的所有数据（图 8-23）。

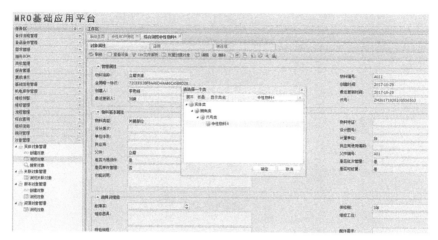

图 8-22　查看中性物料界面

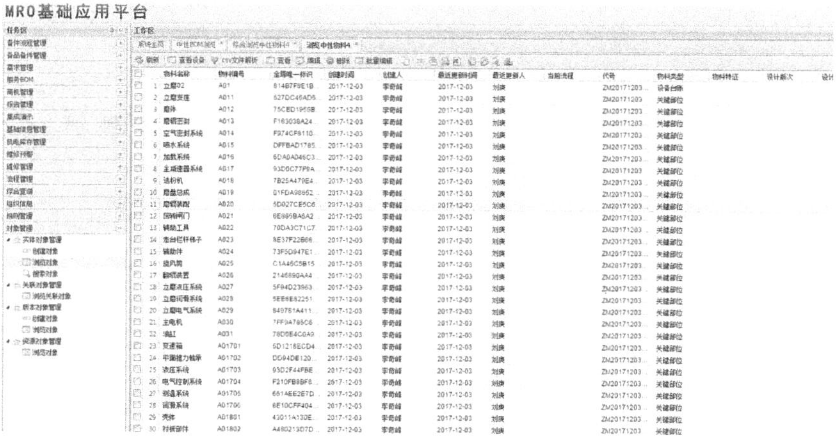

图 8-23　中性物料界面

选择一个父件，点击"查看"按钮，在出现的界面中点击"连接—编辑—添加"，会弹出一个对话框，里面有导入的物料信息，选择该父件的所有子件，点击"确定—保存"。重复此操作,直到将所有的子件添加到对应的父件中(图 8-24)。

图 8-24　为物料建立关联界面

　　返回中性 SBOM 界面(图 8-25),可以看到导入的物料信息以结构树的形式呈现出来。选中某一物料,点击"查看设备",可以查看该物料的详细信息(图 8-26)。对于缺少的物料信息,可以采用手动输入的方式进行完善。对于实例 SBOM 的建立,其操作步骤与中性 SBOM 类似。

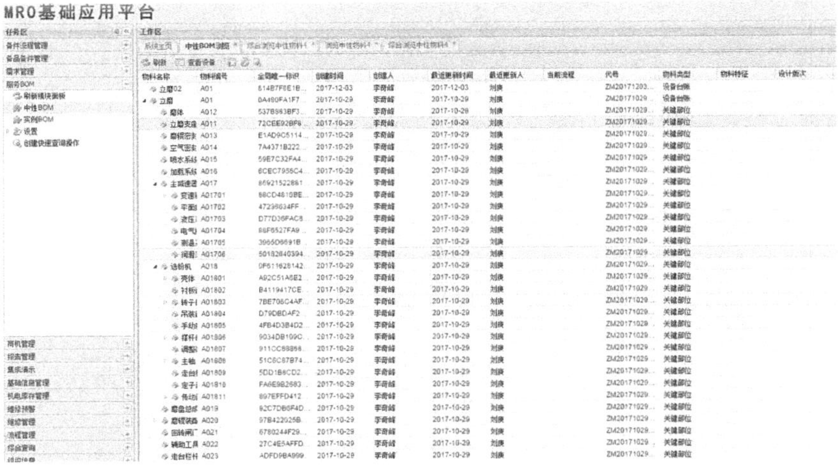

图 8-25　中性 SBOM 结构界面

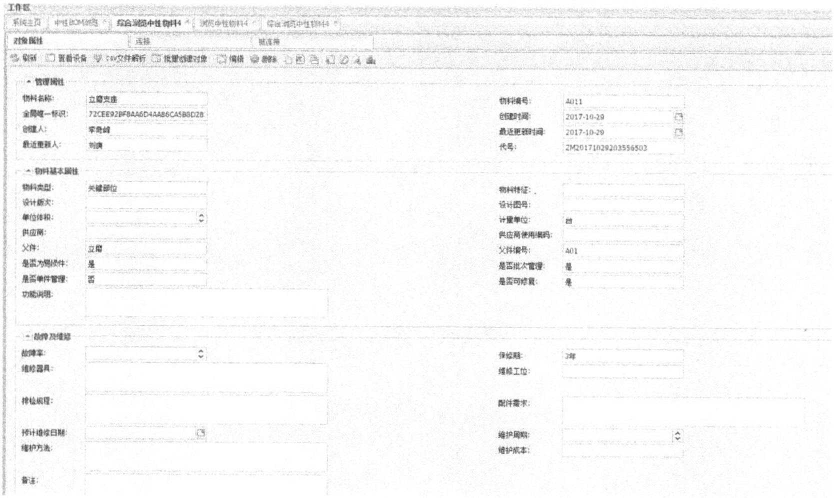

图 8-26　中性 SBOM 详细属性界面

2.备品备件采购入库流程

普通用户登录后,选择"备品备件流程管理－采购单"(图 8-27),工作区将显示所有已建立并且未提交的采购单。点击"New"按钮,可以新建采购单(图 8-28)。双击某一采购单,可以将该采购单展开,查看其详细信息。

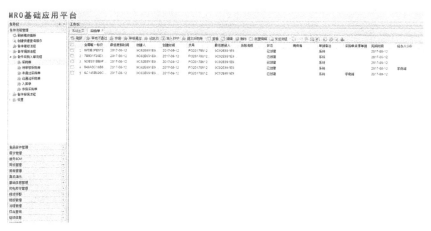

图 8-27　采购单列表界面

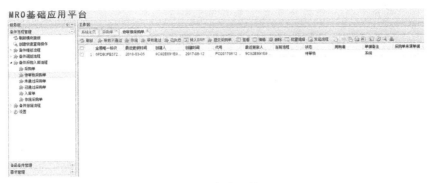

图 8-28　新建采购单界面

选中需要提交的采购单,点击菜单栏中"提交采购单"按钮,该采购单将转入待审核采购单界面,并且该采购单的状态由"已创建"变为"待审核"。

退出 MRO 系统并以管理员的身份重新登录(图 8-29)。

图 8-29　用户管理界面

在待审核采购单中,选中该采购单,点击菜单栏中"审核不通过"按钮,该采购单将被转入未通过采购单界面(图 8-30),其状态由"待审核"变为"未通过"。普通用户可以在未通过采购单界面中查看。

图 8-30　未通过采购单界面

　　如果管理员的审批结果为"审核通过",那么该采购单将转入已通过采购单界面(图 8-31),其状态由"待审核"变为"已通过"。采购人员可以在已通过采购单界面中查看并执行。

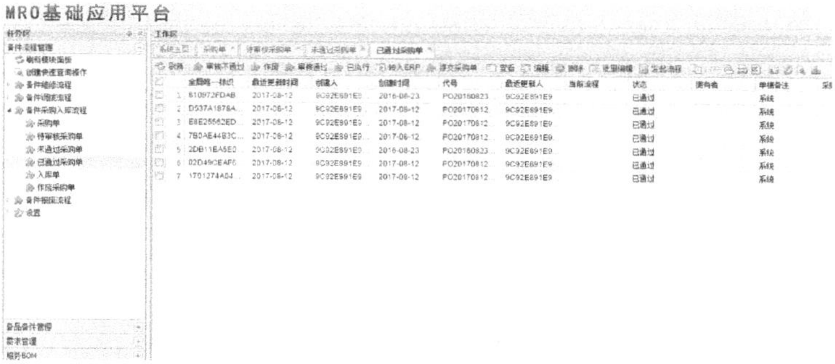

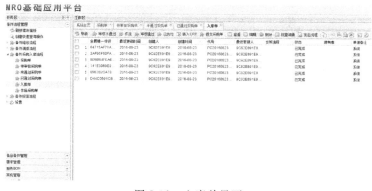

图 8-31　已通过采购单界面

　　采购人员完成采购任务后,登录系统,在选中已经完成的采购单,点击"已执行"按钮,该采购单将转入入库单界面(图 8-32),其状态由"已通过"变为"已完成"。用户可以在入库单界面中查看已经执行的采购单。

图 8-32　入库单界面

对于未通过审核的采购单,用户可以修改后重新提交,或者将该采购单作废。用户选中需要作废的采购单,点击"作废"按钮,该采购单将进入作废采购单界面(图 8-33),其状态由"未通过"变为"已作废"。

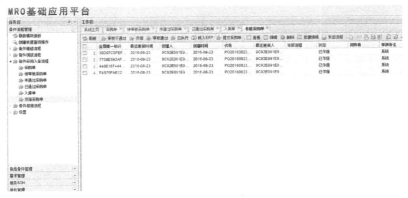

图 8-33　作废采购单界面

对于备品备件维修流程、调拨流程、报废流程,其操作过程与采购入库流程类似。

3. 需求管理

需求单列表界面如图 8-34 所示。企业服务人员在对客户进行维修服务的过程中,客户提出的需求由服务人员记录,并在需求管理模块中创建需求。用户点击"New"按钮,即可创建新的需求。新的需求创建完成后,用户点击"提交申请单",该申请单将转入待审核需求单界面(图 8-35),由管理人员进行审核,其状态由"已创建"变为"待审核"。

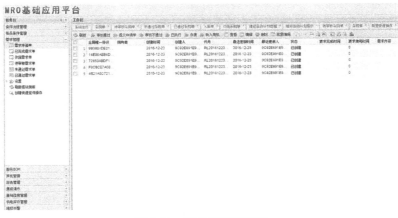

图 8-34　需求单列表界面

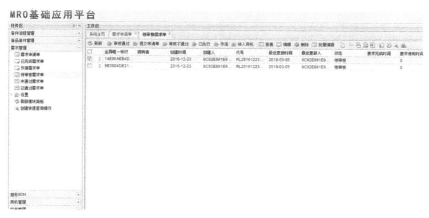

图 8-35　待审核需求单界面

　　管理人员登录后,可以对待审核的申请单进行审核,审核结果有审核通过、审核不通过、转入商机。管理员审核后,用户可在相应表单中查看审核结果并进行下一步操作。

　　当审核结果为通过时,用户可以在已通过需求单界面中查看(图 8-36),其状态由"待审核"变为"已通过",即可安排人员执行该需求单。

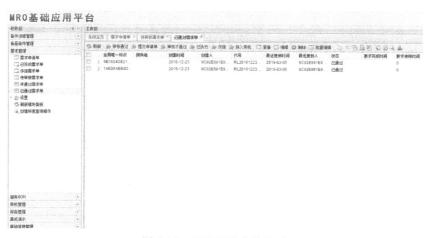

图 8-36　已通过需求单界面

　　当审核结果为不通过时,用户可以在未通过需求单界面中查看(图 8-37),可以对该需求单进行修改并重新提交,或者选择作废该需求单,如果作废该需求单,其状态由"未通过"变为"已作废"。

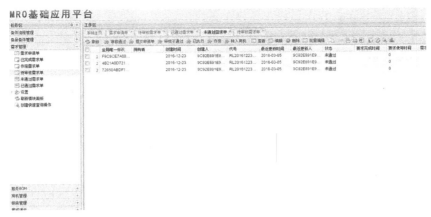

图 8-37　未通过需求单界面

当审核结果为转入商机时,该需求在未来有可能给企业带来利润,但不适合立即执行。该需求单将被转入"商机管理"模块。

4.商机管理

商机管理模块包括商机查询和商机维护两部分,在商机维护界面中(图 8-38),用户可以新建商机单,也可以对商机单进行修改、删除等操作。对于信息完善的商机单,可以通过点击"转入商机"按钮,转入商机查询。商机查询仅提供查询的功能,其权限对所有用户都开放,其表单来源有两种方式,一种方式是从需求管理(图 8-39)中转过来,另一种方式是从商机维护中转过来,其状态为"已转入商机"。

图 8-38　商机维护列表界面

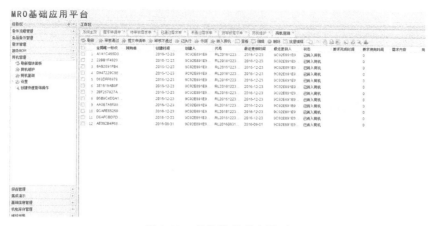

图 8-39　商机管理列表界面

8.4　本章小结

本章主要从数据的角度，对 MRO 业务以及 MRO 系统进行分析，并建立相关数据模型。主要介绍了 SBOM 的设计原理、SBOM 和 MRO 的关系、复杂产品 SBOM 的特点以及 SBOM 结构搭建过程，在原理分析的基础上，建立了 SBOM 动态模型和知识转化模型；最后建立了数据驱动下的 MRO 知识演化模型，并给出了系统设计与实现过程。

参考文献

柴晓路，梁宇奇，2003. Web Services 技术、架构和应用[M].北京：电子工业出版社.

陈文伟，2002.决策支持系统及其开发[M].北京：清华大学出版社.

胡浩，2011.长生命周期生产设备维修状态管理关键技术研究[D].杭州：浙江大学.

胡浩，纪杨建，祁国宁，等，2011.基于维修状态 BOM 的设备维修状态管理[J].中国机械工程，22(15):1823-1827.

胡启敏，薛锦云，钟林辉，2008.基于 Spring 框架的轻量级 J2EE 架构与应用[J].计算机工程与应用，44(5):115-118.

简斌，左荣国，闫光荣，等，2007.基于 SOA 的中小制造企业应用集成系统研究[J].计算机工程，33(5):243-245.

李浩,李奇峰,2017.面向复杂产品的 MRO 服务信息集成技术研究[J].制造技术与机床:124-129.

柳博,杨明忠,郭顺生,2004.基于关系型数据库的 BOM 设计及查询策略[J].现代制造工程,28-30.

罗伟其,姚国祥,2001.信息大系统的集成结构模型设计与实现[J].计算机工程与应用,37(2):9-13.

倪现存,左洪福,许娟,等,2008.基于 PDM 的民机航线维修 BOM 管理系统研究与开发[J].飞机设计,28(3):50-53.

汪昌任,2010.SAP EAM 构建电网企业大生产管理体系[J].中国设备工程:38-39.

王洪祥,2010.面向服务架构中的服务组合研究[D].合肥:合肥工业大学.

王辑添,司书宾,2011.复杂装备维护 BOM 集成建模方法研究[J].中国制造业信息化,40(23):50-54.

吴晓锋,胡思嘉,刘志军,2016.BOM 在数字化设计制造集成中的应用研究[J].信息技术标准化(4):47-51.

仲华惟,宁维巍,闫光荣,等,2009.面向产品生命周期的动态服务集成方法研究[J].计算机应用研究,26(4):1370-1372.

周宏生,2005.基于 Web 服务的企业应用集成的研究与应用[D].大连:大连理工大学.

DONNELLY J M,2013. The case for managing MRO inventory [J]. Supply Chain Management Review,17(2):18-24.

MUH C W,YANG K H,2008. Design of BOM configuration for reducing spare parts logistic cost [J]. Expert Systems with Applications:2417-2423.

WANG Y,MENG M,2012. Integrated model and mapping technology of BOM multi-view for Hull block manufacture [C]// 2012 Fifth International Joint Conference on Computational Sciences and Optimization:113-117.

第9章　数据驱动的复杂产品智能服务技术

中国制造业已转向高质量发展阶段,《"十四五"智能制造发展规划》的出台正加速推动制造业智能化、数字化和服务化。5G、人工智能、区块链、数字孪生、虚拟现实(VR)/增强现实(AR)/混合现实(MR)等新一代信息技术的不断涌现,为制造服务带来新的理念、方法、技术与应用,形成新的研究热点,为制造业服务化提供了新的动力。新一代信息技术应用过程中的典型特点之一是产生海量的实时、多源和异构工业数据。如何对这些工业数据进行实时存储、分析决策和有机融合是实现智能服务的挑战之一。本章讲述数据驱动的复杂产品智能服务方法,主要包括复杂装备建模与仿真方法、数据驱动的服务需求获取与精准分析预测方法、数据驱动的设备故障识别与动态性能预测、数据驱动的装备视情维修与备件库存联合多目标决策优化方法、基于 AR/VR 的复杂产品辅助维修技术、多要素协同的复杂装备能效精准分析预测方法、基于数据挖掘的复杂产品运行优化控制方法等(李浩 等,2020)。

国内外学者提出了一系列智能服务发展模式、策略和方法,加快了智能服务的实施进程。但是,它们大多集中在顶层理想框架与上层系统模型构建的层面,较少涉及实际服务数据的实时感知和服务封装研究,导致顶层理想框架与实际的服务情况不一致,精准服务提供能力不足(李浩 等,2019)。所以,亟待开发新的方法,支持智能服务过程的主动发现、虚实共生和动态调度,以推动新型智能服务模式的全面应用。具有实时、多源、异构、海量等特性的数据的有效使用为解决上述问题提供了有效途径。数据驱动的智能服务是不同于传统制造服务的一种新型服务方式,特别是在响应方式、服务调度、故障诊断与维修模式、过程管理、分析决策机制和系统运行控制方式等方面。数据驱动的智能服务强调通过更加精准的过程状态跟踪和数据获取技术,得到更加丰富的信息,并通过服务过程的虚实共生,使得服务管理与优化呈现出新的转变,最终提升复杂产品的设计、制造、运行和维护等阶段的服务能力。

数字孪生(digital twin,DT)作为智能制造的重要应用模式,是一种数据驱动的智能服务的新模式与技术手段。DT 通常被定义为面向物理实体、流程或系统的高保真建模和仿真技术,由虚拟产品、物理产品及其连接组成,强调虚拟世界与物理世界的虚实共生和循环迭代。

制造服务能够通过数字驱动技术实现虚拟和物理制造世界之间的虚实共生,为产品运行过程提供更加精准的服务(SCHÜTZER et al.,2019)。另一方面,DT本身就将服务作为其重要组成部分,例如面向终端现场操作人员的操作指导服务、面向专业技术人员的专业化技术服务以及面向管理决策人员的智能决策服务等(陶飞 等,2019a)。

9.1 研究进展

9.1.1 智能服务

2010 年前后,欧美发达国家率先制定了面向智能制造的发展战略,例如美国提出"工业互联网",德国提出"工业 4.0",英国提出"英国工业 2050 战略",法国提出"新工业法国 2.0"等。随着这些发展战略的实施,复杂产品的制造服务研究向着智能化的方向转变,Giret 等(2016)针对面向服务的制造系统中不同技术、标准、功能和执行环境等带来的复杂性问题,提出了一种基于多代理的智能制造服务框架,用于智能制造执行系统的开发;针对现代制造业需求的动态性和多源性对制造资源调度效率的影响,Simeone 等(2019)提出了一种基于动态共享制造服务的智能化云制造平台,可以根据不同类型按需提供服务,提高制造网络中的资源利用效率;Beverungen 等(2019)深入分析了现有的智能制造服务系统应用现状,总结了智能服务系统的特性;Wiesner 等(2017)构建了欧洲制造服务生态系统,提出了基于制造企业与服务提供商协同的服务支持模型、方法和工具,从而改善虚拟制造企业的服务提供效率;Quintanilla 等(2016)提出了一种基于制造服务的定制化产品工艺设计方法,并构建了面向制造服务的建模框架,通过应用程序服务本体描述服务资源和操作语义,实现可定制产品工艺设计的服务重用;针对复杂产品的 MRO 服务,Vargas 等(2018)提出了面向制造服务流程和服务资源调度的联合优化方法,通过大数据实验设计、离散事件模拟和方差分析,搜索服务流程和服务资源调度的最佳组合方案。

在国内,随着 2015 年"中国制造 2025"战略的提出,我国制造服务的智能化需求日益扩大,《国务院关于加快发展生产性服务业促进产业结构调整升级的指导意见》《国务院关于积极推进"互联网+"行动的指导意见》《工业和信息化部关于促进制造业产品和服务质量提升的实施意见》等文件中均明确提出要大力促进智能制造和服务业的有机融合与互动发展。在此基础上,国内学者提出了一系列智能服务发展模式、策略和方法。李伯虎等(2019)提出了融合云计算、物联网、大数据等技术的全新的"新互联网+大数据+人工智能"的云制造;周济等(2018)认为智能服务是新一代智能制造的组成系统之一,以智能服务为核心的产业模式变革一方面将从大规模流水线的生产转向规模定制化发展,另一方面将从生产型制造向生产服务型制造转变;针对复杂产品生命周期数据呈现的大数据特性,任杉等(2018)提出了一种生命周期大数据驱动的复杂产品智能制造服务新模式,并构建了对应的系统实现架构,为智能制造服务的研究和应用提供了一种参考模型;杨文芳等(2015)提出了基于增强现的辅助维修服务方法,提高了对复杂产品维修任务及维修过程的理解能力;为了实现三维运维、可视化管理和虚拟装配,黄昂等(2019)提出了基于数字孪生的智能服务方法;陶飞等(2018)提出了面向服务的智能制造理念,认为它是一种面向服务和数据驱动的制造全要素、全流程和全业务全面互联、资源开放共享、制造过程自主优化、信息物理融合的智能化制造模式,为复杂产品智能制造服务的研究提供了理论支撑;张卫等(2019)通过对复杂产品制造服务中服务运作环境和服务主体需求的分析,提出了一种智能服务的模块化设计方法,构建了包括智能服务大数据环境、智能服务模块分解和智能服务模块优化的智能服务模块体系;李浩等(2018)提出了面向大规模个性化的产品服务系统设计模式,认为智能制造服务应该与大规模模块化模式相结合,才能使得智能制造服务系统实现客户需求的大规模、个性化、低成本与快速提供。

9.1.2 数据驱动的智能服务

新一轮制造业变革极大地推动了制造业从自动化向服务化和智能化的发展,特别是物联网、产品嵌入式信息装置和智能传感器等智能设备在制造业广泛使用,使企业积累了大量数据。这些数据的有效使用为改善精准服务能力不足的问题提供了有效途径,推动了数据驱动的智能服务的发展。国内外已有企业将大数据技术用于智能服务当中,例如西门子公司通过分析每天来自全球 10 万个发电机组的运行状态数据,预测用户的操作行为(ZHONG et al. ,2016);波音公司通过收集并分析飞机飞行过程中的实时海量数据,预先为地面工作人员提供运维服务通知(AYHAN et al. ,2013);日本小松机械基于大数据来分析和评价工程机械的健康状态,为用户提供远程故障诊断服务(LEE et al. ,2014);Zhou 等(2019)建立了动态云制造调度问题的数学模型,提出了一种基于动态数据驱动仿真的调度方法;Kampker 等(2018)研究了数据驱动的服务解决方案创新过程,制定了六项创新原则。

在国内,孙家广(2016)提出了信息化数据、物联网数据、跨界的工业用户和供应商数据的工业大数据概念;张洁等(2016)提出了大数据驱动的"关联＋预测＋调控"方法,支持智能车间的运行分析与决策服务;雷亚国等(2015)研究了基于深度学习理论的机械装备大数据健康监测方法;为解决制造企业装配工艺过程仿真所遇到的建模复杂、时间长及系统异构等问题,朱怡心等(2012)建立了数据驱动的装配过程快速仿真建模服务平台;为了将售后业务数据转换为对企业有价值的资源,加强汽车制造企业的质量管控力度,代田皓(2019)研究了数据驱动的产品质量管理技术。

可见数据驱动的智能服务能够覆盖复杂产品的全生命周期,包括设计仿真数据、生产过程中的加工数据和物料清单、运行和维护过程中的设备运行状态数据以及售后服务数据等。这些数据具有多源、实时、异构和海量等特点,如何将这些数据更好地呈现给客户以支持智能服务是目前研究的重点和难点。

9.1.3 基于数字孪生的智能服务

数字孪生(DT)是驱动海量数据来提供智能服务的重要手段,为改善智能服务研究中顶层理想框架与实际的制造服务情况不一致的不足提供了有效途径(李浩等,2019)。2003 年,DT 概念由 Grieves(2011)在美国密歇根大学的产品全生命周期管理课程上提出,当时被称作"镜像空间模型",后被定义为"信息镜像模型"和"数字孪生"。至今,被工业界广泛认可的 DT 定义是由 Glaessgen 等(2012)给出的:"一个集成了多物理性、多尺度性、概率性的复杂产品仿真模型,能够实时反映真实产品的状态"。从该定义可以延伸出,DT 的目的是通过虚实交互反馈、数据融合分析、决策迭代优化等手段,为物理实体增加或扩展新的能力。作为一种充分利用模型、数据、智能并集成多学科的技术,DT 面向产品全生命周期过程,发挥连接物理世界与信息世界的桥梁和纽带作用,能够提供更加实时、高效、智能的服务(陶飞 等,2017)。但由于技术的限制,DT 没有得到关注,随着新一代信息技术的发展,直到 2011 年,DT 技术才引起国内外学者的高度重视。世界最大的武器生产商洛克希德·马丁公司于 2017 年 11 月将 DT 列为未来国防和航天工业六大顶尖技术之首;2017 年 12 月,中国科协智能制造学会联合体在世界智能制造大会上将 DT 列为世界智能制造十大科技进展之一。

由于 DT 具有巨大的颠覆性产业发展潜力,许多国际知名企业在自己的业务中广泛使用 DT。西门子公司在德国"工业 4.0"的框架下,构建了整合制造流程的智能生产系统模型,提出了基于 DT 的信息交互模式,并在西门子工业生产流程中应用验证;微软针对物联网服务构建的 Azure DT,能够通过创建空间智能图,对人员、空间、设备之间的关系和交互建模,从而提供物理环境及相关设备、传感器和人员的全面虚拟呈现服务;美国参数技术公司(PTC)以"数物融合"作为新发展战略,大力推动 DT 技术,在 ThingWorx 云服务平台中建立了多个 DT 模型,用于产品研发、制造、销售、服务等多个业务环节(NEGRI et al.,2017)。另外,国外学者也提出了不同的基于 DT 的智能制造方法。Mukherjee 等(2019)提出了面向增材制造的 DT 建模方法,用于解决打印对象的结构和性质之间的巨大差异及其对缺陷的高敏感性问题;Kritzinger 等(2018)对基于 DT 的制造模式进行了综述,对数字模型、数字阴影、DT 等概念进行了详细区分和定义;为了优化个性化生产过程中的夹紧策略和焊接顺序等,Söderberg 等(2017)提出了基于 DT 的实时控制方法;Nikolakis 等(2019)提出了基于 DT 的信息物理系统实施方法,通过传感器数据、人类活动识别、知识管理等方法优化生产过程。2020 年 2 月,德国工程师协会/德国电气工程师协会(VDI/VDE)发布报告《设备生命周期中的仿真与数字孪生》。2020 年 9 月,德国决定在联邦经济与能源部支持的体系外发起"工业数字孪生体协会"(Industrial Digital Twin Association,IDTA)(ZVEI,2020)。

在国内,DT 技术的研究与应用处于起步和探索阶段。陶飞等(2017,2018,2019a,2019b)研究了 DT 车间的概念、系统组成、运行机制、特点和关键技术,设计了 DT 车间的参考系统架构,提出了 DT 五维模型,并建立了一套 DT 标准体系架构,为相关领域践行 DT 理念与技术提供了重要参考;庄存波等(2017)研究了产品 DT 的内涵、体系结构及其发展趋势,提出了 DT 车间的三维可视化实时监控方法;刘强等(LIU et al.,2019)提出了基于 DT 的自动化流水车间制造系统快速设计方法,建立了一种 DT 驱动的制造信息物理系统,支持大规模个性化环境下的智能车间控制;骆伟超(2019)研究了数控机床 DT 的建模方法和使用策略,提出了基于 DT 的数控机床多领域统一模型的构建方法;李琳利等(2019)研究了 DT 技术在复杂产品设计制造方面的应用及其关键技术,提出了基于 DT 的复杂产品设计制造一体化开发框架;刘庭煜等(2019)针对制造车间人员宏观行为 DT 模型构建问题,提出一种三阶段级联卷积神经网络的深度学习算法。

目前,DT 的发展仍然处在爆发期,由于 Grieves 教授在最初定义 DT 时未指定工程背景,其理论研究和技术应用从最初的制造业迅速扩展到农业、城市、建筑、电力和医疗等行业,涉及多种应用场景。DT 从概念模型阶段步入初步的规划与实施阶段,多家工业软件公司在 DT 的技术应用架构上进行了深入研究。例如:

德国西门子公司基于开放式物联网操作系统 MindSphere 实现了生命周期 DT 应用;法国达索公司建立了基于 DT 的三维体验平台 3DEXPERIENCE;美国通用电气公司基于 Predix 云计算环境构建了 Genix DT 框架;美国 ANSYS 公司构建了系统级多物理域 DT 平台 Twin Builder;美国参数技术公司通过 ThingWorx 物联网平台与 Twin Builder 进行 DT 建模;我国阿里巴巴集团建立了阿里云工业大脑 DTwin 平台(LIU et al.,2021)。

综上,在新一轮制造业变革背景下,具有实时、多源、异构、海量等特性的数据成为驱动当前制造服务智能化的动力,而制造服务和 DT 的结合将从根本上改变复杂产品设计、制造、运维等流程。面向产品服务,DT 技术将通过虚拟和物理制造世界之间的双向连接,生成更合理的制造计划和精确的生产控制,以实现智能制造。

9.2 数据驱动的智能服务基本特征与框架模型

9.2.1 数据驱动的智能服务基本特征

1.传统制造服务与数据驱动的智能服务的区别

数据驱动的智能服务通过服务过程的虚实共生,使得服务管理与优化呈现出新的转变。探索工业大数据为产品服务带来的巨大变化,结合虚实共生的优势特征,得出传统制造服务与数据驱动的智能服务的区别(表 9-1)。

表 9-1 传统制造服务与数据驱动的智能服务的区别

服务模式	响应方式	服务调度	故障诊断与维修模式	过程管理	分析决策机制	系统运行控制方式
传统制造服务(产品服务)	客户请求	被动等待服务与资源	事后维修	独立服务管理	工程师主观经验判断为主	人工调控
数据驱动的智能服务	服务商主动识别与个性化推荐	主动动态调度	故障预测和事前保养维护为主	实现与产品设计、生成制造阶段的数据集成共享,形成工业服务平台	基于服务大数据和制造商多学科工程师联合决策	系统自主调控为主

2.数据驱动的智能服务的主要特征

根据上述分析,与传统制造服务相比,数据驱动的智能服务的主要特征体现在响应方式、服务调度、故障诊断与维修模式、过程管理、分析决策机制和系统运行控制方式这几个方面。

1)响应方式:由原先的客户主动响应向服务商主动服务转变。客户服务原先是客户主动的请求。基于大数据分析和当前客户的产品或服务在线运行情况,主动智能判断可能的需求。服务响应由服务商主动识别并个性化推荐给当前在用客户和潜在客户群体。

2)服务调度:由原先的客户被动等待向服务商基于实时数据主动敏捷调度转变。服务调度不同于一般的车间调度,它具有时效性、紧急性等特征。基于数字模型的零部件寿命预测与故障预测方法,提前预警与个性化定制故障后的资源配置,实现主动敏捷调度。

3)故障诊断与维修模式:由原先的事后维修转变为以故障预测和事前保养维护为主。基于在线监测、故障诊断和性能预测模型与方法,提前智能预测各种故障发生的概率与时间,尽可能降低设备停产对客户的生产损失。

4)过程管理:由传统多个孤立服务管理向实时化、透明化、全集成化的服务生命周期管理转变。当前,大多数制造企业的服务过程管理如服务需求管理、MRO管理、人员派工管理、远程监视系统没有实现内部的集成,更没有实现与 ERP、CRM、PDM 等系统的集成。

5)分析决策机制:将机理模型与 DT 模型相结合,用智能分析工具和手段,建立虚拟与实体相互映射的分析模型。将专家知识、分析算法、预测算法和自动化技术相结合,实现代替人脑的分析系统。通过先进的可视化工具和远程操作工具,将人与设备进行连接,实现人在回路的控制决策支持,在运维、排程、诊断、安全保障等方面提供决策支持。

6)系统运行控制方式:利用视觉检测、传感器和 4G/5G 通信技术将分布在世界各地的设备、设施等互联互通,形成工业大数据平台。分析产品质量、产量、能耗、安全环保等多要素之间的耦合关系,建立基于数据挖掘的复杂产品多要素协同的能效关系模型;研究基于深度学习的复杂装备多层级协同运行控制模型及方法,实现系统的全流程智能精准控制。

3. DT 在数据驱动的智能服务中的作用

DT 也给产品服务带来了新的服务提供方式与价值增值模式。它是一种数据驱动的智能服务的新模式与技术手段,强调通过虚实结合、数据融合、三维呈现和人机交互等方式,提供更加实时、逼真和形象化的服务。DT 技术在虚拟呈现、虚实迭代优化、故障识别与性能预测以及辅助维修服务几个方面的应用优势较为突出。

1）虚拟呈现。DT 和数据驱动技术的区别之一是其对数据的三维虚拟呈现。对于复杂产品，设计阶段可以建立基于 DT 的三维体验平台，通过用户反馈不断改进产品设计模型，进而优化对应的物理实体；另外，对于复杂产品的生产系统，通过虚拟生产系统的逼真三维可视化效果，可增加用户的沉浸感与交互感。

2）虚实迭代优化。完整的 DT 包括物理对象、数字模型及其之间的连接，这种连接是物理空间和数字空间的双向精准映射。将物理对象的状态实时传递给数字模型，通过已有的数据驱动算法对数据进行分析；分析结果及时反馈回物理空间，为物理对象提供所需的服务，形成虚实迭代优化。

3）故障识别与性能预测。DT 的核心是基于高精度物理模型、历史数据、传感器数据的数字实体模型，能够反映系统的物理特性和环境的多变特性，预测潜在的安全隐患，并通过物理实体与数字实体模型的交互数据对比，及时发现性能缺陷。

4）辅助维修服务。复杂产品具有维修任务复杂、维修专业性强、维修时间长等特点，DT 强调三维方式呈现和人机交互，例如通过 VR/AR 技术的高度仿真与高度动态显示，将物理维修空间中工况数据作为虚拟维修空间中实施维修指导决策的依据，能够帮助维修人员理解复杂任务，减少维修技术难点与差错，提高维修操作效率。

9.2.2 数据驱动的智能服务基本框架

根据数据驱动的产品服务基本特性和基本要素分析，我们建立了数据驱动的智能服务基本框架（图 9-1）。该框架由产品层、数据感知层、工业网络层、数据处理层、理论方法层、智能服务层、数据存储与管理层组成。

产品层指的是由设备、装备和各类资源组成的复杂生产系统，例如高端矿山粉磨系统由核心装备大型立磨、物料输送系统、物料检测设备和矿渣（输入资源）、水泥（输出资源）构成。数据感知层的功能是通过视觉、传感器和射频等采集复杂产品设计、制造和运行等环节的多源异构数据，确保数据的实时精确获取和高效传输。工业网络层是将底层现场控制单元和智能设备互连的实时工业通信网络，常见的有基于现场总线、工业以太网和无线网等技术手段进行的工业设备网络通信，包括有线传输方式与无线传输方式。数据处理层利用大数据技术对感知到的数据完成实时和非实时处理，通过数据清洗、集成、降维和变化等操作，为理论方法层提供可靠、可复用的数据资源。理论方法层重在研究核心，在数据处理后，提出不同类型的数据驱动智能服务，包括数据驱动的服务需求获取与精准分析预测

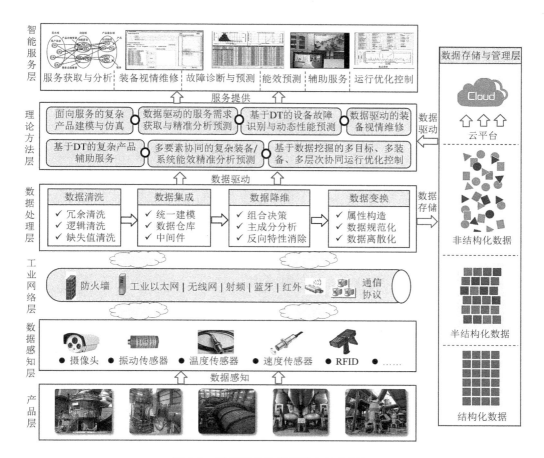

图 9-1　数据驱动的智能服务基本框架

方法、基于 DT 的设备故障识别与动态性能预测、数据驱动的装备视情维修与备件库存联合多目标决策优化方法、基于 DT 的辅助服务、多要素协同的矿山装备/系统能效精准分析预测方法和基于数据挖掘的多目标、多装备、多层次协同运行优化控制方法。智能服务层是在所提出的理论和方法的基础上，利用已存储的数据为复杂产品提供所需服务，包括服务需求获取、视情维修、故障诊断、能效预测、辅助服务和运行优化控制等。数据存储与管理层采用分布式文件系统、非关系型数据库和分布式数据库，对结构化、半结构化和非结构化的数据进行统一存储与管理，为智能服务提供可靠和完整的数据支持。

9.3　数字孪生驱动的复杂产品智能服务方法与关键技术

9.3.1　面向服务的复杂产品建模与仿真方法

复杂产品服务运行模型包含服务人员与服务工作流模型、备品备件状态模型、产品的虚拟样机模型和产品故障模型，以及基于实时监测结果的智能分析、机器学习与性能预测模型、维修 SBOM 状态模型等。服务阶段的数据模型不仅包括二维数据和模型，更多包括三维模型与仿真过程，是服役产品生命周期的完整信息。只有建立服务阶段的数据模型，才能有效支撑复杂产品的快速服务和预测性维护，实现服务阶段的产品数据管理。面向服务的复杂产品建模与仿真方法如图 9-2 所示，涉及的建模仿真内容主要有三个方面。

1）基于 DT 的复杂产品服务过程建模仿真。基于 DT 的复杂产品服务过程建模仿真是在数字孪生系统的支撑下，通过服务过程中的人、产品、配套资源等要素之间的虚实同步，实现资源的优化配置与有机融合，从而低成本、高效率地提供服务。服务过程建模仿真主要包括服务请求、服务计划、服务调度、服务执行、完工确认等多个阶段的人员、资源和过程建模，并建立这些要素之间的关联关系。

2）复杂产品运行过程仿真知识库的构建。为了保证虚拟系统能真实映射物理复杂装备，从复杂产品单个设备角度出发，将设备简化为机械、电气、液压三个子系统，建立可以真实刻画复杂产品的多层结构树，从而有效描述从子系统到零部件级别的设备系统构成。基于构建的设备结构树关系，设计机/电/液多领域的基础模型数学方程化描述方法，形成面向机/电/液多领域复杂产品全要素的基础模型库。

3）复杂产品运行过程与性能集成仿真。复杂产品运行过程涉及人、环境、物料、核心装备和辅助装备，是一个机械、电气、液压、控制等多领域耦合的复杂系统模型。该模型实现复杂产品系统级动态模型组装，对装备的运行及维修全过程进行分析与模拟，揭示产品静动态特性及其运行过程中的物理状态演化规律，模拟复杂产品整机性能，实现数据驱动的复杂产品复杂系统性能的动态仿真与评估，为复杂产品运维的性能分析提供程序化、可视化的仿真分析平台。

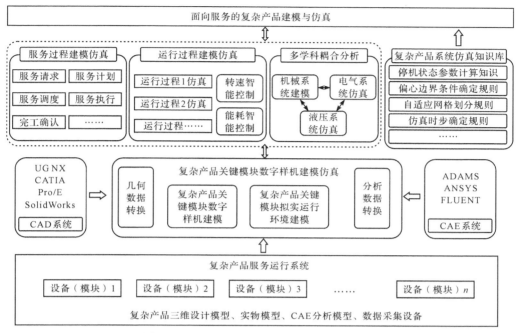

图 9-2　面向服务的复杂产品建模与仿真方法

9.3.2　数据驱动的服务需求获取与精准分析预测方法

复杂产品服务系统全生命周期的场景具有复杂性、动态性等特点,为了及时、精准地满足用户需求(LI et al.,2017),传统的"基于用户请求的服务需求被动发现"模式逐渐向"数据驱动的复杂产品服务系统需求主动获取"模式转移。"数据驱动的复杂产品服务系统需求主动获取"模式是根据具体服务场景,动态获取复杂设备产品使用运行过程中产生的多维异质数据,并实时分析、推理与预测,以此来应对传统服务需求识别与分析过程中的不确定性影响,提高需求决策的准确性。然而,"数据驱动的复杂产品服务系统需求主动获取与精准预测"模式对实时设备场景数据依赖性较强,能否及时、准确、可靠地识别出复杂设备运行的状态数据,对识别出的状态数据进行规范化处理与表达,构建合理的复杂设备状态演化模型,就成了决定数据驱动的服务需求获取与精准分析成败的关键环节。

为此,需要从复杂设备产品使用状态数据的动态识别,复杂设备产品服务需求的智能发现、表达与建模,以及复杂设备产品服务需求的演化、推理与预测三个方面进行研究。图 9-3 表达了数据驱动的服务需求获取与精准分析预测方法中各内容之间的关系。复杂设备产品使用状态数据的动态识别是服务需求获取和分析的基础。复杂设备产品服务需求的智能发现、表达与建模则为服务需求演化、推理与预测提供一致、准确的信息。根据服务需求演化与推理的结果，可再次为状态数据的动态识别提供新的信息。

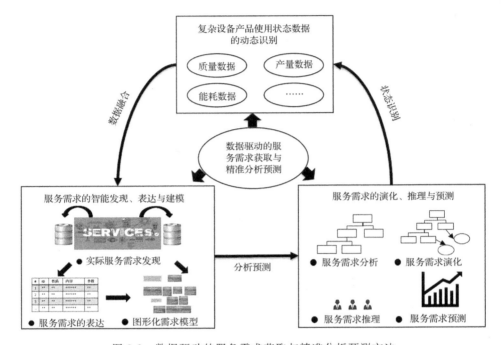

图 9-3　数据驱动的服务需求获取与精准分析预测方法

9.3.3　基于数字孪生的设备故障评估与动态性能预测方法

故障诊断是保障设备安全可靠运行和提高生产效率的主要科学手段，为了准确识别机械设备的健康状态和性能下降的程度，智能诊断算法和智能决策预示的智能诊断系统已逐步替代人工传统诊断方法，是智能制造服务的关键组成。发展智能化诊断方法是目前设备故障诊断的主要方向，智能故障诊断是基于机械故障机理与数据驱动的设备动态信息相互映射的诊断方法，通过提取设备多源监测数据中蕴含的多域故障信息，构建故障机理与数据特征量的映射关系，利用专家系统等智能诊断算法，识别设备故障并预测动态性能，建立基于 DT 的设备故障评估与动态性能预测的运维模式（图 9-4），实现智能运维服务。

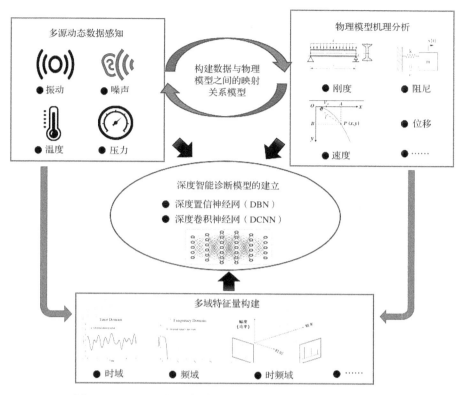

图 9-4　基于 DT 的设备故障评估与动态性能预测的运维模式

首先,利用物理空间中各关键零部件的实时传感数据和历史运行数据,建立面向故障识别与性能预测的 DT 模型;然后,通过研究设备运行数据与物理模型之间的耦合机理,构建虚拟空间多源动态数据与物理模型之间的映射关系模型;通过基于智能诊断算法的优化过程,对各种传感器的累积信号响应进行评估,结合物理装备映射数据,建立以具体应用要求为目标的设备综合性能衰减多尺度模型,形成从装备系统到零部件级别行为特征的有效描述;最后,基于关键装备使用过程中产生的大量数据,结合不同设备、应用环境、使用强度、维修保障方式等因素对设备可靠性的影响,获取共性的关键影响要素,采取基于数据驱动的机器学习方法,建立具有迭代更新的多尺度、多参数、时移特性的设备故障预测模型,实现基于 DT 的设备状态评估与故障趋势预测。基于 DT 的深度智能诊断模型能够根据诊断、评估、预测等信息,为智能制造的规划、决策、计划与协调提供科学的理论指导。

9.3.4 数据驱动的装备视情维修与备件库存联合多目标决策优化方法

视情维修以传感器检测到的实时状态数据为依据,在装备运行的劣化状态或剩余寿命建模的基础上,在装备运行状态信息满足特定条件时,为其安排相应的维修工作。DT技术能够有效支撑视情维修的应用,在实时状态数据已知的情况下,通过逼真的孪生模型,更准确地定位故障点,并在三维环境下提前对不同维修方案的可行性进行评估。但是,在装备运维过程中,备件和维修相互影响、制约,是维修决策研究中重要的研究要素之一。因此,需要将维修与备件库存策略进行联合优化,确保维修时刻的备件可得率,需要研究数据驱动的装备视情维修与备件库存联合多目标决策优化方法(图9-5)。

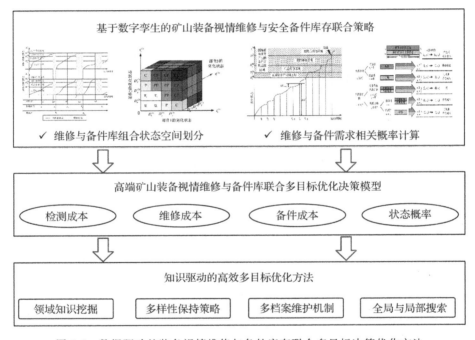

图 9-5 数据驱动的装备视情维修与备件库存联合多目标决策优化方法

构建数据驱动的复杂装备视情维修与备件库存组合状态空间划分方法,对复杂装备零部件的状态按照劣化程度进行划分,并研究维修与备件库存相关概率计算方法(张晓红,2015)。研究基于周期检测的控制视情机会预防维修与安全备件库存策略相结合的联合策略,构建维修与备件库存组合状态空间划分方法,研究装备各部件的维修与备件需求相关概率的计算方法,确定装备所有可能的维修需求分组的概率及备件的订购和持有概率,为建立多目标优化决策模型奠定基础。

建立复杂装备视情机会维修与备件库存联合多目标优化决策模型,构建知识驱动的高效多目标优化方法。建立综合考虑检测成本、维修相关成本和备件相关成本的多约束混合非线性多目标优化决策模型,基于建立的模型,深度剖析问题特征,挖掘问题领域知识;研究基于领域知识的快速非支配排序方法、多样性保持策略、多档案维护机制、全局与局部搜索策略,设计知识驱动的高效多目标优化方法求解建立的模型。

9.3.5 基于数字孪生的复杂产品辅助维修技术

复杂产品具有结构复杂、维修任务复杂、维修专业性强、维修时间长等特点,有的复杂产品工况恶劣、维修难度大。基于以上难题,迫切需要先进的辅助维修技术。基于DT的复杂产品辅助维修技术如图9-6所示。在DT环境下,VR/AR技术能高度仿真与高度动态显示,将物理维修空间中的工况数据作为虚拟维修空间中实施维修指导决策的依据,帮助维修人员理解复杂任务,减少维修技术难点与差错,提高维修操作效率,改善用户体验;同时,还可以对复杂设备在虚拟空间中进行故障分析和预先维修测试(薛博文,2018;张旭辉 等,2020),最终实现物理维修环境与虚拟维修环境之间的虚实融合、双向映射和虚实交互。

9.3.6 多要素协同的矿山装备/系统能效精准分析预测方法

在复杂装备运维阶段,为保证设备在安全、低能耗、品质合格状态下的产量最大化,需要研究产品质量、产量、能耗、安全环保等多要素与复杂装备/系统能效的关联关系,建立关联关系的精准分析模型。图9-7以高端矿山装备为例,给出了多要素协同的矿山装备/系统能效精准分析预测方法。

能效是复杂装备在运行阶段的一个关键指标。能效主要就是能耗和设备运行效率。输入的矿石粒度分布和矿石硬度对设备运行效率和能耗有直接的影响关系。为实现多要素协同的矿山装备/系统能效精准分析预测,首先需要分析产品质量、产量、能耗、安全环保等多要素对系统能效的关联关系与影响。基于数字孪生系统,在线实时获取能耗影响因素状态数据,分析单要素与装备/系统能效的关联关系,基于神经网络法确定关键能耗指标,建立矿山装备/系统单因素能效关系模型。在此基础上,分析产品质量、产量、能耗、安全环保等多要素之间的耦合关系,建立基于数据挖掘的矿山装备/系统多要素协同的能效关系模型。

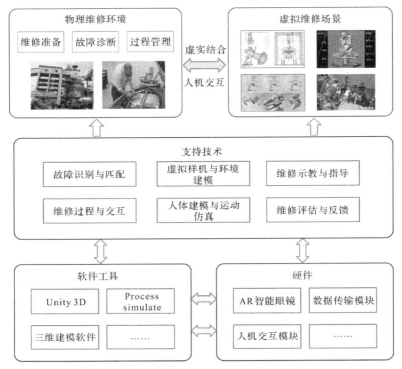

图 9-6 基于 DT 的复杂产品辅助维修技术

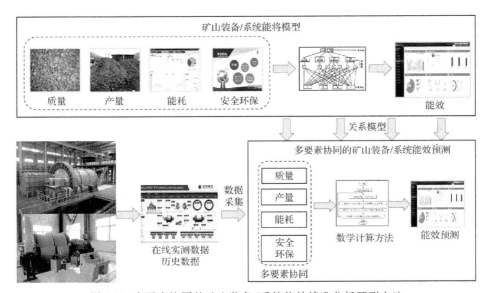

图 9-7 多要素协同的矿山装备/系统能效精准分析预测方法

基于构建的矿山装备/系统多要素协同的能效关系模型,对系统的产品质量、产量、能耗、安全环保等多要素历史运行数据进行分析挖掘,以最小二乘支持向量机作为预测算法,运用粒子群优化算法优化模型参数,建立基于历史数据的多要素参数预测模型,实现基于产品质量、产量、能耗、安全环保等多要素协同的矿山装备/系统能效精准分析预测。

9.3.7　基于数据挖掘的多目标、多装备、多层次协同运行优化控制方法

复杂装备运行阶段的协同运行优化控制一般不是调控单一设备,而是从完整生产线进行系统协同调控,以达到系统节能与平稳运行的目的。为实现系统协同运行优化控制,首先需要理清单机装备控制机理。以大型矿物粉磨装备为例,针对破碎机、半自磨机、球磨机、大型提升机等关键矿物粉磨单机装备各自的运行特点,研究进矿量、回转速度、出矿量、用水量、物料粒度等矿物粉磨单机运行参数之间的耦合关系,构建质量、产量、能耗、安全环保,并综合考虑矿物粉磨单机运行状态的优化模型,实现矿物粉磨单机装备多目标精准控制。

通过深度学习历史运行数据,研究整条生产线中多装备间运行参数匹配机制,分析装备能效波动在整个生产工艺过程中的传递规律,采用多因素敏感性因素分析方法来分析关键运行参数;开发全过程的数据实时获取与分析方法,设定优化目标,采用深度学习等数学方法构建装备多层级协同运行控制模型,实现生产线全流程智能精准控制。基于数据挖掘的多目标、多装备、多层次协同运行优化控制方法如图 9-8 所示。

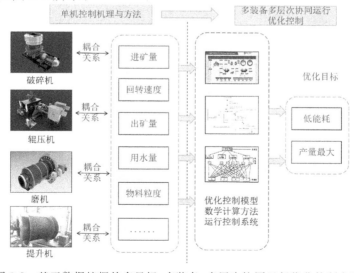

图 9-8　基于数据挖掘的多目标、多装备、多层次协同运行优化控制方法

9.4　数据驱动的复杂产品智能服务案例

大型矿物粉磨装备是一种集破碎、粉磨、烘干、气流输送和选粉等多项功能为一体的复杂装备,在产业链中占据核心环节,广泛应用于水泥、电力、冶金、化工、非金属矿等行业。粉磨系统技术含量高,包含堆场、物料输送、粉磨、收尘、热风系统、气流循环、中控 DCS 系统以及成品库和装运系统等,每台/套价值高达亿元,核心装备重达千吨,由 8 万多个零部件构成,具有机、电、液、热工、气动等复杂多源信息,监控点达 500 多个,使用寿命超过 20 年。大型矿物粉磨系统存在核心装备结构复杂、研磨机理不明、智能控制困难和智能服务缺失等难题。针对这些难题,我国某大型矿山机械装备制造企业开展了大型矿物粉磨装备智能服务系统关键技术研究与应用。

大型矿物粉磨装备智能服务构建了合理的客户服务部组织架构与服务过程管理系统,还具有数据获取与传输、实时监控、故障诊断与趋势预测、闭环控制和节能调控等功能(图 9-9),实现了基于历史和实时数据驱动的智能维护、故障诊断与节能调控。

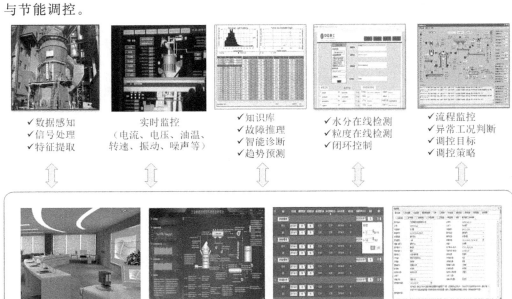

图 9-9　大型矿物粉磨装备智能服务系统核心功能

在数据驱动的故障诊断方面(图 9-10),针对大型矿物粉磨装备运行时信号的非平稳时间序列难以提取的问题,利用双树复小波变换的抗混叠和平移不变性,对非平稳时间序列分解提取各时间尺度的趋势,利用小波系数对各尺度下不重叠子区间分段长度进行估计,进而完成信号的多重分形分析。构建了大型立磨故障诊断专家系统,采用正、反向推理相结合的混合推理方法,知识库采用产生式的规则表示方法;采用最小二乘法的直线拟合求斜率方法,实现监测点的数据变化趋势告警;提出了基于回溯搜索优化算法的 BP 神经网络预测模型,并应用于对大型立磨的测点数据的预测分析。

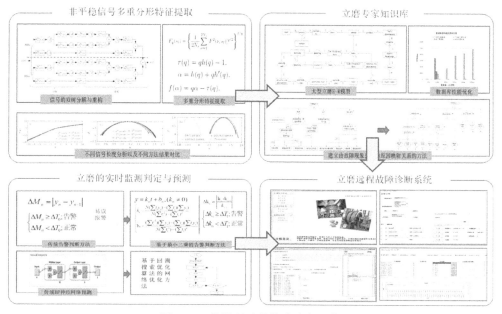

图 9-10　数据驱动的故障诊断系统

在数据驱动的大型立磨(一种典型的大型矿物粉磨装备)自适应调控方面,针对完全依靠现场操作员的经验判断进行立磨调控的弊端,开发了数据驱动的大型立磨自适应调控系统(图 9-11)。该系统包括立磨异常工况判断模块、立磨异常工况调控目标模块、立磨异常工况调控策略模块和 WinCC 操作模块等。采集 WinCC 中的喂料量、辊压力、选粉机转速、磨机入口压力和温度等 60 个参数数据,对立磨运行工艺参数进行控制,保证立磨的稳定运行;当运行状态偏离正常范围时,系统能够快速做出智能反应,推荐合理的工艺参数调整方案。通过在线获取矿渣粉磨系统的运行状态数据,对当前运行状态进行智能分析,实现对矿渣粉磨工艺参数的实时调控,从而减少人工干预,提升矿物粉磨系统的运行调控与节能水平。

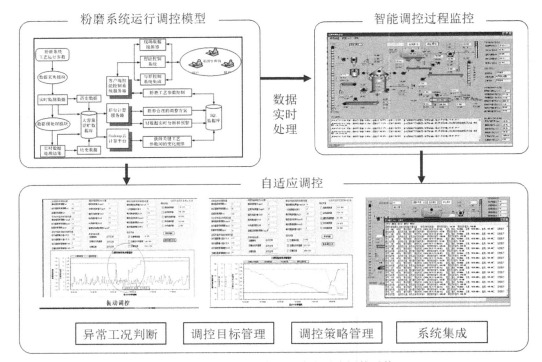

图 9-11　数据驱动的大型立磨自适应调控系统

9.5　本章小结

　　具有实时、多源、异构、海量等特性的大数据已成为提高复杂产品系统可靠和低成本运行的重要决策依据，然而，如何将新一代信息技术与大数据分析方法有效融合在复杂产品服务运行与故障处理中仍处于探索阶段。本章提出了一系列数据驱动的复杂产品智能服务方法，在面向服务的复杂产品建模与仿真、服务需求获取与精准分析预测、设备故障识别与动态性能预测、装备视情维修与备件库存联合多目标决策优化、复杂产品辅助维修、多要素协同的复杂装备能效精准分析预测、复杂产品运行优化控制等方面进行了初步探索，部分方法已经过应用及实践，相关框架和方法可为现代制造服务的智能化转型升级提供参考。

　　由于复杂产品的差异性、运行环境的复杂性和技术水平的差异性，数据驱动的复杂产品智能服务方法在不同场景中的应用内容和方法会有差异，故在针对不同复杂产品进行分析时,需要针对具体类型产品建立对应的方法体系。另外,本章提出的基本框架与方法仍处于研究阶段,相关工作难免存在不足之处,恳请同行专家批评指导。

参考文献

代田皓,2019.数据驱动的产品质量管控技术研究[D].成都:西南交通大学.

黄昂,沈毅,喻树洪,等,2019.数字孪生在高端工业制造的智能辅助应用[J].计算机产品与流通(11):117-118.

雷亚国,贾峰,周昕,等,2015.基于深度学习理论的机械装备大数据健康监测方法[J].机械工程学报,51(21):49-56.

李伯虎,柴旭东,侯宝存,等,2019.云制造系统 3.0——一种"智能+"时代的新智能制造系统[J].计算机集成制造系统,25(12):2997-3012.

李浩,陶飞,王昊琪,等,2019.基于数字孪生的复杂产品设计制造一体化开发框架与关键技术[J].计算机集成制造系统,25(6):1320-1336.

李浩,陶飞,文笑雨,等,2018.面向大规模个性化的产品服务系统模块化设计[J].中国机械工程,29(18):2204-2214,2249.

李浩,王昊琪,程颖,等,2020.数据驱动的复杂产品智能服务技术与应用[J].中国机械工程,31(7):757-772.

李琳利,李浩,顾复,等,2019.基于数字孪生的复杂机械产品多学科协同设计建模技术[J].计算机集成制造系统,25(6):1307-1319.

刘庭煜,钟杰,刘洋,等,2019.面向车间人员宏观行为数字孪生模型快速构建的小目标智能检测方法[J].计算机集成制造系统,25(6):1463-1473.

骆伟超,2020.基于 Digital Twin 的数控机床预测性维护关键技术研究[D].济南:山东大学.

任杉,张映锋,黄彬彬,等,2018.生命周期大数据驱动的复杂产品智能制造服务新模式研究[J].机械工程学报,54(22):194-203.

孙家广,2016.工业大数据[J].软件和集成电路(8):22-23.

陶飞,刘蔚然,张萌,等,2019a.数字孪生五维模型及十大领域应用[J].计算机集成制造系统,25(1):1-18.

陶飞,马昕,胡天亮,等,2019b.数字孪生标准体系[J].计算机集成制造系统,25(10):2405-2418.

陶飞,戚庆林,2018.面向服务的智能制造[J].机械工程学报,54(16):11-23.

陶飞,张萌,程江峰,等,2017.数字孪生车间——一种未来车间运行新模式[J].计算机集成制造系统,23(1):1-9.

薛博文,2018.基于增强现实的盾构维修支持系统研究与实现[D].西安:西安电子科技大学.

杨文芳,何宁,2015.基于增强现实技术的武器装备维修辅助系统设计与实现[J].信息系统工程(5):80-82.

张洁,高亮,秦威,等,2016.大数据驱动的智能车间运行分析与决策方法体系[J].计算机集成制造系统,22(5):1220-1228.

张卫,丁金福,纪杨建,等,2019.工业大数据环境下的智能服务模块化设计[J].中国机械工程,30(2):167-173,182.

张晓红,2015.多部件系统维修决策及维修与备件库存联合决策研究[D].太原:太原科技大学.

张旭辉,张雨萌,王岩,等,2020.数字孪生驱动的设备维修MR辅助指导技术[J].计算机集成制造系统:1-13.

周济,李培根,周艳红,等,2018.走向新一代智能制造[J].Engineering,4(1):28-47.

朱怡心,乔立红,2012.装配过程快速仿真建模服务平台[J].航空制造技术(12):38-43.

庄存波,刘检华,熊辉,等,2017.产品数字孪生体的内涵、体系结构及其发展趋势[J].计算机集成制造系统,23(4):753-768.

AYHAN S, PESCE J, COMITZ P, et al. , 2013. Predictive analytics with aviation big data [C]// 2013 Integrated Communications, Navigation and Surveillance Conference: 1-13.

BEVERUNGEN D, MÜLLER O, MATZNER M, et al. , 2019. Conceptualizing smart service systems [J]. Electronic Markets, 29(1): 7-18.

GIRET A, GARCIA E, BOTTI V, 2016. An engineering framework for service-oriented intelligent manufacturing systems [J]. Computers in Industry, 81: 116-127.

GLAESSGEN E, STARGEL D, 2012. The Digital Twin Paradigm for Future NASA and US Air Force Vehicles [C]// 53rd AIAA/ASME/ASCE/AHS/ASC Structures, Structural Dynamics and Materials Conference, Honolulu, Hawaii, 2012.

GRIEVES M, 2011. Virtually Perfect: Driving Innovative and Lean Products through Product Lifecycle Management [M]. Cocoa Beach: Space Coast Press.

KAMPKER A, HUSMANN M, HARLAND T, et al. , 2018. Six principles for successful data-driven service innovation in industrial companies [C]// 2018 IEEE International Conference on Engineering, Technology and Innovation, Stuttgart, Germany: 1-10.

KRITZINGER W, KARNER M, TRAAR G, et al. , 2018. Digital twin in manufacturing: A categorical literature review and classification [J]. IFAC-Papers On Line,51(11): 1016-1022.

LEE J, KAO H A, YANG S, et al. , 2014. Service innovation and smart analytics for industry 4. 0 and big data environment [J]. Procedia CIRP, 16: 3-8.

LI H, JI Y, CHEN L, et al. ,2017. Bi-level coordinated configuration optimization for product-service system modular design [J]. IEEE Transactions on Systems, Man, and Cybernetics: Systems, 47(3): 537-554.

LIU Q, ZHANG H, LENG J, et al. , 2019. Digital twin-driven rapid individualised designing of automated flow-shop manufacturing system [J]. International Journal of Production Research, 57(12): 3903-3919.

LIU M, Fang S, Dong H, et al. , 2021. Review of digital twin about concepts, technologies and industrial applications [J]. Journal of Manufacturing Systems, 58: 346-361.

MUKHERJEE T，DEBROY T，2019．A digital twin for rapid qualification of 3D printed metallic components [J]．Applied Materials Today，14：59-65．

NEGRI E，FUMAGALLI L，MACCHI M，et al.，2017．A review of the roles of digital twin in CPS-based production systems [J]．Procedia Manufacturing，11：939-948．

NIKOLAKIS N，ALEXOPOULOS K，XANTHAKIS E，et al.，2019．The digital twin implementation for linking the virtual representation of human-based production tasks to their physical counterpart in the factory-floor [J]．International Journal of Computer Integrated Manufacturing，32(1)：1-12．

QUINTANILLA F G，CARDIN O，L'Anton A，et al.，2016．A modeling framework for manufacturing services in service-oriented holonic manufacturing systems [J]．Engineering Applications of Artificial Intelligence，55：26-36．

SCHÜTZER K，DE ANDRADE BERTAZZI J，SALLATI C，et al.，2019．Contribution to the development of a digital twin based on product lifecycle to support the manufacturing process [J]．Procedia CIRP，84：82-87．

SIMEONE A，CAGGIANO A，BOUN L，et al.，2019．Intelligent cloud manufacturing platform for efficient resource sharing in smart manufacturing networks [J]．Procedia CIRP，79：233-238．

SÖDERBERG R，WÄRMEFJORD K，Carlson J S，et al.，2017．Toward a digital twin for real-time geometry assurance in individualized production [J]．CIRP Annals，66(1)：137-140．

VARGAS J，CALVO R，2018．Joint optimization of process flow and scheduling in service-oriented manufacturing systems [J]．Materials，11(9)：1559．

WIESNER S，THOBEN K D，2017．Requirements for models，methods and tools supporting servitisation of products in manufacturing service ecosystems [J]．International Journal of Computer Integrated Manufacturing，30(1)：191-201．

ZHONG R Y，NEWMAN S T，HUANG G Q，et al.，2016．Big data for supply chain management in the service and manufacturing sectors：Challenges，opportunities，and future perspective [J]．Computers & Industrial Engineering，101：572-591．

ZHOU L，ZHANG L，REN L，et al.，2019．Real-time scheduling of cloud manufacturing services based on dynamic data-driven simulation [J]．IEEE Transactions on Industrial Informatics，15(9)：5042-5051．

ZVEI，2020．User organization "Industrial Digital Twin Association" founded.[EB/OL]．(2020-09-24)[2022-04-24]．https://www.zvei.org/en/press-media/pressarea/user-organization-industrial-digital-twin-association-founded．